U0634189

BLUE BOOK

智 库 成 果 出 版 与 传 播 平 台

城市文明蓝皮书
BLUE BOOK OF URBAN CIVILIZATION

全球城市文明发展报告
（2023）

REPORT ON THE DEVELOPMENT OF GLOBAL URBAN
CIVILIZATION (2023)

数字时代的全球城市文明

Global Urban Civilization in Digital Age

主　编／李凤亮

副主编／陈跃红　陈能军　方映灵

社会科学文献出版社
SOCIAL SCIENCES ACADEMIC PRESS（CHINA）

图书在版编目（CIP）数据

全球城市文明发展报告.2023：数字时代的全球城
市文明／李凤亮主编.--北京：社会科学文献出版社，
2024.6
（城市文明蓝皮书）
ISBN 978-7-5228-3727-7

Ⅰ.①全…　Ⅱ.①李…　Ⅲ.①城市管理-研究报告-
世界　Ⅳ.①F293

中国国家版本馆 CIP 数据核字（2024）第 110873 号

城市文明蓝皮书
全球城市文明发展报告（2023）
——数字时代的全球城市文明

主　　编／李凤亮
副 主 编／陈跃红　陈能军　方映灵

出 版 人／冀祥德
组稿编辑／周　丽
责任编辑／徐崇阳
责任印制／王京美

出　　版／社会科学文献出版社·生态文明分社（010）59367143
　　　　　地址：北京市北三环中路甲 29 号院华龙大厦　邮编：100029
　　　　　网址：www.ssap.com.cn
发　　行／社会科学文献出版社（010）59367028
印　　装／天津千鹤文化传播有限公司

规　　格／开 本：787mm×1092mm　1/16
　　　　　印 张：17.5　字 数：260 千字
版　　次／2024 年 6 月第 1 版　2024 年 6 月第 1 次印刷
书　　号／ISBN 978-7-5228-3727-7
定　　价／128.00 元

读者服务电话：4008918866

《全球城市文明发展报告（2023）》
编 委 会

主要编撰者简介

李凤亮 华南农业大学党委书记、二级教授，博士生导师，南方科技大学全球城市文明典范研究院院长，中国文联特约研究员。国务院特殊津贴专家，中宣部文化名家暨"四个一批"人才，"百千万人才工程"国家级人选及"有突出贡献中青年专家"，国家社会科学基金重大项目首席专家，中国文艺理论学会副会长，中国中外文论学会副会长兼文化创意产业研究会会长，教育部艺术学理论类专业教学指导委员会委员，教育部"新世纪优秀人才支持计划"入选者，广东省宣传思想文化领军人才，广东省第三届优秀社会科学家，深圳市鹏城杰出人才奖获得者。专业领域为文艺理论、文化产业、文明发展，独立主持国家级课题6项（重大项目3项），省部级课题10项，出版各类著作30部，发表学术论文200余篇，牵头完成政府和企业文化（园区）发展规划数十项。

陈跃红 南方科技大学讲席教授，人文社会科学学院院长，全球城市文明典范研究院副院长，人文科学中心主任，未来教育中心主任，北京大学未来教育管理研究中心顾问。国家社科基金重大项目首席专家。历任北京大学校务委员，中文系副主任，中文系主任。先后担任澳门大学短期讲座教授，韩国国立忠南大学交换教授，台湾实践大学客座教授，香港大学访问学人，荷兰莱顿大学访问学者等。现任中国比较文学学会副会长，中国比较文学学会跨学科分会荣誉理事长。

陈能军 南方科技大学全球城市文明典范研究院院长助理、学术委员会秘书长，研究员。中国人民大学经济学博士、博士后，深圳市高层次专业人才，主要从事人文经济、城市文明与城市经济等领域研究。主持国家级项目1项、省部级项目5项，发表论文50余篇，多篇论文被《新华文摘》《高等学校文科学术文摘》和人大复印报刊资料等权威二次文献全文转载。成果获得广东省、深圳市哲学社会科学优秀成果奖。中国城市经济学会理事、全国经济地理研究会理事、国际创意管理专委会委员、中国文化产业管理专业委员会理事、中国文化创意产业研究会秘书长、华南城市研究会副会长、深圳市城市经济研究会副会长、深圳市文化产业专家库专家、鹤湖智库专家委员。

方映灵 南方科技大学全球城市文明典范研究院高级研究学者，深圳市社会科学院社会发展研究所原所长、三级研究员。广东哲学学会常务理事，广东省区域发展蓝皮书研究会副会长。主要研究领域为思想文化、香港研究、深圳研究等。出版个人学术专著2部，编著或参著出版典籍辞书和学术著作20余部，分别获国家级或省部级奖项。在全国理论学术刊物发表论文数十篇。具体主持编撰深圳首部城市百科全书《深圳百科全书》。具体实施创办《深圳社会科学》杂志。主持或参与多个国家和省部级重点哲学社会科学规划课题项目。

摘　要

《全球城市文明发展报告（2023）：数字时代的全球城市文明》是关于数字时代背景下全球城市文明发展重点领域、创新实践和理论探索的研究报告。本书吸收了相关领域专家的前沿理论和最新研究成果，同时集合了南方科技大学全球城市文明典范研究院2023年度开放性课题的研究成果。

数字时代的来临，标志着数字与人文、数字与产业、数字与生态等方面的融合已经成为城市发展的关键。这为当下全球城市文明格局的发展提供了新的机遇和挑战。打造城市文明典范，必须关注数字时代的城市发展特征和既有实践经验。《全球城市文明发展报告（2023）：数字时代的全球城市文明》旨在对数字与人文、新兴数字产业、数字城市治理与市民生活方式等方面进行研究。

在全球城市迈入数字时代的大趋势下，本书关注数字城市建设路径，配合国家数字发展战略和城市文明典范建设，结合评价指标体系设计和具体的专题报告，并综合世界知名城市发展经验，对数字时代全球城市文明的发展进行前瞻性展望，切实有效地提出政策建议。全书主要分为五个部分：第一部分是总报告，综述数字时代全球城市文明发展的总体趋势和发展模式；第二部分为评价篇，结合中国城市实际，提出数字时代中国城市文明典范评价指标体系，在中国式现代化理论和中国城市实践探索研究基础上得出一系列具有引领性、实操性、可复制性的具体指标；第三部分为技术文明篇，全面分析新技术视域下城市文明建设的特征和路径，勾勒数字技术加持下的产业发展脉络和未来走向，提出城市产业高质量发展的可行性路径；第四部分为

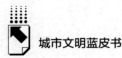

生态创新篇，着眼于生态保护领域与数字技术的融合，关注数字化转型对绿色环保的影响；第五部分为案例篇，通过解析国内外城市发展数字文化场景、建构城市形象等方面的有效范例，探讨数字时代打造城市文明典范的理论逻辑与实践路径。

关键词： 数字技术　城市文明　全球城市　文明典范

目 录 ⤵

Ⅰ 总报告

Ⅱ 评价篇

Ⅲ 技术文明篇

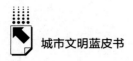
Ⅳ　生态创新篇

Ⅴ　案例篇

皮书数据库阅读**使用指南**

总 报 告

B.1

全球城市文明发展研究（2023）

——以数字时代为视角[*]

全球城市文明发展课题组[**]

摘　要：　站在数字时代的门槛上，对全球城市文明发展实践与世界城市主要文明模式进行全面梳理和总结，将有助于探寻新时代中国特色社会主义城市文明典范发展之路。近年来，新技术的发展给全球城市文明演进带来诸多机遇。通过数字时代的视角，全球城市文明的发展可以归结为 AIGC 技术赋能智慧城市、强化城市文化 IP 竞争能力、应对环境社会及治理风险三大方面。中国式现代化必将开辟出一条新型城市化道路，我们将在独特的中国城市土壤中，创造绚烂的数字时代城市文明。

---

[*]　本文系研究阐释党的二十大精神国家社会科学基金重大项目"推进文化自信自强的时代背景与现实途径研究"（项目编号：23ZDA081）、深圳市哲学社会科学规划特别委托重点课题"城市文明典范研究"（项目编号：SZ2022A005）、深圳市人文社会科学重点研究基地"南方科技大学全球城市文明典范研究院"研究成果。

[**]　课题组组长：李凤亮，华南农业大学党委书记、教授，南方科技大学全球城市文明典范研究院院长，研究方向为文艺理论、文化产业、城市文明。课题组成员：陈能军，南方科技大学全球城市文明典范研究院研究员；汪妍，南方科技大学全球城市文明典范研究院博士后；杨义成，南方科技大学全球城市文明典范研究院助理研究员；季怡雯，新加坡国立大学博士。

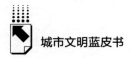
关键词： 数字时代　城市文明　技术文化

随着 21 世纪第三个十年的到来，以服务业崛起、工业信息化、社会生产数字化、经济社会全球化为特征的社会发展"第三次浪潮"悄然而至，这股浪潮改变了以往工业时代的城市文明样貌。在全球范围内，数字技术已经被广泛运用到各大城市的建设实践当中，形成了城市文明的新样貌。从宏观上讲，中国借助数字技术发展新城市文明已经成为城市发展的主流。早在"十二五"期间，就已经有一系列将智慧城市建设列为实现新城市文明建设转型的关键举措。近年来，以信息化技术为主导和驱动的智慧城市建设浪潮，深刻影响了我国的城镇化和城市更新进程，形成了数字时代独特的城市文明建设新实践，充分体现了新城市文明建设过程中技术革命带来的影响。

然而，技术也是一把双刃剑。在通过数字技术实现新城市文明建设目标的过程中，技术治理具有风险性的一面愈发凸显。有学者指出，在城市文明建设过程中的技术治理会形成某些幻象，让城市文明的建设者和治理者盲目地以为技术是"无所不能"的、"可以替代制度变革"的、"能够强化居民能力"的、"能让全社会共赢共利"的。① 但是，近年来的城市治理实践已经充分显示，数字化技术并不能替代城市文明建设的本质内核。因此，我们需要进一步思考城市文明、数字文明、数字时代城市文明等概念的具体内涵及相互关联。

一　数字时代全球城市文明的理论内涵

城市文明作为人类社会发展的重要标志，反映了城市在社会、经济、文化等方面的成熟性和复杂性。城市在人类社会发展中有着极为重要的地位，城市发展与文明程度的关联性受到学术研究和公共治理领域的普遍关注。就

---

① 韩志明：《技术治理的四重幻象——城市治理中的信息技术及其反思》，《探索与争鸣》2019 年第 6 期，第 48~58 页。

一般意义上的共识而言，城市文明是人类社会进步的标志，而城市的发展水平直接反映了一个国家的文明程度。城市文明的形成不仅是城市发展的结果，而且是人类社会对城市生活理解和实践的体现。城市文明所承载的价值观念、社会制度和文化传统，为城市发展提供了重要的动力和支撑。

在过往的学术研究中，关于数字时代城市文明的理论探讨，落脚点往往聚焦于数字文化对城市意象的影响。如爱德华·索贾（Edward Soja）的三度空间理论在后现代主义背景下研究了空间性和城市形态，强调社会、经济和文化因素如何在城市空间中交织，并对城市的发展和组织产生影响。① 曼纽尔·卡斯特（Manuel Castells）通过"信息时代三部曲"探讨了网络社会的兴起及其对城市生活的影响，其研究强调虚拟化、数字社会的互动性、城市意象的可视化，以及创新技术如何转变人们对城市的认知和表现。② 亨利·列斐伏尔（Henri Lefebvre）在《空间的生产》一书中，探讨了社会空间如何通过数字空间被创造又反向塑造了社会生活。城市管理者通过数字工具和通信技术完善了城市的集体形象，将城市想象通过传统和数字手段转化为多层次和碎片化的体验。③ 这些理论研究的方法论多为跨学科研究范式，整合了人类学、哲学、社会学等多个领域的科学范式，通过文化学和文明交流对话的方法来研究数字文化中城市意象的功能和变化。

然而，随着科技的不断进步，数字时代的到来给城市文明发展带来了全新的挑战和机遇。因此对城市文明和管理的研究，也突破了学科的边界。诺贝尔经济学奖得主赫伯特·西蒙（Herbert Simon）在其组织决策和行为的研究中为城市规划和管理提供了新的理论框架，尤其是在理解城市组织内部决策过程和机构行为等方面，他强调数字时代智能化和信息化对城市生活产生的重要影响。

---

① Edward Soja, *Thirdspace: Journeys to Los Angeles and Other Real-and-Imagined Places*, Blackwell Publishers, 1996.

② Manuel Castells, *The Information Age: Economy, Society and Culture*, Blackwell Publishers, 1996-2003.

③ Henri Lefebvre, *The Production of Space*, Blackwell Publishers, 1974.

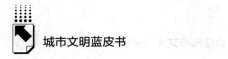

数字技术的广泛应用改变了人们的生活方式和城市的运行模式，赫伯特·西蒙的"有限理性"和"复杂系统"理论为城市规划和设计提供了新的思路，为决策者理解和处理城市发展中的复杂性与不确定性提供了更好的研究支持。数字时代城市文明不仅是城市发展的必然趋势，而且是城市转型升级的关键路径和动力源泉。数字技术的应用使得城市管理更加智能化和高效化，城市与居民之间的互动更加方便和广泛，城市经济的创新和转型得到新的推动和助力。数字化和智能化的城市管理将会提升城市的运行效率和服务质量，为城市居民提供更好的生活体验。数字时代推动了城市与城市之间、城市与乡村之间的互联互通，通过信息技术的应用，不同城市之间可以更好地共享资源、合作发展，实现城市间的互利共赢。

城市文明的发展离不开人们的参与和共享，数字时代的城市文明应该致力于打造一个更加包容和民主的城市生活。著名的城市学家、城市规划师简·雅各布斯（Jane Jacobs）强调大城市发展中邻里社区作为社会基础单元的重要性，强调城市公共服务和共建参与式治理。在居民密集的城市，完善的生活设施、交通便利等要素，构成了社会互动和共享资源的重要场景。

综合来看，城市文明是城市在社会、经济、文化等方面的成熟发展和高度复杂性的表现。而数字时代的城市文明不仅表现出高新技术在城市化进程中的应用和影响，也体现了城市居民、城市规划和管理者在复杂系统中组织日常生活实践和决策博弈的过程。数字时代与城市文明相互交叠的内涵和外延，体现了当代人类城市发展与科技进步之间的交互。数字时代的城市文明是人类社会发展的重要表现形式，反映了城市发展的新阶段和新层面。在未来的城市发展中，应该不断弘扬城市文明的精神，积极借助数字技术力量，推动城市文明的持续进步，为建设更加和谐、宜居、可持续的城市而奋斗。

数字时代的城市文明建设，旨在解决城市面临的一系列问题，其目的包括提高城市能力、推动城市变革、强化居民能力、实现社会共赢等，但上述工作的推进不能仅依赖技术本身。因此，跳出数字时代的"技术陷阱"，回顾数字时代城市文明建设的利弊得失，并进一步回归城市文明的本质，显得尤为重要。因此，有必要对数字时代的全球城市文明实践与世界主要城市文明模式进行全面梳理和总结，并在此基础上探寻新时代中国特色社会主义的城市文明典范发展之路。

二　数字时代全球城市文明的典型实践

近年来，在数字时代的全球城市文明实践中涌现出若干典型模式：一是美国的科技人才城市模式，以洛杉矶等为代表。二是欧盟的智慧城市模式，其采用先进的数字技术和物联网设备，提高城市的效率、可持续性和市民生活质量。三是东亚和东南亚新兴的超级都市模式，在广袤的沿海地区因工业化进程和人口流动诞生多个人口规模超 1000 万的特大城市。四是中东新城模式，以中东地区国家在沙漠地带兴建的智慧城市项目为代表，其城市发展实践聚焦于打造国际旅游目的地，在气候变化风险下应对化石能源转型，提升其国内人口就业率并推动经济增长。

（一）美国科技人才城市模式

20 世纪 80 年代，以美国洛杉矶为中心，"全球城市""后福特主义城市"等全新的城市研究学术观念在美国勃兴。这一现象的出现并非偶然，而是美国城市发展的必然结果。与传统的城市文明发展趋向大相径庭，洛杉矶的大都会地带并没有形成明确的城市中心，也未能发挥对整座城市的控制力和影响力；相反的是，洛杉矶的城市发展体现出明显的多中心化、零散化和碎片化结构，大规模外来移民，形成了多个具有活力的多元文化城市社区，在成为美国西海岸重要工业增长极的同时，洛杉矶也成为极具影响力的国际都市。洛杉矶学派提出，这种断裂的、零散的、具有不确定性的城市发展新趋势，恰恰是工业城市向后工业城市转型的必然。[①]

在这种转型过程中，不同于匹兹堡、底特律、辛辛那提等美国"铁锈

---

① 孙斌栋、魏旭红、王婷：《洛杉矶学派及其对人文地理学的影响》，《地理科学》2015 年第 4 期，第 402~409 页。

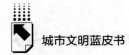

地带"城市所面临的城市急剧衰退的窘境，美国新英格兰、得克萨斯以及西海岸各州的后工业城市纷纷崛起，构成了数字时代美国城市文明实践的典型。凯谛思团队将数字时代城市文明实践划分为 8 种基本类型（见表 1），并根据进一步的案例分析发现，美国数字时代后工业城市的城市文明实践大多集中在企业型、自动化型、监管型和触达型这四类里（见表 2）。

表 1　数字时代城市文明实践的 8 种基本类型

基本类型名称	内涵
企业型	以商业氛围建设为核心的城市
自动化型	大规模利用人工智能和自动化技术的城市
监管型	通过闭路电视等监控设备大规模收集信息的城市
触达型	通过基础设施无缝连接居民日常生活的城市
抗逆型	控制城市生活危险性并支持形成抗逆力的城市
非正式型	城市居民自发形成非正式社会组织和个性化公共服务的城市
凋敝型	正在经历经济倒退的城市
均衡型	能够实现居民工作和休闲平衡的健康、和谐城市

资料来源：Batten, J. *Citizen Centric Cities*: *The Sustainable Cities Index 2018*. Available at：https：// www. arcadis. com/campaigns/citizencentriccities/images/%7B1d5ae7e2 - a348 - 4b6e - b1d7 - 6d94fa7d7567% 7Dsustainable_ cities_ index_ 2018_ arcadis. pdf（accessed on 21 December 2023）.

表 2　美国数字时代城市文明实践的基本类型划分

城市	基本型							
	企业型	自动化型	监管型	触达型	抗逆型	非正式型	凋敝型	均衡型
均衡创新城市								
波士顿	是	是	是	否	否	否	否	否
纽约	是	是	是	否	否	否	否	否
旧金山	是	是	是	否	否	否	否	否
后工业机会主义城市								
亚特兰大	否	是	是	是	是	否	否	否
巴尔的摩	否	是	是	是	是	否	否	否

城市	基本型							
	企业型	自动化型	监管型	触达型	抗逆型	非正式型	凋敝型	均衡型
后工业机会主义城市								
达拉斯	否	是	是	是	是	否	否	否
丹佛	否	是	是	是	是	否	否	否
休斯敦	否	是	是	是	是	否	否	否
芝加哥	否	是	是	是	是	否	否	否
印第安纳波利斯	否	是	是	是	是	否	否	否
杰克逊维尔	否	是	是	是	是	否	否	否
迈阿密	否	是	是	是	是	否	否	否
新奥尔良	否	是	是	是	是	否	否	否
费城	否	是	是	是	是	否	否	否
菲尼克斯	否	是	是	是	是	否	否	否
匹兹堡	否	是	是	是	是	否	否	否
华盛顿特区	否	是	是	是	是	否	否	否
进化型城市								
底特律	否	否	否	否	否	是	是	否

资料来源：Batten，J. *Citizen Centric Cities：The Sustainable Cities Index 2018*. Available at：https：// www. arcadis. com/campaigns/citizencentriccities/images/% 7B1d5ae7e2 － a348 － 4b6e － b1d7 － 6d94fa7d7567%7Dsustainable_ cities_ index_ 2018_ arcadis. pdf（accessed on 21 December 2023）.

企业是美国数字时代城市文明发展的主要推手，尤其是在以美国西海岸"硅谷"地区、西雅图周边以及得克萨斯州奥斯汀周边等地为代表的一批智慧城市中，信息技术企业对城市文明的建设起到了不可或缺的关键作用，形成了一种常态化的大规模吸引科技人才、采取信息技术手段和政企共建方式实现城市更新和文明建设的趋势。

然而，这种科技人才城市模式的信息化取向也招致了一定程度的批评。在信息技术至上的科技人才城市模式之下，美国城市文明发展发生

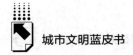

了趋向于信息控制论的转变，即以大数据驱动的方式实现对城市的发展和规划。然而，批评者认为，城市的规划与发展不应仅局限于代码的编写，它更应包括批判性思维和道德判断，这些是计算机编程所无法实现的。①

（二）欧盟智慧城市模式

欧盟的智慧城市建设由来已久。欧洲的城市发展趋于保守，从中心向外辐射、以工业和传统服务业为主导产业的传统工业城市格局主导了欧洲城市的发展。也正因如此，去工业化的阵痛对欧盟城市的发展造成了更加强烈的冲击，并逐渐将欧洲城市重构为一种以金融密集、技术密集和创意密集为代表的去中心化的后工业样貌。② 这意味着，欧盟城市所面临的城市文明建设工作更加急迫，城市更新的工程量也更加庞大。

在欧盟层面，欧盟智慧城市的建设集中在数字化（Digitalisation）和去碳化（Decarbonisation）两项政策目标上。在数字化方面，欧盟在"数字欧洲项目"（Digital Europe Programme）框架下建立了一批"欧洲数字创新中心"（European Digital Innovation Hub，EDIH），分布在欧盟各大成员国申报城市，并定期接受来自欧盟的定向拨款。欧洲数字创新中心的主要工作内容包括：①测试高性能计算机、人工智能、网络安全等新兴数字化技术在实际文明建设中的应用；②为未来的欧盟城市文明建设训练一批具有数字化技能的劳动者以适应未来岗位变化；③通过欧盟官方背书的形式支持数字化领域的中小型和初创企业获得投资并增强市场竞争力；④打造支持技术创新的文明建设生态和网络。③

① Mattern，S.，"A City Is Not a Computer"，*Places Journal*，February 2017.
② Gospodini，A.，"Portraying，Classifying and Understanding the Emerging Landscapes in the Post-industrial City"，*Cities*，2006，23（5），311-330.
③ European Commission，"European Digital Innovation Hubs in Digital Europe Programme：Draft Working Document"．12－11－2019．Available at：https：//ec. europa. eu/futurium/en/system/files/ged/digital_innovation_hubs_in_digital_europe_programme-short_002. pdf.

除此之外，在建设城市人居环境、打造数字化和去碳化新城市文明方面，欧盟还提出了"新欧洲包豪斯"项目（New European Bauhaus，NEB）。该项目发起于 2021 年，目标是将欧盟的一系列环保框架转化为实际的城市文明建设举措，主要集中在建筑、公共空间、时装行业乃至家具行业等领域。① 新欧洲包豪斯项目着重考虑欧盟的去碳化目标，强调在城市场景打造方面实现欧盟的环保政治目标，其现有资助项目主要分布在低地国家（荷兰、比利时、卢森堡三国）、意大利等国，重点项目集中在北欧、南欧、阿尔卑斯山脉地区以及乌克兰。

为了更好地将一系列政策项目落实到具体城市，欧盟推出了名为"智慧城市市集"（Smart Cities Marketplace）的城市转型加速器项目。智慧城市市集项目旨在通过整合市政咨询专家、政府官员、投资者和市政部门力量，提高欧洲城市的竞争力，从而实现欧盟智慧城市的城市文明建设转型目标。截至 2023 年年底，欧盟智慧城市市集已经支持了 127 个可融资智慧城市项目，为各大欧洲城市匹配了 6.163 亿欧元的投资额，其中，有 29 个智慧城市市集项目集中在西班牙北部、26 个项目集中在低地国家，另有 25 个项目集中在中东欧国家。②

在北美地区和欧盟地区，具备技术核心、提出市政关键绩效指标、有明确市政目标、有企业合作参与、以人为本、设置长期愿景以及重视教育是两地区数字时代城市文明实践的共同特征（见表3）。两地区在数字时代城市文明实践中尤为重视企业的参与和自动化技术应用，形成了具有相似性的集成式城市文明实践管理模型。

---

① European Commission, "Report from the Commission to the European Parliament, the council, the European Economic and Social Committee and the Committee of the Regions: New European Bauhaus Progress Report". Available at: https://new-european-bauhaus.europa.eu/system/files/2023-01/CP-003%20-%20Report%20from%20the%20Commission%20%28EN%29%20Part%201.pdf.

② European Commission, "Smart Cities Marketplace". Available at: https://smart-cities-marketplace.ec.europa.eu/.

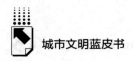

表3　北美地区和欧盟地区的数字时代城市文明建设实践中的要素

实践要素	北美地区	欧盟地区
具备技术核心	有	有
最优实践案例引导	有	无
提出市政关键绩效指标	有	有
具有本地需求	有	无
有明确市政目标	有	有
以问题为导向	有	无
过程化的实践取向	有	无
应用可持续发展模型	有	无
有企业合作参与	有	有
以人为本	有	有
设置长期愿景	有	有
重视教育	有	有
采用基层视角	有	无

资料来源：Kubina, M., Šulyová, D. & Vodák, J., "Comparison of Smart City Standards, Implementation and Cluster Models of Cities in North America and Europe", *Sustainability*, 2021 (13), 3120.

　　总的来说，欧盟的智慧城市模式是以欧盟牵头、在政府层面设置的一系列政策实践的加总，体现出明确的政策引领、政治主导的特征。然而，正如斯洛伐克研究团队所指出的那样，欧盟的智慧城市模式并不重视基层视角，在政治主导的背后，城市文明发展出现了较为明显的基层市民缺位的情况。① 因此，欧盟的智慧城市模式在实践中难免出现与城市实际不适配的情况，可能形成强政府、强投资但弱社会的局面。

（三）东亚和东南亚超级都市模式

　　随着亚洲经济的迅速崛起，东亚、东南亚地区从20世纪下半叶起，进

---

① Kubina, M., Šulyová, D. & Vodák, J., "Comparison of Smart City Standards, Implementation and Cluster Models of Cities in North America and Europe", *Sustainability*, 2021 (13), 3120.

入了高速城市化的新发展阶段，形成了日本太平洋沿岸城市群、韩国首都圈等一系列大规模城市群。又由于亚洲大陆太平洋沿岸一带人口规模极其庞大，以及工业化进程造成的乡村人口大规模迁移至城市的流动趋势，在东亚和东南亚地区的新兴城市（群）中往往能够出现一批人口规模超 1000 万的特大城市（Megacity）。

如日本的太平洋沿岸城市群，范围广阔，在城市最为密集的本州岛上，日本太平洋沿岸城市群可以被划分为东京都市圈、京阪神都市圈（又名大阪都市圈）和名古屋都市圈，共同构成了日本国内的三大都市圈。由于其所处地理位置在日本历史和政治中具有特殊地位，这三个都市圈又可分别称作首都圈、近畿圈和中京圈。这三大都市圈集中了日本全国的优质高等教育资源，拥有 5 处国家中心机场，中央新干线和东海道新干线贯穿其中，并集中了日本的头部经济产业。

表 4　日本三大都市圈

都市圈	主要交通基础设施		高等院校数量（所）	人口数① （人）	人口占日本全国比例（%）②
	国家中心机场	新干线			
首都圈	成田机场、羽田机场	中央、东海道、东北	123	37273866	29.33
近畿圈	关西机场、伊丹机场	中央、东海道、山阳	77	19302746	15.19
中京圈	中部机场	中央、东海道	21	9363221	7.37

与之相似，韩国从 20 世纪 70 年代的"汉江奇迹"急速工业化阶段开始，也逐渐进入了高速城市化进程之中，形成了以首尔为核心、辐射仁川和京畿道、呈现中心集聚趋势的韩国首都圈（或称京畿地方）。类似于日本各大都市圈的情况，2020 年韩国首都圈已聚集了 2600 万以上人口，超全韩人

---

① Statistics Bureau of Japan, "2015 Census Final Data". Available at: https://www.e-stat.go.jp/stat-search/files? page = 1&layout = datalist&toukei = 00200521&tstat = 000001080615&cycle = 0&tclass1 = 000001110216&second = 1&second2 = 1&.

② 以 2015 年 10 月 1 日的日本全国人口为口径。

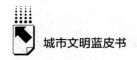

口一半，人口密度也超过了每平方公里 2000 人。[1]

高度集聚的资源和人口，使得东亚及东南亚城市面临着和欧美截然不同的城市文明建设问题。相较于刺激经济增长、实现城市从去工业化阵痛中恢复以及实现环保政治目标，东亚及东南亚城市所面临的更加严峻的问题是如何更有效地合理配置资源，并且应对持续性人口涌入、加速的老龄化进程以及城市过于臃肿等问题。

为解决上述问题，新加坡提出了自己的"新加坡模式"。该模式重视公共支出、强调城市中的第二次分配，并且强化电子政务建设，其中，新加坡模式尤为重视数字技术的使用，强调在城市建设、经济增长和政府公共事务三方面实现数字化和智慧化。[2] 在实际操作中，新加坡模式强调：①公共部门实现数字化服务；②培育持续性的城市科研文化；③广泛培养市民的计算机使用技能；④政府与跨国科技企业、高校等实现公私合作。[3] 日本和韩国所采取的数字时代城市文明建设路径也与之相似。[4]

然而，新加坡模式并非一种能够被随意复制的模式，其存在两个核心问题。一方面，新加坡模式重视通过公共支出实现城市文明建设目标，然而新加坡对公共支出和二次分配的使用方式并非所有城市的财政都能承担的。另一方面，新加坡模式（以及相类似的日本、韩国的实践）的城市文明建设方式对市民提出了较高的能力要求，尽管该模式为掌握了计算机使用能力的居民提供了极大便利，但将不具有数字技术使用能力的居民（如老年人、

---

① Statistics Bureau of South Korea, "Population, households and Housing Units Annual 2015-2022". Available at: https://kosis.kr/statHtml/statHtml.do? orgId = 101&tblId = DT_ 1IN1502&vw_ cd = MT_ ETITLE&list_ id = A11_ 2015_ 1&scrId = &language = en&seqNo = &lang_ mode = en&obj_ var_ id = &itm_ id = &conn_ path = MT_ ETITLE&path =% 252Feng% 252FstatisticsList% 252 FstatisticsListIndex. do.

② 顾清扬：《智慧城市与智慧治理：新加坡案例》，《科技与金融》2022 年第 Z1 期，第 17~22 页。

③ Kong, L. & Woods, O. , "The Ideological Alignment of Smart Urbanism in Singapore: Critical Reflections on a Political Paradox", *Urban Studies*, 2018, 55 (4), 679-701.

④ 香港特别行政区政府中央政策组：《智慧城市研究报告》，2015 年 9 月，https://www. cepu. gov. hk/doc/tc/research_ reports/CPU% 20research% 20report% 20 -% 20Smart% 20City (tc). pdf.

残障人士等）拒之门外，加高了市民享受数字时代城市文明建设红利的壁垒。①

（四）中东地区新城模式

在取得瞩目经济成就的基础上，中东诸国（尤其是海湾地区国家）纷纷在鲜有人居的沙漠地带兴建各自的智慧城市项目，从而实现打造新的旅游目的地、改善国家形象、缓解国内人口问题、寻求能源产业之外的经济新增长点等一系列政治和社会目标。这些新城市文明建设项目大多是纯粹由政府牵头并全程掌控的，通过金融手段，这些国家斥巨资吸引海内外建筑、技术、人居生态等领域的顶尖设计团队为其实现城市文明建设目标，旨在于传统能源产地或传统聚落之外开辟新的以第三产业为核心的人造城镇。

沙特阿拉伯的"新未来城"（NEOM）项目就是一个典型案例。该项目位于沙特西北接近约旦边境的红海亚喀巴湾临海地区，临近苏伊士运河。"新未来城"项目由沙特王储小萨勒曼亲自设计并主导建设，属于沙特阿拉伯国家战略"沙特2030愿景"的关键组成部分，项目投资总额5000亿美元，预计占地2.65万平方公里，主要涵盖水、生物科技、食品、先进制造业、娱乐业等一系列非能源行业。② 沙特原计划在2020年完成"新未来城"的大部分规划，并在2025年彻底竣工，但目前并未能实现其目标。

类似于沙特阿拉伯的"新未来城"项目，阿联酋在其首都阿布扎比周边也计划了一处人造新城"马斯达尔城"（Masdar）。该新城位于波斯湾沿岸的马斯达尔城，也是阿联酋试图摆脱对石油产业过度依赖的尝试，项目投资额达220亿美元。不同于"新未来城"项目所彰显的经济和政治野心，马斯达尔城的诞生更多是阿联酋出于对化石燃料导致的气候危

---

① Kong, L. & Woods, O., "The ideological alignment of smart urbanism in Singapore: Critical reflections on a political paradox", *Urban Studies*, 2018, 55（4）, 679–701.

② 《全球追梦者之地！沙特要建跨国工商业新城》，新华网，http：//www. xinhuanet. com//world/2017−10/26/c_ 129726717. htm。

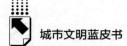

害的担忧，因此马斯达尔城项目的首要目标就是在 2016 年建成一处完全可持续的生态城市。但是，截至 2023 年，马斯达尔城只有约 15000 名居民，其中 5000 名为常住人口，其居住活动范围只占项目预计规模的六分之一。①

在埃及，为了缓解首都开罗的人口压力、疏解开罗的各项功能，埃及政府于 2015 年宣布了暂定名为"新行政首都"（NAC）的人造城市计划，并将其列入了国策"埃及 2030 年愿景"当中。新行政首都建在开罗以东，规模宏大。这一项目是在塞西总统领导下启动的一系列大型项目中的一部分，旨在实现埃及快速发展，展示了埃及推进国家基础设施现代化的决心。2023 年，这一项目由一家政府成立的公司牵头建设，这一项目将包括 4 万多个住房单元、一个世界上最大的大型公园以及一个位于艺术文化城内的新考古博物馆。埃及规划和经济发展部还宣布了 82 个村庄和 18 个城市的更新计划，目的是遏制城市贫民窟的蔓延，并减缓农村向城市中心的人口迁移速度。在中东国家的各项人造城市中，目前埃及的"新行政首都"人造城市计划是建设进展相对较快的。然而，"新行政首都"人造城市计划仅是为了将政府功能从开罗疏解，计划耗资也超过了 1 亿美元，这还不包括其他开支。②

中东各国的各类新城项目被赋予了大量新城市文明建设的使命，虽融合了大量全球前沿技术，但最终收效不容乐观。较为主流的批评认为，中东各国的新城项目尽管有着雄厚的财政力量支持，但终究是在毫无基础的荒地上试图让高楼拔地而起，很难真正形成宜居的城市。仅依靠前沿的规划和近乎无偿供给的财政拨款，在缺乏聚居基础的前提下，中东国家的新城市文明建设任重而道远。

① Associated Press, "On sidelines of COP28, Emirati 'green city' falls short of ambitions, but still delivers lessons". Available at: https://apnews.com/article/masdar-city-abu-dhabi-cop28-sustainable-city-8d656e09d1cdc91ea08842ca332809b2.

② Lewis, A. & Abdellah, M., "Egypt prepares to start move to new capital, away from the chaos of Cairo", *Reuters*, March 17, 2021. Available at: https://www.reuters.com/article/idUSKBN2B91X2/.

综上所述，在以上地区的城市发展中都存在一些常见的难题。譬如交通拥堵、住房紧张、空气治理和新能源转型，以及青年失业率升高和社会财富不均的加剧，还有在当下自然灾害频发和气候变化的挑战下，城市应急管理举措有待完善等问题，这些现实问题都相当复杂、难以解决，需要借鉴各方经验，通过政府、社会团体和民众之间的协同努力来寻找解决方案。

三 数字时代全球城市的机遇、挑战与推进路径

近年来，数字时代全球城市文明在发展中也暴露出一系列问题。然而，在复杂的系统性问题之外，也存在通过技术文明改善城市治理的诸多机遇。新技术给全球城市文明演进带来诸多可行路径。在数字时代，全球城市文明的发展可以归结为 AIGC 技术赋能智慧城市、强化城市文化 IP 竞争能力、应对环境社会及治理风险三大方面。基于此，我们可以探究数字时代推动全球城市文明建设的重点领域和风险应对之策。

（一）AIGC 技术赋能智慧城市

随着全球科技革命的到来，技术的更新迭代速度呈指数级增长。从 2021 年的元宇宙元年，到 2022 年全球热议的 ChatGPT 问世，2023 年 AIGC 技术进入爆发阶段，从 ChatGPT 等大模型进入高速发展期，到 AIGC 技术的落地应用，其在商务、政务中已初显技术规模效应。

基于大语言模型的 AIGC 技术不断刷新人们的认知，并开始为城市生产和人类生活方式带来颠覆性的变革。AIGC 作为人工智能生成内容，是指利用算法、模型和规则，生成文本、图片、声音、视频、代码等内容的技术。当用于生成文字和代码的 ChatGPT-4 和用于生成图片的 Dall-W2 相继问世，人工智能生成内容已经展现出接近人类智能的超强能力。

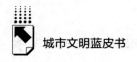

表5　AIGC基础模型

模型名称	提出时间	应用场景
深度变分自编码（VAE）	2013年	图像生成、语音合成
生成对抗神经网络（GAN）	2014年	图像生成、语音合成
扩散模型（Diffusion Model）	2015年	图像生成
Transformer	2017年	语言模型
Vision Transformer（ViT）	2020年	视觉模型

大模型的应用目前已在各个领域取得了显著的成果。在自然语言处理领域，大型预训练模型GPT的出现极大地推动了机器翻译、问答系统、语义理解等任务的性能提升。在计算机视觉领域，大型卷积神经网络在图像分类、目标检测、图像生成等任务上取得了很好的效果。AIGC技术逐步介入自动驾驶、机器人、机器学习、物联网、区块链、增强现实（AR）和虚拟现实（VR）等方面，成熟的AI技术未来将应用于商业、金融、农业、医疗保健、安全、机器人、日常法律事务、交通运输和工业生产等领域，有效地管理资源的使用和分配，使得城市能够提供更好的服务。

在数字时代的全球城市文明建设中，阿姆斯特丹、伦敦、旧金山、斯德哥尔摩、新加坡、中国香港、维也纳和多伦多等多个城市，都已应用人工智能技术来优化城市功能和提升公共服务效率。AIGC为智慧城市和数字文明提供了更高层次的智慧中枢。在过往的城市治理中，人工智能和机器学习中的自然语言处理、计算机视觉、自动驾驶等主流技术，已获得相当显著的成绩。当大模型应用开始取得成效后，这些参数量庞大、层数深、拥有巨大计算能力的机器学习模型将为全球主要城市的未来智慧发展带来巨大潜能。

在规划决策领域，ChatGPT通过预训练的大模型来实现城市规划中海量知识的储存、迁移、推理以及不断迭代，从而扩展个人对知识存储的有限广度和深度。在面对日益复杂的规划决策时，人与AI的协同能达到一定程度的优势互补。科学性、系统性不足，知识边界模糊，涉及领域过于广泛，这些问题一直以来都是城市规划决策过程中的痛点，而AIGC技术赋能的城市规划除了能高效完成重复的辅助性工作以外，更重要的是能为规划师和决策者提供庞大完备的系统性论证支撑。大模型中的一些工程技术，比如提示词工程（Prompt Engineering）、思维链（Chain of Thoughts）、思维树（Tree of Thoughts）等，不但可以协助决策者构筑严谨的逻辑思维，还可以嵌入和适配原有的地理信息系统、CIM 等数字技术模块，使规划真正从当前的数字化走向未来的智能化。[①]

在智能城市管理的大背景下，AIGC 技术可以与智能城市管理系统结合，提供更加智能和高效的城市管理。例如，数字孪生城市模型结合大模型生成式技术，可以为城市规划、资源分配提供更高效的解决方案。同时，随着城市中大数据体量的增长，大数据管理成为城市发展的重要一环。大模型助力大数据管理，可以帮助城市实现数据的收集、存储、分析和应用智慧化升级。通过 AIGC 技术、对大数据深入的机器学习，城市可以更好地了解居民的需求，优化资源分配，并制定更加科学、精准的发展策略。

（二）强化城市文化 IP 竞争能力

城市形象是展示城市特点、优势和文化的重要标志，也是人们了解城市的主要途径。它显示了城市的文化品位、精神面貌和内涵，是城市的一笔无形财富。

在数字时代文化创意城市建设浪潮中，全球各大城市纷纷开始设计虚拟形象 IP，以加强城市品牌形象，实现良好的宣传效果。这是数字时代发掘城市文明内涵的一个重要环节。当下，元宇宙技术广泛应用于城市虚拟 IP 设计中，对赋能城市文化创意产业发展、提升城市综合竞争中的文化软实力起到了关键作用。

元宇宙技术通过增强现实（AR）和虚拟现实（VR）技术，为城市创造了全新的体验和互动方式。带有城市特色的文化 IP，结合本地的文化创意产业（如游戏、动漫、音乐等），不仅为当地居民提供了丰富多样的创新

[①] 《城市规划学刊》编辑部：《新一代人工智能赋能城市规划：机遇与挑战》，《城市规划学刊》2023 年第 4 期，第 1~11 页。

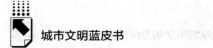
性服务，也促进了城市的文旅产业发展。如 2023 年深圳在其城市形象打造中着重树立"赛博朋克"的风格定位。2023 年深圳城市大片《敢闯敢试》震撼性的未来感视觉，引爆社交网络。在 2023 年 4 月底的深圳设计周开幕式上首发的深圳城市形象短片，以科幻手法、数字视觉技术，讲述了一个面朝星辰大海、未知世界，不畏艰险、勇毅前行、探索永无止境的故事，其中的视觉原型包含了深圳这座城市的多座文化地标：深圳宝安国际机场、小梧桐山顶的深圳电视塔，还有深圳的地标性建筑如地王大厦、京基 100 大厦、平安国际金融中心等。2023 年 12 月，深圳发布了 28 个最具"赛博朋克"风格的工业旅游打卡点，为深圳旅游线路选择提供了"全新玩法"。① 在深化其科技之城的城市文化形象过程中，深圳通过"赛博朋克"再次掀起了中国城市发展的未来感浪潮。②

在元宇宙技术应用日益普遍的当下，社交媒体、教育研学和购物消费，结合线上线下的虚拟现实联动体验，可以使人们参观和体验城市建筑、旅行和文化活动等新式文化生活方式。通过元宇宙技术建立和打造城市 IP，不仅能起到提升城市公共形象的作用，而且会赋能文化创业和文化旅游产业，为吸引人才、提升城市综合竞争实力提供新的发展机遇。

同时，基于元宇宙技术创建的虚拟城市空间，也逐渐成为城市居民参与政务、社交和互动的重要平台。城市居民在虚拟环境中促进社区形成、提升城市居民身份认同感和参与感，共同推动城市的社会发展和民主参与，也为城市治理和规划决策者提供了更高效的评估、优化城市建设方案的信息反馈路径，从而实现可持续和宜居城市的发展。

（三）应对环境社会及治理风险

新技术和发展机遇为城市创造了更多的可能性和潜力。然而，在应用这些新技术的过程中，我们也需要关注数据隐私、伦理安全和社会发展等问

---

① 常迪：《用"赛博朋克"的方式打开深圳的 28 种玩法》，网易网，https://www.163.com/dy/article/IMR8PECA0514R9NP.html。
② 汪洋：《〈敢闯敢试〉凝聚深圳人身份认同与城市共识》，《深圳特区报》，2023 年 5 月 1 日。

题，确保技术的发展与城市居民的利益、社会发展的可持续性相匹配。

一是数字时代的环境风险加剧。大数据中心在各大城市的建立，对城市能源带来风险。根据国际能源署估计，全球数据中心的用电量占全球电力消耗的 1.5%~2%，大致相当于整个英国的用电量。预计到 2030 年，这一比例将上升到 4%。人工智能不仅耗电，还费水。谷歌 2023 年发布的环境报告显示，该公司 2022 年消耗了 56 亿加仑（约 212 亿升）的水，相当于 37 个高尔夫球场的年耗水量。其中，52 亿加仑的水用于公司的数据中心，比 2021 年增加了 20%。[①]

二是数字化带来的新的不平等问题。随着数字化的深入发展，数据资源基础不健全以及数据资源和资产分配问题出现，导致数字鸿沟、算法歧视等现象愈演愈烈。数字鸿沟是指在数字化进程中，不同人群、地区或社会阶层之间因数字技术获取和使用的差异而产生的不平等现象。在数字时代，城市中的数字化应用高速发展。但部分人群可能无法获得数字技术，并且缺乏数字素养，从而加大了数字鸿沟。这些现象为未来城市的可持续发展埋下隐患，在老年人、妇女儿童和残障等特殊人群中这种现象尤为明显。首先是信息获取和利用能力不平等，城市居民中的一部分人无法获得和利用数字技术带来的信息资源。其次是数字技术使用能力不平等。掌握和使用数字技术成为数字文明时代人类基本的生存和发展能力。然而，部分城市居民可能因为缺乏相关技能和培训机会而无法充分利用数字技术。这种不平等会在就业、教育、医疗等方面产生社会矛盾和治理难题。此外，城市间的数字基础设施差距日益拉大。在欠发达城市或城市社区中，不稳定的互联网连接、电力供应，以及适用的数字设备的匮乏，限制了本地居民享受数字服务和信息的机会。最后，在数字内容差距方面，部分居民缺乏创造和共享数字内容的机会，这会限制他们参与数字创新和数字经济。

---

① International Energy Agency：*Global Energy Review 2021——Assessing the effects of economic recoveries on global energy demand and CO$_2$ emissions in 2021*，2021，p. 7，https：// www. iea. org/reports/global-energy-review-2021；Google：2023 Environmental Report，2023，p. 42. https：//sustainability. google/reports/google-2023-environmental-report/.

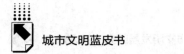

三是数据隐私和网络安全问题。数字时代的城市不断生成大量的个人数据，从数据采集、存储到使用，涉及诸多隐私和安全问题。数据安全和网络安全面临广泛而严峻的挑战。数字时代的城市发展还会产生新的犯罪形式和威胁，尤其是在数字犯罪和网络安全方面。数字城市面临着来自黑客、恶意软件和网络犯罪群体的攻击，这可能使城市数字系统瘫痪、数据泄露、网络出现故障等，将严重影响城市的运行和居民的生活。同时，城市中生成的大量个人数据和敏感信息成为黑客和犯罪分子的目标。数据侵犯和盗窃可能导致个人隐私泄露、身份被盗窃、金融和电信欺诈等。此外，社交媒体的普及也使得网络欺凌、虚假信息传播等问题愈发突出。

在数字时代，城市文明发展的机遇与风险并存，通过综合运用科技、政策和法律手段，结合利益相关者的诉求，制定和落地合适的政策和风险管理机制，将有效保障数字时代城市文明的可持续性和安全发展。例如，要解决数字鸿沟问题，需要采取综合性政策和行动，包括提供数字技术教育和培训，加强基础设施建设，促进数字内容的多样性和包容性，以及制定公平的数字政策和法规。再如，在顶层制度设计上，我国已经为数据安全提供了全面的法律保障。近年来全国人大及其常委会、网信办、工信部、公安部、银保监会、商务部、市场监管局、最高法、最高检等机关已发布一系列与个人信息和数据保护相关的法律法规，包括《中华人民共和国网络安全法》《中华人民共和国数据安全法》《中华人民共和国个人信息保护法》等，这些都为城市数据安全提供了支撑和保障。

（四）数字时代推动全球城市文明建设的重点领域和风险应对

随着智慧城市建设的深入推进，数字时代的城市文明建设重点应放在提高城市能力、推动城市变革、改善生活体验、实现社会共赢等方面。在数字时代推动全球城市文明发展，需要在国家层面制定城市规划和发展战略，统筹城市的发展布局、功能分区、基础设施建设等，以实现城市的协同发展和优化治理。

第一，为应对环境挑战和数字鸿沟，应积极制定综合性城市发展战略。

国家应制定综合性城市发展战略，将数字化转型作为其中的重要组成部分。这些战略需要统筹考虑城市的规模、发展定位、资源分配、环境保护、社会公平等方面，并将数字技术的应用和创新纳入其中。在战略制定过程中，要积极推动公众参与，重视和利益相关方的合作。在制定城市规划和发展战略时，应通过广泛的社会对话和合作机制，凝聚各方共识，提高政策的可接受性和执行力。利用大数据对城市的发展问题进行持续监测和评估，在制定城市规划和发展战略、协调整合各类政策的同时，应充分考虑城市区域布局和城市独特性以及现实具体情况，实现城市的协同发展和优化治理。依托大数据推动城市规划和决策，利用大数据和人工智能等技术分析城市发展趋势、需求和问题。基于数据的决策不仅可以帮助国家了解城市状况、优化资源配置，同时能够提供更好的公共服务。

第二，通过基础设施建设和数字互联互通，弥合数字鸿沟。公平公正地建设数字互联互通的城市基础设施，可以促进城市之间的协同发展和优化治理。积极引导创新和打牢数字经济发展基础，不仅能为城市提供创新环境，而且可以支持企业发展。同时，鼓励数字技术创新、培养人才、营造创业环境等，能够推动城市的经济增长和文化繁荣。在智慧化管理、智能交通、智能能源等方面推动城市数字创新，将大幅度提高城市的运营效率、可持续性发展和居民生活质量。在数字城市建设过程中，利用新兴技术，如物联网、人工智能和大数据分析等，将为城市智慧化管理、智能交通、智能能源等提供创新机会。从智慧化管理角度来看，数字城市利用大数据驱动城市决策。城市管理者可以通过物联网和大数据分析，实时收集和分析各种数据，从而利用数据驱动的决策，优化城市管理和公共服务供给，提高效率和响应能力。从智能城市监测角度看，利用物联网和传感器技术，城市可实时监测交通流量、空气质量、水资源利用等情况，以便及时采取有效的管理和调控措施，提高城市治理成效。在智能交通层面，通过实时数据收集和分析，城市可以优化交通流动，减少拥堵和废气排放。智能交通系统可以提供实时导航、交通信号优化和智能停车管理等功能，提高交通效率和改善公众出行体验。

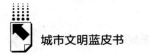

第三，完善法律制度，保障数据安全和防范隐私伦理风险。例如，大数据训练的"偏见"问题可能引发安全隐患，在输入学习样本时提供显著偏向某个利益群体的材料，可能导致生成的内容出现明显的偏见和群体歧视。因此，需要确保 AIGC 在训练过程中接受多样化和公正的大数据训练，这可使生成内容更加客观公正。此外，要确保数据安全，注重隐私保护和知识产权保护，就需要不断提高透明度，同时确保使用时数据的合规和安全。2023 年 6 月欧洲议会通过的《人工智能法案》（AI Act）就对 AIGC 提出了新的透明度要求。

在数字时代，城市面临日益复杂的风险挑战，如前述的网络安全威胁、生态环境压力等。为提高数字时代城市的安全性和稳定性，可以采取以下应对策略。

首先，在城市风险管理体系上，城市发展应制定风险管理策略，建立全面的风险识别和评估机制，制定适应当地的风险管理策略和方法。同时应加强信息共享和合作，建立完善的风险信息共享和合作机制，囊括政府、企业、学术机构和社区等利益相关方，以提高城市对风险的感知和应对能力。此外，还需要提高网络安全意识。在加强网络安全意识教育方面，城市管理者应持续提高居民和企业的网络安全意识，推动网络安全教育和相关培训，增强防范网络攻击和数据泄露的能力。同时，应建立健全的网络安全体系，在城市层面制定相关法律法规和政策，加强网络监测和防御能力，建立网络安全应急响应机制，及时应对和处理网络安全事件。

其次，城市应注重城市生态环境保护，积极推动城市的可持续发展。在城市层面积极落实相应的环境保护政策，推动数字赋能城市向低碳、环保、可持续发展方向转型，减少环境污染和生态破坏。为此，需要利用新技术做好监测、治理工作，促进生态平衡，加强城市绿化和生态保护，及时开展生态修复和恢复工作，最终提高城市的生态系统稳定性和自适应能力。

再次，在居民职业发展和人才吸引方面，积极提升全民的职业技能和创新能力，鼓励居民学习和掌握新技术、技能，提高其创新能力和适应变化的能力。支持创新企业的发展，扩大科技创新和数字化领域的就业机会，推动经济的多样化和灵活性发展，以适应快速变化的数字时代就业需求。城市创新与科技中心的建设需要吸引和留住高水平创新人才。为此，城市应提供优越的人才环境，包括良好的生活条件、创新创业的政策支持、高质量的教育和培训，以及面向人才的丰富的文化和社交活动等。

总体来说，数字时代全球城市文明的发展，需要通过综合性的策略和管理体系来应对不同的风险挑战。通过上述措施，数字时代的城市能够更好地应对风险，提升城市文明发展的安全性和稳定性，实现可持续发展并增进居民福祉。而近年来中国城市文明发展的经验，为相关领域提供了一系列生动的范例。

四　数字时代的中国城市文明典范建设

在推动世界城市发展、树立全球城市文明典范的历程中，中国城市走出了一条独特的发展道路。中华人民共和国成立 75 年来，经历了世界历史上规模最大、速度最快的城市化进程。我国城市发展取得了举世瞩目的突破性成就，尤其是在改革开放之后，我国城市规模不断扩大，城市经济持续增长，城市面貌焕然一新，城市文化品牌独树一帜。随着中国城市的全面崛起与繁荣，在数字时代，一个个鲜活的数字新城不断涌现，而且走出了一条中国式现代化新型城市化道路，在独特的中国城市土壤中，创造了绚烂的数字时代城市文明，留下了生动精彩的城市故事，既满足了市民对美好生活的向往，也形成了中国式现代化的城市轨迹，更积累了别具一格的城市发展经验。

（一）数字化浪潮下的中国城市文明进程

回顾我国城市化发展历史可知，我国当代城市化发展经历了早期萌芽发展（1949~1978 年）、中期快速扩张（1979~2011 年）和稳步高质量发展（2012 年至今）的过程。[①] 多年来，随着数字化应用的大量普及与技术更

---

① 国家统计局城市司：《新中国成立 70 周年经济社会发展成就系列报告之十七》，中国政府网，https：//www.gov.cn/xinwen/2019-08/15/content_ 5421382.htm。

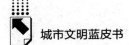

迭，"数字城市""智慧城市"等新城市发展理念相继被提出，数字文明成为城市化进程中的创新元素。在我国城市化的萌芽时期，能源型城市的扩建，使得城市和市民数量显著增加。改革开放和中国加入世界贸易组织，使我国城市化进程迈入快速扩张期，珠三角、长三角等城市群逐步成形，城市集聚效应更加明显。与此同时，2002 年党的十六大要求，"坚持大中小城市和小城镇协调发展，走中国特色的城镇化道路"。① 这是我国首次提出要依据中国国情走具有中国特色的城市化道路。2008 年，"智慧城市"概念的提出，标志着我国进入了城市数字化的建设时期。

2012 年以后，我国城市化发展迈入了稳步高质量发展时期。党的十八大继续强调"走中国特色新型城镇化道路"②。2013 年召开的第一次中央城镇化工作会议明确提出，"在城市发展中，要融入让群众生活更舒适的理念"。③ 这标志着我国在走中国特色新型城镇化道路的同时，还积极关注城市发展中城市居民的生活品质。在科技浪潮快速推动城市智能化的背景下，我国住建部开启了智慧城市试点工作。但在试点阶段，大部分城市是按照各自的理解来推动智慧城市建设，相对分散和无序。基于此，2014 年我国成立了"促进智慧城市健康发展部际协调工作组"，中央相关部门开始协同指导地方智慧城市建设；同年中共中央、国务院印发了《国家新型城镇化规划（2014—2020 年）》，在规划中明确提出，城市化是人类文明进步的产物，是促进社会全面进步的必然要求。这将城市发展和人类文明紧密联系。2015 年，习近平总书记在中央城市工作会议上指出："做好城市工作，要顺应城市工作新形势、改革发展新要求、人民群众新期待，坚持以人民为中心

---

① 国家统计局城市司：《新中国成立 70 周年经济社会发展成就系列报告之十七》，中国政府网，https：//www.gov.cn/xinwen/2019-08/15/content_5421382.htm。

② 国家统计局：《党的十八大以来经济社会发展成就系列报告》，中国政府网，https：//www.gov.cn/xinwen/2022-09/29/content_5713626.htm。

③ 《使城市更健康、更安全、更宜居》，求是网，http：//www.qstheory.cn/zhuanqu/2020-11/18/c_1126749216.htm。

的发展思想，坚持人民城市为人民。"① 习近平总书记提出的人民城市构想，体现了科学社会主义的先进本质，既坚持了科学社会主义基本原则，又不断赋予其鲜明的中国特色和时代内涵。

在2016年中央政治局第三十六次集体学习中，习近平总书记指出："以推行电子政务、建设新型智慧城市等为抓手，以数据集中和共享为途径，建设全国一体化的国家大数据中心。"② 新型智慧城市是立足我国国情实际提出的智慧城市概念的中国化表述，进一步推进了我国城市发展中的数字化建设。在建设新型智慧城市的热潮下，2016年印发的《中共中央　国务院关于进一步加强城市规划建设管理工作的若干意见》明确提出："城市是经济社会发展和人民生产生活的重要载体，是现代文明的标志。在城市管理中，要坚持依法治理与文明共建相结合，提升市民文明素质推动城市治理水平。"③ 该文件首次将城市文明和市民文明联系起来。同年，我国出台了《中华人民共和国国民经济和社会发展第十三个五年规划纲要》，文件中指出："要加快城市群建设发展，加快新型城镇化步伐，建设和谐宜居城市，努力打造和谐宜居、富有活力、各具特色的城市。"④ 宜居城市概念的提出，让城市管理更多关注普惠便捷的公共服务供给、市政公用设施和城市更新，也更加注重城市文化氛围的塑造。在此后的2016~2018年，新型智慧城市建设大规模展开，深圳市、福州市和嘉兴市三市获得中央网信办、国家互联网信息办批准，创建新型智慧城市标杆市，先行试点开展新型智慧城市建设。2018年之后，数字化对城市发展的影响逐渐加深，原来各部门分散建设、分散管理的模式发生改变，各大城市陆续成立诸如大数据发展管理局、政务服务数据管理局、大数据统筹局等机构，以统筹提升城市数据资源开发

---

① 中共中央党史和文献研究院编《习近平关于城市工作论述摘编》，中央文献出版社，2023，第31页。

② 习近平：《发展我国数字经济的科学指引》，《求是》2022年第2期。

③ 《中共中央　国务院关于进一步加强城市规划建设管理工作的若干意见》，中国政府网，https://www.gov.cn/gongbao/content/2016/content_5051277.htm。

④ 《中华人民共和国国民经济和社会发展第十三个五年规划纲要》，新华网，http://www.xinhuanet.com/politics/2016lh/2016-03/17/c_1118366322.htm。

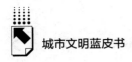

利用效率和"互联网+"政务服务水平。

从我国城市化发展历史来观察，方兴未艾的"城市数字化"正在引领城市生活和城市文明的新一轮革命。一方面，数字化时代带来了家用电器的更新，从电熨斗到洗衣机，从冰箱到空调，从智能家电到智能家居，城市居民的生活品质不断提高；另一方面，数字通信技术的发展让城市生活的时空界限被一次次重塑，从广播到电话，从电影到电视，从电视到短视频，从短视频到直播，从3G到5G，新的通信手段和传播媒介渐次普及，极大丰富了市民的日常交流与精神生活。科技革命开启了城市智能信息系统的升级，经济社会生活的主要信息开始进入计算机和互联网，成为可计算、可分享的数据。可以说，城市数字化是对城市信息系统的"智能更新"，相当于城市安装了一个"智能操作系统"，它将推动城市生活从"功能化"时代迈入"智能化"时代。城市劳动生产效率的提高、第三产业比重的快速增加等，不仅加速了知识更新与社会交往，也显著改善了城市的市民生活体验。在城市空间格局上，随着服务产业和城市交通的急速扩张，城市中心区域都留给了高科技企业、金融等服务业，工厂和部分居民开始向城市郊区迁移，都市圈、城市群不断拓展着城市生活的边界。

（二）数字时代下中国城市文明的意义表征

数字时代改变了城市产业形态，催生出全新的城市生活方式，同样为城市文明提供了全新的意义表征。在构建数字时代城市文明过程中，要紧密结合中国国情和各地实际，打造中国特色、创造中国模式、提出中国方案。正如习近平总书记所指出的那样："中华民族是世界上伟大的民族，有着5000多年源远流长的文明历史，为人类文明进步作出了不可磨灭的贡献。"[①] 在当代，中国城市也将为全球城市文明作出新的探索和贡献。

1. 数字时代的城市文明为中国式现代化提供了有效内容支撑

习近平总书记强调："我们的任务是全面建设社会主义现代化国家，当

---

① 习近平：《在庆祝中国共产党成立100周年大会上的讲话》，《人民日报》，2021年7月2日，第2版。

然我们建设的现代化必须是具有中国特色、符合中国实际的，我国现代化是人口规模巨大的现代化，是全体人民共同富裕的现代化，是物质文明和精神文明相协调的现代化，是人与自然和谐共生的现代化，是走和平发展道路的现代化。"① 党的二十大报告详细阐述了城市建设和发展的战略方向与目标，体现了城市发展在全面建设社会主义现代化国家中的重要地位。数字时代所创造的城市文明是城市传统文明与现代文明相统一、城市市民精神与时代精神相结合、中华文明与外来优秀文明成果相融通的文明新形态，这种全新文明形态坚持以人民为中心和人民至上的价值导向，符合中国式现代化的道路方向，也确保了物质文明、精神文明、社会文明、生态文明、政治文明的全面协调发展、统筹推进，符合人类文明新形态的本质特征和根本要求。

2. 数字时代的城市文明助力中国特色社会主义高质量建设

习近平总书记强调："中华文明在长期演进过程中，形成了中国人看待世界、看待社会、看待人生的独特价值体系、文化内涵和精神品质，这是我们区别于其他国家和民族的根本特征。"② 中华文明所承载的思想文化和独特审美，已经成为中华民族最基本的文明基因。这些最核心的文化基因，形成了中华民族在修齐治平、尊时守位、知常达变、开物成务、建功立业中的根本特征，既决定了中国特色社会主义文明的中国特色，又构成了城市文明的底色。基于此，城市文明能够为全国乃至全世界提供优秀的文化和精神产品，其在城市的文化环境土壤中、城市文明建设中也发挥着主力推动作用。在 2023 年的文化传承发展座谈会上，习近平总书记强调："对历史最好的继承就是创造新的历史，对人类文明最大的礼敬就是创造人类文明新形态。"③ 当今中国已经是一个城市化水平超过 60% 的城市化大国，在高质量建设中国特色社会主义的新阶段，构建中华民族现代文明，城市必将扮演着文明承载者、行动者、建设者、展示者的重要角色，也将根据不同类型的定位、职责和使命，形成继承中华优秀传统文化、创新多元文明互鉴包容发展的伟大城市文明。这将

---

① 习近平：《以中国式现代化全面推进中华民族伟大复兴》，《求是》2023 年第 16 期。
② 习近平：《在文化传承发展座谈会上的讲话》，《求是》2023 年第 17 期。
③ 习近平：《在文化传承发展座谈会上的讲话》，《求是》2023 年第 17 期。

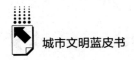

成为我国未来各大城市高质量建设与发展中国特色社会主义的重大任务。

3. 数字时代的城市文明为人类文明新形态积累了实践经验

中国式现代化新道路和人类文明新形态是近代以来中国社会发展的必然选择，中国特色社会主义进入新时代，数字时代的城市文明将继续推进中国特色社会主义伟大实践。中国式现代化新道路创造了人类文明新形态，人类文明新形态是集物质文明、政治文明、精神文明、社会文明、生态文明于一体的文明新形态，这是人类文明新形态的核心内涵。城市文明是城市高质量发展的内在底蕴，也是"人民城市为人民"理念最重要的体现，更是人类文明新形态的有力支撑。我国很多城市在以往的快速发展中经历过"大拆大建"阶段，导致城市的文明脉络、文化遗产、文化景观、人文地理风貌受到破坏。尽管后续有很多城市投入较多精力进行"修旧如旧"的保护，但也难以恢复原来的文化底蕴和氛围。而随着数字时代的到来，我们可以利用数字媒介技术为城市文明注入全新的时代内涵与技术灵韵，通过文明历史、现代文化和科技发展，多元化彰显城市魅力。如数字博物馆延伸了传统的"以物为媒"的城市书写方式，辅以"数字码"的场景标配，丰富了有关城市历史记忆的叙事空间和书写逻辑，重构了有关城市文明记忆的数字场景。从这个角度而言，数字时代的城市文明，依托城市历史人文底蕴，利用新兴技术做好城市历史、文明形态与各类空间的保护与传承，制作更多具有人文创意性的城市产品，彰显了城市人文色彩和文明底蕴。

（三）数字时代构建城市文明典范的深圳探索

在数字时代城市文明发展与传播过程中，深圳已经走在了全国前列。早在 2005 年，深圳就已被选为首批全国文明城市。党的十八大以来，习近平总书记赋予深圳新时代历史使命，要求深圳"坚持'两手抓、两手都要硬'，在物质文明建设和精神文明建设上都要交出优异答卷"。① 在 2019 年

---

① 《2021 年全国文明城市创建工作培训班交流发言材料摘编（一）（建设更高水平文明城市）》，《人民日报》，2021 年 10 月 27 日。

颁布的《中共中央　国务院关于支持深圳建设中国特色社会主义先行示范区的意见》中，打造"城市文明典范"是五大战略定位之一。① 2021 年，深圳被列为全国文明典范城市创建首批试点城市之一。如何结合数字化的时代背景，满足市民对美好生活的期待，是深圳创建文明典范城市的关键所在。创建全国文明典范城市并非一日之功，不可能一蹴而就、一劳永逸。深圳需要思考，如何以全国文明典范城市创建行动为契机和突破口，推动城市全面高质量发展，最终辐射粤港澳大湾区。

1. 以"市民文明"为创建核心，全面提升城市文明治理能力与效力

城市文明典范，是中国特色社会主义先行示范区的本质特征之一，高效能的文明治理体系是全国文明典范城市的具体表现，也是城市治理体系和治理能力现代化的重要支撑。在理念上要将市民的主体价值排在城市文明典范价值排序表的首位，以"市民文明"为核心，夯实社会文明基层治理根基。文明创建不仅是深圳市有关部门的职责，更是深圳整体社会的全面性工程，因此要协同全域开展全市文明创建。其中的工作，包括信息资源如何共享、资源配置如何下沉基层、各部门如何与人才有效调配等，特别是要结合深圳以及粤港澳大湾区的城市文明发展需求，行政治理需要各级政府部门和公共事业相关部门配合实施，需要考虑如何让社区和街道两个层级真正成为社区治理与社会治理的重要根基。如国内很多地区已经开展资源配置和行政治理方面的改革和探索，成都市青白江区实行"管委会+属地镇"协同服务，实现办事不出功能区，打造"管家式"服务品牌。② 在深圳创建全国文明典范城市过程中，不仅可以定期召开创建工作联席会议，实行周例会、月例会、月督查通报等机制，建立基层社区或市民治理模式，而且要构建具有深圳特色的文明典范城市评价体系，通过自我测评、基层检查等方式寻找治理问题，以社区文明管理为网络节点，推动城市文明管理逐步向网格化、精细

---

① 《中共中央　国务院关于支持深圳建设中国特色社会主义先行示范区的意见》，中国政府网，https://www.gov.cn/zhengce/2019-08/18/content_ 5422183. htm。

② 高国力：《面向中国式现代化的新型城市高质量发展战略方向》，《城市问题》2023 年第 1 期，第 12～14 页。

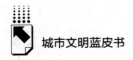

化、智能化转变，最终提升城市基层治理工作效率。

2. 以"人文科技"为创建手段，推动科技创新与城市文明的双向赋能

作为一座以科技创新为标签的城市，深圳经济特区建立 40 多年来，已经从"改革之都"成长为"创新之城"，也书写了世界城市化、现代化发展的奇迹。作为一个科技创新型的年轻城市，深圳要确定一条城市文明典范之路，需要一个寻找和建立的过程。随着数字时代的来临，数字技术所带来的文化生产方式变革，成为深圳文化创新的重要内驱力。深圳在实现科技创新的同时，城市文明也在传承与发展中日趋繁荣。深圳基于其良好的科技基础和优势，率先探索出一条"文化+科技"的创新路径，即以文化为核心、以科技为依托，既促进科技与文化的相融相加，也成为构建城市文明典范的重要内涵。得益于科技与人文的双向创新，深圳完成了从"文化沙漠"到"文化绿洲"的转变。要保持深圳科技与文明的城市优势，就需要深圳在未来科技更新与文明互动中，以"人文科技"为发展手段，深入贯彻文化数字化战略，推动 5G 技术、人工智能及文化科技设备制造，持续构建国家文化科技融合示范基地，推进公共文化服务数字化建设，满足人民群众多样化多层次的文化需求，进一步在科技创新中孕育深圳的城市文明。

3. 以"文明场景"为创建目的，实现文明软实力与硬实力的充分结合

"城市竞争力来自城市硬实力与城市软实力的良好匹配组合"。① 一方面，城市文明的软实力是衡量城市文明典范的基础，要形成文明软实力的社会氛围，就要依托深圳现有的城市文明基地，在周末、传统节假日以深圳科技日、文博会以及其他文化产业展览举办为契机，以城市文明、中国文化传统、深圳文化、科技创新、科技人文为主题，开展市民讲堂、文化传承、趣味互动等文化休闲活动，打造多元化的城市文明场景，丰富市民的精神文化生活。还要注重数字化的城市文明传播，通过选拔城市文明先进典范人物，在基层社区定期组织召开文明学习交流会，营造城市积极向善、文明互助的良好氛围，通过社会网络与媒体力量的传播，在整个城市形成凝聚发展文明

① 王战：《多管齐下打造城市软实力》，《探索与争鸣》2021 年第 7 期。

能量，培育文明风尚的场景。另一方面，重大文体设施是城市文明硬实力的重要标志，也是满足群众精神文化需求的主要阵地，为市民提供开放的城市交流客厅、推进高品质的公共文化设施建设、营造城市文化展示场景也是深圳打造文明硬实力的必要措施。同时要注重创新打造一批具有鲜明特色和人文品质的新型数字文化空间，加快数字博物馆、数字美术馆、数字文化馆、数字书城工程的线上云项目，推动提供云培训、云讲座、云阅读等智慧服务，在完善深圳各区级智慧平台建设的基础上，形成深圳城市硬文明场景搭建，最终实现深圳城市文明软硬实力的良好融合。

在人类文明迈入数字时代的总趋势下，研究当前全球城市文明发展，需要密切结合数字城市建设路径，响应国家数字发展战略和城市文明典范建设，结合评价指标体系设计和具体案例，并综合国内外城市发展经验，从而对数字时代全球城市文明的发展进行前瞻性展望，切实有效地提出对策建议。在数字时代背景下，研究者既可以对中国城市文明典范的评价指标体系进行重构，也可重新思考数字时代的全球城市分级问题。在具体城市发展情境中，数字赋能城市文明建设、大数据产业发展、数字化转型与城市绿色创新等领域均值得关注，这些领域分别对应着数字时代城市文明、产业文明、生态文明等不同文明范畴的新发展特征。如何通过数字文明建构新时代城市形象，通过智慧"城设"赋能城市文明典范建设，是城市发展理论与实践中需要关注的课题。

评价篇

B.2

数字时代中国城市文明典范
评价指标体系研究[*]

城市文明典范指标体系课题组[**]

摘 要： 数字时代全球城市文明的发展和世界城市主要文明模式都发生了新的变化，这就要求研究者提出新的城市文明典范评价指标体系，以更好地体现城市文明发展的新趋势。城市文明典范评价指标体系是用来衡量城市文明发展阶段和成绩的关键方式。在数字时代的大背景下，中国城市文明典范评价指标体系的建设，应当有意识地反映目标明确、系统综合、具有比较价

---

* 本文系 2022 年深圳市社会科学院重大专项课题"中国城市文明典范指标体系研究"阶段性成果（项目编号：SZ2022-61-2）、广东省决策咨询研究基地"南方科技大学全球城市文明典范研究中心"研究成果。

** 课题组组长：吴定海，深圳市社会科学院（深圳市社会科学联合会）党组书记、院长（主席），南方科技大学全球城市文明典范研究院学术顾问，研究方向为应用传播与国际传播、经济特区发展战略、现代城市文明；李凤亮，华南农业大学党委书记、教授，南方科技大学全球城市文明典范研究院院长，研究方向为文艺理论、文化产业、城市文明。课题组成员：杨建，深圳市社会科学院（深圳市社会科学联合会）党组成员、副院长（副主席）；陈能军，南方科技大学全球城市文明典范研究院研究员；陈捷，香港中文大学（深圳）人文社科学院副院长、教授；胡鹏林，深圳大学文化产业研究院副院长、副教授；倪晓锋，深圳市社会科学院社会发展研究所副研究员。

值并便于操作的特点，涵盖城市经济发展、政治建设、文化繁荣、社会和谐、生态友好等多个关键维度，更好地反映新时代中国特色社会主义的城市文明建设。建立基于中国式现代化探索的新型城市文明典范评价指标体系，有助于推动数字时代城市文明的进一步繁荣。

关键词： 数字时代　城市文明　评价指标体系

　　党的二十大报告指出："中国式现代化的本质要求是坚持中国共产党领导，坚持中国特色社会主义，实现高质量发展，发展全过程人民民主，丰富人民精神世界，实现全体人民共同富裕，促进人与自然和谐共生，推动构建人类命运共同体，创造人类文明新形态。"[①] 这既表明了"人类文明新形态"是中国式现代化的本质要求，也为"人类文明新形态"指明了发展方向。

　　城市作为"人类社会权力和历史文化所形成的一种最大限度的汇聚体"，[②] 展示着人类社会发展所达到的一种和谐与文明共存的状态。城市文明以其内在的浸润力和外在的辐射力成为城市精神的重要呈现，是城市竞争力和可持续发展的关键所在。中国城市文明典范建设反映了我国未来城市整体文明的最高水平，在中国式现代化新道路上和构建人类文明新形态进程中发挥引领示范作用，应成为全国乃至世界城市学习仿效的标准对象。

　　为了更好地展现中国城市已经取得的发展成就和未来道路，需要对城市文明发展的现状进行考察评估，充分把握各个城市的优势和劣势，以突出特色、补齐短板。因此，构建一套行之有效、具体可感的城市文明典范评价指标体系，就具有理论价值和现实意义。城市文明典范评价指标体系有助于从整体上盘点

---

① 习近平：《高举中国特色社会主义伟大旗帜　为全面建设社会主义现代化国家而团结奋斗——在中国共产党第二十次全国代表大会上的报告》，《人民日报》，2022年10月26日，第1版。

② 〔美〕唐纳德·米勒编《刘易斯·芒福德读本》，宋俊岭、宋一然译，上海三联书店，2016，第92页。

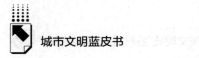

把握城市优势，把城市资源转化为现实的发展动力；同时，通过城市文明典范评价指标体系，可以对全球不同城市展开比较，明确各城市的独特风格、定位，从而打造各具特色的精品"城设"，避免城市发展中的同质化问题。

必须认识到，无论是多么全面的城市评价指标体系，都不可能事无巨细地展示一切客观事实。因此，在设计评价指标体系时，必须抓住时代需求，突出城市文明的当代发展重点。中国城市文明典范评价指标体系的设计应该突出"先行示范"的特色与优势，要在基本要求上注重城市文明建设的先进性、引领性和示范性，要能够充分展现中华民族和人民的高素质，充分展现中国城市的高质量建设水平，为加强社会主义城市建设和城市治理提供先进经验，做出先行示范。"我们坚持和发展中国特色社会主义，推动物质文明、政治文明、精神文明、社会文明、生态文明协调发展，创造了中国式现代化新道路，创造了人类文明新形态"。[①] 这既是对中国特色社会主义文明理论的高度凝练，也是对于创造"人类文明新形态"伟大实践的根本阐释。

一 中国城市文明典范评价指标体系总体设计

中国城市文明典范评价指标体系既是对中国城市文明建设的现有实践成果进行评估的工具，又是对未来城市文明实践活动发展方向和发展方式的导引。根据党和国家对于城市文明典范建设的总体部署，紧密结合当下我国城市文明发展实际，完善中国城市文明典范评价指标体系，定好"风向标"，用好"指挥棒"，对我国加速建成高度发达的城市文明体系具有积极的引领作用。

（一）中国城市文明典范评价指标体系的重要功能

第一，中国城市文明典范评价指标体系具有评价功能，能够科学评估既定目标的实现程度。完善中国城市文明典范评价指标体系，是要寻找和建立一个较为客观、能为人们认可与接受的评价系统，以此测量和评价各城市文明建设的基本状况，以判断城市发展目标的设置是否合理，措施是否得当，

---

① 习近平：《习近平谈治国理政》（第四卷），外文出版社，2022，第10页。

在对比中使我们客观真实地了解城市的发展状况和发展水平。

第二，中国城市文明典范评价指标体系具有预测功能，能够为实现既定目标提供科学依据。科学、合理的评价指标体系能够直接为各地城市文明建设的阶段性发展目标的确立提供科学依据。从综合评价结果和各项指标的变化趋势中，可以预测出各城市在文明建设方面的基本态势和走向，这既是制定经济社会发展规划的基本依据，也是发现问题、解决问题，提高政府施政能力和施政成效的切入点。

第三，中国城市文明典范评价指标体系具有引导功能，能够为既定目标的实现提供内在驱动力。评价指标体系通过科学量化城市文明典范建设的基本要求，变虚为实、化抽象为具体，将城市文明典范建设中比较宏观的原则转化为可操作的具体标准，从而为各地政府和全社会指明了发展方向，进而引导社会各个主体转变行为模式和文明模式。

（二）指标体系构建的基本原则

为了更好地促进中国城市文明典范的建设，构建一套科学的城市文明典范评价指标体系非常重要。总体来看，在编制该指标体系过程中，要坚持如下基本原则。

1. 目标性原则

中国城市文明典范评价指标体系（以下简称"指标体系"）所要坚持的目标性原则，主要体现在两个方面。

一是坚持以人民为中心的城市文明发展的核心基础不动摇。体民情、察民意、惠民生，把为民干实事作为政绩考核的最重要标准。在考核内容和考核方式上，要更多地注重公众的诉求和参与；在目标导向上，应当坚持先富带动后富，城市带动农村，推进基本公共服务均等化，坚持把实现共同富裕作为最终的追求。

二是坚持城市文明典范建设中的问题导向性。指标体系构建应更加关注城市发展中的现实性问题，关注现代化、城市化进程中的中国特色的城市问题。要直面当代中国城市发展中所面临的各种社会问题、经济问题、民生问

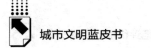

题，坚持问题导向。要以优化当代中国城市的生态功能、社会功能、经济功能、文化功能、创新功能和服务功能等为目标，不断调整城市发展的空间结构、文化结构、社会关系结构和资源集聚结构等，促进现代化城市文明的持续深化。实现指标体系"以评促建"的根本目标。

2. 系统性原则

城市文明典范建设本质上是一个宏观层面的发展问题，实际上涉及的因素是多方位和多层次的，这是由于"文明"的系统性而形成的。中国共产党领导中国人民所创造的人类文明新形态，是坚持统筹推进物质文明、政治文明、精神文明、社会文明、生态文明协调发展的系统性伟大实践，因此，影响城市文明典范建设的内部因素也涉及政治因素、经济因素和社会因素诸多方面。而从外部因素来看，城市文明典范建设不仅受到宏观政策的影响，也受到区域城市联动和区域文化特质的影响；不仅受到物质基础与硬件设施的影响，也受到思想道德观念和制度软件环境的影响。城市文明典范建设实际上是一个相当全面、系统和复杂的过程。

因此，反映城市文明典范的指标体系，实质上是一个由多级指标组成的系统，该指标体系需要具有足够的完备性和高度的概括性，从而能从不同的角度和层次综合表征城市文明典范的主要特征。系统性原则要求指标体系涵盖经济、政治、文化、社会、生态等方面的内容，且指标的选取要兼顾相互独立性和内在逻辑性。

3. 可比性原则

指标体系的一个重要功能是通过指标构建和进一步评估分析，纵向比较城市自身文明的发展程度，从而对城市文明典范建设过程做出判断，准确定位当下城市文明典范建设所处的阶段。此外，指标体系也需要适用于横向比较，通过横向比较分析，可以发现一定区域内城市文明典范建设中的规律性问题。例如，对于粤港澳大湾区这样城市密集的地区（城市群）而言，粤港澳大湾区内城市文明典范的打造实质上是一种基于区域整体发展与推进的战略，横向比较分析可以揭示不同城市在文明建设领域的协调发展机遇，不仅对于制定城市文明建设政策措施是十分重要的，也有利于在不同城市之间营造"你追我赶"的城市文明典范创建氛围,让"典范"真正起到引领作用。

因此,指标设置要具有可比性,即这些指标的统计口径在不同等级城市的应用必须是一致的,指标所反映的问题本质上也应该是不同城市所面临的共同问题。此外,在选择具体指标时应该尽可能选用相对指标,因为相对指标比绝对指标更适宜用于横向比较分析。

4. 可操作性原则

中国城市的数量庞大。在城市基数巨大的情况下,城市文明发展类型多样,城市发展程度也存在巨大差异。以长江三角洲地区为例,各城市之间等级差异较大,上海是特大型城市,南京和杭州是省会大城市,苏州和宁波是近10年迅速发展的计划单列市,其余城市系地级市。从数据收集来看,各城市公布的统计资料的详略不一,大城市公布的统计指标,中型城市不一定公布,不同城市的数据指标,其侧重点也是基于本地发展战略需求而定的。

因此,在指标体系制定过程中,还需要考虑可操作性原则:一是数据的可得性,所选用的指标一定要有长期可靠的数据来源作为支撑,以便进行连续的测评与比较分析;二是数据的有效性,即可获得的统计数据能有效反映某个指标的特性,并且各分项数据综合起来要尽可能完整地表征综合指标所要反映的主要特征。

5. 稳定性原则

指标体系应当有着相对的稳定性。对于任何城市而言,其文明发展程度或城市建设的发展水平都是阶段性的,因此在考察城市文明某一特定发展阶段时,就必须考虑指标体系的稳定性问题。具体指标设置必须具有一定的前瞻性,即作为客观描述、评价和总体调控的指标体系,在城市文明的某一发展阶段,其侧重点、结构及具体的评价内容就要有相对的稳定性。

指标体系的这种稳定性不随城市发展过程中一些非结构因素的变化而发生改变,但要随着城市文明所处的发展阶段而作适当调整。正是由于指标体系具有这种相对的稳定性,我们才有可能在特定的阶段对城市文明发展进行可持续的衡量、评价和调控,从而使城市文明典范建设朝更符合可持续发展标准的方向发展,避免出现城市文明典范建设中的短期行为。

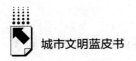
（三）指标选取与总体构建

在借鉴相关指标体系的基础上，遵循城市文明发展指数构建的基本原则，本课题组构建了中国城市文明典范评价指标体系。整体上分为一级指标、二级指标、三级指标。其中一级指标 5 项，分别为：经济高质量发展、政治廉洁高效、文化繁荣兴盛、社会和谐安定、生态文明友好。二级指标 21 项，三级指标共 102 项，如表 1 所示。

表 1　中国城市文明典范评价指标体系

一级指标	二级指标	三级指标
1. 经济高质量发展	1.1 经济规模	(1) GDP 总量
		(2) 人均 GDP
		(3) 固定投资总额
		(4) 社会消费品零售总额
		(5) 进出口总额
		(6) 规上企业营业收入
	1.2 经济结构	(7) 新产业、新业态、新商业模式占 GDP 比重
		(8) 文化消费占总消费支出的比重
		(9) 第三产业投资占比
		(10) 城乡居民收入比
		(11) 居民恩格尔系数
	1.3 经济效益	(12) 全要素生产率（TFP）
		(13) 全员劳动生产率
		(14) 单位土地 GDP
		(15) 单位 GDP 税收产出
	1.4 创新能力	(16) 科技进步贡献率
		(17) R&D 经费支出占 GDP 比重
		(18) 每万人发明专利授权量
		(19) 创新载体数
		(20) 年度新增"专精特新"企业
	1.5 开放程度	(21) 对外贸易开放：外贸依存度
		(22) 对外资本开放：外资依存度
		(23) 对外技术开放：贸易技术贡献度
2. 政治廉洁高效	2.1 政府效能	(24) 政务公开情况
		(25) 公共预算收入占 GDP 比重
		(26) 12345 网站民众认可度
		(27) 数字政府建设评估
		(28) 城市司法水平
		(29) 城市清廉水平

续表

一级指标	二级指标	三级指标
2. 政治廉洁高效	2.2 基础设施	（30）治理基础设施（交通等）
		（31）民生基础设施
	2.3 基层治理	（32）政府负责
		（33）社会协同
		（34）公众参与
	2.4 法治政府	（35）公众对政府法治的满意度
		（36）普法力度
	2.5 高效服务	（37）教育服务满意度
		（38）社会保障满意度
		（39）失业保障满意度
		（40）医疗保障满意度
		（41）住房服务满意度
		（42）公共环境服务满意度
3. 文化繁荣兴盛	3.1 文化机构	（43）图书馆、文化馆、博物馆数量和服务频次
		（44）影剧院数量、银幕数量和电影票房
		（45）咖啡馆、电竞馆、书吧等新型文化空间数量和覆盖率
		（46）国有文艺院团和民营文艺院团数量
		（47）省级以上文物保护单位和非遗项目数量
		（48）文艺类高等院校数量
	3.2 文化事业	（49）一般公共预算支出中文化事业经费占比
		（50）数字化公共文化服务普及率
		（51）文艺演出数量
		（52）社区文化活动数量和频次
		（53）创新性公共文化政策和资金
		（54）文化志愿者数量和比例
	3.3 文化产业	（55）文化产业增加值
		（56）文化产业占 GDP 比重
		（57）文化产业法人单位和从业人员
		（58）文化类上市公司
		（59）市级以上文化产业园区
	3.4 文化交流	（60）文化传播新媒体和新型平台
		（61）国际性文化艺术展
		（62）国外文艺院团演出
		（63）本地文艺院团国外演出
		（64）国际性文化艺术类节庆和论坛

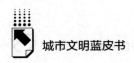

一级指标	二级指标	三级指标
4. 社会和谐稳定	4.1 社会民生	(65) 人均年可支配收入
		(66) 人口自然增长率
		(67) 高中阶段毛入学率
		(68) 大专以上人口所占比例
		(69) 人均(健康)预期寿命
		(70) 每千人口拥有执业(助理)医师数
		(71) 养老机构中护理型床位占比
		(72) 人均住宅建筑面积
		(73) 城镇调查失业率
	4.2 公共安全	(74) 亿元 GDP 生产安全事故死亡率
		(75) 交通事故死亡率
		(76) 食品安全满意度
		(77) 每万人治安和刑事警情数(社会治安满意度)
	4.3 诚信友爱	(78) 每十万人被列入全国失信被执行人名单的个人或企业数量
		(79) 注册志愿者人数占城市人口总数的比例
		(80) 无偿献血量占临床用血量的比例
		(81) 残疾儿童义务教育入学率(残疾人家庭人均年收入增速)
		(82) 居民最低生活保障标准
5. 生态文明友好	5.1 绿色生态保护	(83) 生态保护红线面积占比
		(84) 国家重点保护野生动植物保护率
		(85) 自然岸线修复长度
	5.2 绿色环境改善	(86) 空气优良天数比例
		(87) $PM_{2.5}$ 浓度下降幅度
		(88) 水质达到或优于Ⅲ类比例提高幅度
		(89) 水质劣Ⅴ类水体比例下降幅度
		(90) 黑臭水体消除比例
	5.3 绿色生产	(91) 单位 GDP 能耗(吨标准煤/万元)
		(92) 单位 GDP 水耗(立方米/万元)
		(93) 单位 GDP 二氧化碳排放(吨/万元)

一级指标	二级指标	三级指标
5. 生态文明友好	5.4 绿色生活	(94)生活垃圾无害化处理率
		(95)污水处理率
		(96)人均绿地面积
		(97)绿色建筑占新建建筑比重
		(98)节能家电市场占有率
		(99)一次性消费品人均使用量
		(100)新能源汽车占比
		(101)公共交通出行分担率
		(102)政府绿色采购比例

二　经济高质量发展指标设定及阐释

（一）指标的界定和阐释

综合考虑现阶段中国城市经济建设存在的实际问题，并结合新时代中国经济高质量发展的指导思想与理念，本研究设置经济规模、经济结构、经济效益、创新能力，以及开放程度五个二级指标对经济高质量发展进行测评。

（1）经济规模

经济规模也叫经济总量，对一个国家来说是用国内生产总值（GDP）表示的创造财富的总水平，GDP 是用货币计算的一定时期国内生产的各种产品和服务的总和；对一个企业来说，一般是用产品产量或产品产值所表示的企业生产能力。本研究分别用"GDP 总量"和"规上企业营业收入"代表国家和企业的生产能力。作为拉动经济增长的"三驾马车"——投资、消费、出口，本研究分别用"固定投资总额""社会消费品零售总额""进出口总额"来评价。

（2）经济结构

经济结构是指经济系统中各个要素之间的空间关系，包括企业结构、产

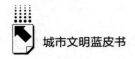

业结构、区域结构等。一定时期的社会经济和技术条件，要有与它相适应的经济结构。因此，作为经济结构指标，本研究认为，应该从产业结构、消费结构、城乡结构、投资结构、收入结构五个方面来评价经济结构是否合理，分别用"新产业、新业态、新商业模式占GDP比重""文化消费占总消费支出的比重""城乡居民收入比""第三产业投资占比""居民恩格尔系数"来衡量。

（3）经济效益

经济效益是衡量一切经济活动的最终的综合指标。所谓企业的经济效益，就是企业的生产总值同生产成本之间的比例关系。由于企业的生产经营活动是一个复杂的过程，由多方面的内容和环节构成，所以决定企业经济效益的因素也是多方面的，为了能够客观地反映企业的经济效益，必须从多角度进行考核，采用一系列相互关联、相互交叉的指标进行全面、准确的衡量与评价。本研究设置"全要素生产率（TFP）""全员劳动生产率""单位GDP税收产出""单位土地GDP"来评价经济效益。

（4）创新能力

创新能力体现了资源节约和环境友好的要求，是以知识和人才作为依托，以创新为主要的驱动力，以发展拥有自主知识产权新技术和新产品为着力点，以创新产业作为标志的经济。本研究设置了"科技进步贡献率"作为文明城市典范评价指标体系中总体创新指标，并对研发经费支出、发明专利、创新载体、小巨人企业方面分别设置"R&D经费支出占GDP比重""每万人发明专利授权量""创新载体数""年度新增'专精特新'企业"指标。

（5）开放程度

开放程度指一国与国外有着经济往来，本国经济与外国经济之间存在密切关系的形态。在开放经济中，要素、商品与服务可以较自由地跨国界流动，从而实现最优资源配置和最高经济效率。一般而言，一国经济发展水平越高，市场化程度越高，越接近于开放经济。"外贸依存度""外资依存度""贸易技术贡献度"代表一地区外商投资的吸引力、国际贸易对经济增长的拉动作用、高新技术引进程度。

在本部分指标设计中，经济高质量发展是通过五个二级指标，从两个方向来进行衡量，一是经济文明的呈现结果，体现出城市经济的规模、经济结构和经济效益，二是经济文明的实现途径，包括创新和开放两个途径。

针对经济高质量发展的 5 个二级指标，本研究设计 23 个三级指标进行细化，具体指标如表 2 所示。

表 2　经济高质量发展指标体系

一级指标	二级指标	三级指标	备注
1. 经济高质量发展	1.1 经济规模	（1）GDP 总量	增长
		（2）人均 GDP	
		（3）固定投资总额	投资
		（4）社会消费品零售总额	消费
		（5）进出口总额	进出口
		（6）规上企业营业收入	微观市场主体
	1.2 经济结构	（7）新产业、新业态、新商业模式占 GDP 比重	
		（8）文化消费占总消费支出的比重	
		（9）第三产业投资占比	
		（10）城乡居民收入比	
		（11）居民恩格尔系数	
	1.3 经济效益	（12）全要素生产率（TFP）	技术要素
		（13）全员劳动生产率	劳动要素
		（14）单位土地 GDP	土地要素
		（15）单位 GDP 税收产出	税收
	1.4 创新能力	（16）科技进步贡献率	
		（17）R&D 经费支出占 GDP 比重	创新投入
		（18）每万人发明专利授权量	创新成果
		（19）创新载体数	创新机构
		（20）年度新增"专精特新"企业	创新企业
	1.5 开放程度	（21）对外贸易开放：外贸依存度	（进口+出口）/GDP
		（22）对外资本开放：外资依存度	FDI/GDP
		（23）对外技术开放：贸易技术贡献度	（高新技术进口+技术引进）/GDP

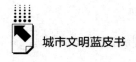

（二）评价指标的统计及优化

在开展经济高质量发展评价活动中，为了使评价工作能够方便易行，通常采用多指标综合评价方法。多指标综合评价方法的应用一般有以下四个步骤：构建指标体系、确定指标权重、消除量纲影响和综合评价。

本研究采用多元统计分析方法——主成分分析法做指标的优化设计。主成分分析法是把各变量之间互相关联的复杂关系进行简化分析的方法。

设计系统评价指标体系的方法易采用层次结构分析法（AHP），把目标层总指标分解成准则层指标，再把准则层指标分解成指标层指标，并组成层次结构的指标体系，使体系的各个要素及其结构都能满足系统优化要求。而在经济高质量发展评价指标体系的研究中，为了全面系统地分析和研究问题，必须考虑许多指标，这些指标能从不同侧面反映研究对象的特征，但在某种程度上存在信息重叠，具有一定的相关性。主成分分析法在力保数据信息丢失最少的原则下，对这种多变量的截面数据表进行最佳综合简化，从而实现指标的优化设计。

三　政治廉洁高效指标设定及阐释

（一）指标体系建立的原则

（1）目标导向原则

在对政治廉洁高效指标构建之前，应首先对地区的政治发展的战略目标、规划与方向进行深入研究和探索。从地区政治文明评估目的出发，一是了解地区的政治廉洁高效现状，二是对比与发展战略目标的差距，进而在今后地区的政治文明建设过程中有的放矢，有所侧重。因此评估指标的设立应紧紧围绕地区政治发展目标与战略规划。

（2）需求导向原则

在制订和修正指标体系时，不仅需要紧密围绕地区政治文明自身发展目标，还应与城市政治文明提升的相关工作需求相结合。指标体系的设立应符合地区政治文明的切身需求。

（3）指标导向原则

不论是国际上还是国内部分地区都有一套关于测度政治水平、政治文明的指标体系，由于区域面积、考察重点的差异，指标体系有所不同，但是核心观点比较一致，都是力图建立科学、有效的指标体系，了解区域政治文明发展的成绩与不足。因此，我们参照并借鉴相关研究成果，同时挖掘实际工作中的核心关注指标，构建出一套综合性与适应性较强的绩效指标评估体系。

（4）科学导向原则

建立科学的评价指标体系是对区域政治文明水平进行有效评价的关键。评价指标应在满足全面评估要求的前提下，尽量简明有效，不应过于冗杂；各指标之间应保持相互的独立性和有效性，选取的指标具有代表性；应与时俱进，及时调整发展方向，不断更新评价指标。

（二）指标的界定和阐释

（1）政府效能

政府效能是政府提供公共服务和履行政策的质量。目前，关于政府效能的测量，主要从以下维度展开：政府效率，法治程度（数据源于世界银行）和清廉程度（数据源于透明国际组织）。具体可涵盖如下层面。

政务公开情况：①政务信息数据服务平台访问量/城市常住人口；②城市行政审批平均用时；③政府网站留言平均办理时间。

公共预算收入占 GDP 比重：数据来源于国家及地方统计局。

12345 网站民众认可度：①每万人 12345 网站访问量；②问卷调查的12345 网站民众认可度。

数字政府建设评估：①数据开放综合指数（来自政数局）；②数据来源于智慧城市综合指数/数字政府改革建设第三方评估报告。

城市司法水平：①城市政府执法情况评估；②政府受法律的约束程度；③法律对基本权利的保护情况；④法律程序的公开、公正、高效；⑤司法的

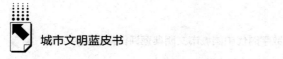

有效程度；⑥全民法治宣传教育的普及率。

城市清廉水平：①每十万人贪腐案件数；②每十万人被查处贪腐官员数；③民众清廉印象。

（2）基础设施

基础设施，是指为社会生产和居民生活提供公共服务的物质设施，是用于保证国家或地区社会经济活动正常进行的公共服务系统。这一系统包括交通、邮电、供水供电、园林绿化等市政公用工程设施。其主要涵盖以下层面。

治理基础设施（交通等）：①道路照明灯盏数（盏/公里）；②已安装路灯的道路长度密度（公里/平方公里）；③街区路网结构（建成区内道路长度与建成区面积的比值）；④轨道交通路网面积密度（公里/平方公里）；⑤公路网面积密度（公里/平方公里）；⑥港口货物吞吐量（万吨）；⑦每万人机场旅客吞吐量；⑧旅客周转量（运送旅客人数与运送距离的乘积，人·公里为计算单位）；⑨货物周转量（运输企业所运货物吨数与其运送距离的乘积，以复合指标吨公里或吨海里为单位表示）；⑩城市万人汽车保有量（辆/万人）。

民生基础设施：①城市自来水普及率（%）；②燃气普及率（%）；③每万人接入互联网数（万人）；④每万人邮电业务收入（亿元）；⑤5G 基站密度（个/平方公里）。

（3）基层治理

基层治理是当前学术研究的高频词。基层治理可定义为，政府、企业、民间组织以及市民在社区治理上的互动。其主要涵盖以下层面。

政府负责：①城市管理执法队伍执法规范（有无造成恶劣影响）；②每万人城管处理各类违法案件数；③城市管理综合执法方面规范性文件数。

社会协同：①"智能网格"基础网格数/社区数量；②网格管理员人数/社区数量。

公众参与：①每万人社会组织数量（如业主委员会）；②社区治理的群众参与程度（如选举居委会，参与重大决策等）；③每万人社区居委会数量。

（4）法治政府

法治政府的构建核心在于提升公众对政府法治工作的满意度以及加强普

法教育的力度。其一，公众对政府法治的满意度反映了政府在执行法律、行政法规和地方性法规时的公正性和透明度，以及在处理公共事务时的合规性和效率。其二，普法力度的加强体现在政府通过多种渠道和方式普及法律知识，提高公民的法律意识，促进全社会形成尊法学法守法用法的社会风尚。这两大指标共同构成了评价法治政府建设成效的重要标准，体现了政府在推动民主法治进程中的责任与担当。

（5）高效服务

高效服务是政府提供的与人民生活息息相关的服务。这些服务应该包括以下基本内容：教育服务、社会保障、失业保障、医疗保障、住房服务和公共环境服务满意度。

政治廉洁高效的指标体系，具体如表3所示。

表3　政治廉洁高效指标体系

一级指标	二级指标	三级指标
2. 政治廉洁高效	2.1 政府效能	（1）政务公开情况
		（2）公共预算收入占 GDP 比重
		（3）12345 网站民众认可度
		（4）数字政府建设评估
		（5）城市司法水平
		（6）城市清廉水平
	2.2 基础设施	（7）治理基础设施（交通等）
		（8）民生基础设施
	2.3 基层治理	（9）政府负责
		（10）社会协同
		（11）公众参与
	2.4 法治政府	（12）公众对政府法治的满意度
		（13）普法力度
	2.5 高效服务	（14）教育服务满意度
		（15）社会保障满意度
		（16）失业保障满意度
		（17）医疗保障满意度
		（18）住房服务满意度
		（19）公共环境服务满意度

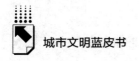

四 文化繁荣兴盛指标设定及阐释

（一）指标体系建立的原则

文化繁荣兴盛指标体系要以文明典范为目标，重在先进性和引领性。文化繁荣兴盛指标旨在反映国内外优秀文化融合与文化创意创新，提升城市文化软实力，彰显文明城市的示范性。

文化繁荣兴盛指标体系要以人民需求为导向，以人民为中心是城市文明典范建设的根本。城市是人民生活的家园，创建城市文明典范的出发点和落脚点就是服务群众，满足人民的需求，丰富大众的文化生活。

文化繁荣兴盛指标体系的确立以开放创新为动力，开放与创新是我国新发展理念的重要内容，也是城市文明典范经济、政治与文化发展的动力。城市文明典范是国际文化开放和融合的典范，是城市文明创新创造的标杆。不断加强开放程度与创新力度，才能提高城市文明典范的文化水平。

（二）指标的界定和阐释

（1）文化机构

文化机构是指城市中具有营利性的并且为社会群众提供文化服务的设施和运营机构，用于丰富群众的文化生活。城市文明典范中的文化机构主要通过国家一级图书馆、国家二级以上文化馆、国家三级以上博物馆、国有文艺院团或百人以上民营文艺院团、影剧院以及文艺类高等学校和学院的建设情况来评定。

文化机构包括图书馆、文化馆、博物馆、影剧院等传统文化机构，以及咖啡馆、电竞馆、书吧等新型文化空间，还包括国有文艺院团和民营文艺院团、省级以上文物保护单位和非遗项目等。

图书馆作为城市的公共文化机构，是城市文化的重要组成部分，也是城市居民学习科学知识、提升文化素养的重要平台和场所。对国家一级图书馆的建设评估包括：图书馆的建筑面积；补助经费；职工学历（本科以下/本科/硕士/硕士以上）；年入馆人次；藏书数量；人均阅读量；年外借册次；每万人图书馆网站访问量；现代化水平。

文化馆是城市开展群众文化活动并提供文化娱乐活动的场所。对国家二级以上文化馆建设的评估包括：馆舍面积；员工数量；举办活动次数；服务人次；年开放时长；群众满意度。

博物馆是征集、典藏、研究自然和人类文化遗产的城市文化机构，是我国社会主义科学文化事业的重要组成部分，具有保存功能、教育功能和娱乐功能。对国家三级以上博物馆建设的评估包括：藏品数量；学术活动次数；研究成果数量；员工数量；博物馆教育活动次数；每万人博物馆网站访问量；群众满意度。

新型文化空间，如咖啡馆、电竞馆和书吧，是现代城市文化的重要组成部分，为城市居民提供休闲、娱乐和学习的新平台。这些空间的建设和覆盖率能够体现城市的文化活力和居民的生活品质。考核这些新型文化空间的建设水平，可以考虑以下指标：空间数量、分布区域、人均占有面积、服务人次、年开放时长、群众满意度以及现代化水平。

影剧院是集电影放映、宣传教育与文艺演出等功能于一体的文化消费场所，是城市文化建设的重要平台，是面向大众提供文化服务的文化机构，能提升城市的文化品位和丰富城市居民的文化生活，对影剧院的评估包括：影剧院数量；影剧院座位数；银幕数量；放映次数；观影人次；营业收入；电影票房。

文艺院团方面，我国文艺院团分为国有文艺院团和民营文艺院团，国有文艺院团是文化和旅游部门主办或实行行业管理的，从事舞台艺术表演和创作的文艺团体，是城市宣传思想文化的重要方式。民营文艺院团是指民营资本依法投资兴办的文艺表演团体。对文艺院团的评估包括：院团的数量；员工数量；演出总数；观看人数；国有文艺院团的补助经费或民营文艺院团的营业收入。

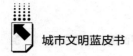

文艺类院校是指培育各种具备专业知识，并能进行文艺实践的学校或学院。各城市创办文艺类高等院校有助于培育具有专业素养的文艺类人才，促进城市文化发展，其指标包括：文艺类高等院校数量；文艺类教师数量；专业开设种类数量；学生人数；每年资金投入。

（2）文化事业

文化事业是事业单位管理的、不具备营利性的公益文化活动，满足大众基础的文化生活需求。文化事业的评定较为复杂，主要从以下几个方面来考察：一般公共预算支出中文化事业经费占比、数字化公共文化服务普及率、文艺演出数量、社区文化活动数量和频次、创新性公共文化政策和资金、文化志愿者数量和比例。

一般公共预算支出中文化事业经费占比：公共文化事业领域是我国财政预算支出的重要领域之一，我国文化事业在国家公共预算支出中的占比逐年增加，主要包括四个方面，即艺术表演团体、公共图书馆、群众文化机构和其他领域。文化事业在一般公共预算支出中的占比数据来源于国家或各城市统计局。

数字化公共文化服务普及率：我国公共文化服务在数字技术的影响下不断升级，极大地增强了文化服务效能，提升了文化服务的普及率。文化和旅游部发布的关于文化和旅游的“十四五”规划中明确指出推动文化服务数字化、网络化、智能化建设，考核指标包括公共数字文化设施普及率（如数字影院、数字博物馆等基础文化服务设施）与公共数字文化服务平台建设程度（如公共文化云平台、文化大数据平台等）。

文艺演出数量：文艺演出属于文化事业中的重要组成部分，我国文艺演出按照性质的不同可分为各级文旅部所属（公益性）的文艺演出和营利性文艺演出。城市文艺演出是群众文化活动的一种，可以反映出城市文化事业的发展状况，总演出数量与观看人次数据来源于城市文旅部门或统计部门。

社区文化活动数量和频次：社区文化活动包括五个方面，分别是文化类活动、艺术类活动、体育类活动、分享类活动和政策学习教育类活动。一方面，城市社区文化活动可以丰富社区群众的文化生活；另一方面，社区之间的文化活动可以促进不同社区文化之间的交流，提高城市居民整体的文化水平。社区文化活动考核指标为各社区内部及社区间文艺活动频次（次/年）。

创新性公共文化政策和资金：建设城市创新性公共文化体系，要坚持政府主导，明确政府、社会和市场的定位，一方面要不断探索公共文化政策的新思路、新模式，另一方面要拓宽公共服务的资金支持，合理安排资金投入，提高资金的使用效率，数据参考政府所公布的政策。

文化志愿者数量和比例：随着文化强国战略的落实，城市公民逐渐意识到文化事业的重要性，参与文化活动的主动性持续增强，各个城市的文化志愿者队伍不断壮大，不仅包括城市普通居民，还包括文艺界名人、具有文艺特长的爱好者和文艺工作者等，指标包括：文化志愿者数量；文化志愿活动组织的次数；志愿者人均志愿时长；城市居民参加文化志愿活动的活跃程度（志愿者数占居民人数的比重）。

（3）文化产业

文化产业是以生产和提供精神产品为主的活动，以满足人们的文化需求为目的。一般而言，文化产业的蓬勃发展，代表着文明典范城市的文化发展方向。对文化产业这一项二级指标的评定，主要从文化产业增加值、文化产业占 GDP 比重、文化产业法人单位和从业人员、文化类上市公司、市级以上文化产业园区五个方向来衡量。

文化产业增加值：城市的文化产业增加值是指在城市范围内文化及相关产业在单位时间内通过文化生产活动而创造的增加值，是考核城市文化产业发展状况的重要指标，其计算方法为：文化产业增加值＝劳动者报酬＋生产税净额＋固定资产折旧＋营业余额。

文化产业占 GDP 比重：文化产业是我国的支柱性产业，也是城市发展的支柱性产业，随着我国各城市的文化及相关产业的飞速发展，人民的生活水平逐渐提高，各城市居民的消费力增强，城市文化产业的 GDP 占比也持续提升。各城市文化产业的 GDP 比重成为城市文化产业发展水平的重要指标，其数据来源于各城市统计局。

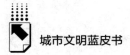

文化产业法人单位和从业人员：城市文化产业法人单位是指在城市中注册、从事文化工作并具有法人资格的独立核算的事业单位及企业单位。对城市文化产业法人单位的考核有利于政府了解城市文化产业的基本信息，以合理制定有针对性的发展策略，具体指标包括文化产业法人单位数量；文化产业法人单位数量占全市法人单位数量的比重；规模以上文化产业法人单位数量；各类别文化产业的法人单位数量及比重。文化产业从业人员：文化产业的发展需要大量的从业人员，行业人才是文化产业自身发展及行业竞争的关键因素，也是城市文化产业创新的源泉。在文化产业运行中，从业人员包括各种策划、生产、销售及管理等环节的工作人员，是城市文化产业发展潜力的重要反映，相关指标包括：从业人员的数量；行业分布情况；学历情况；收入情况。

文化类上市公司：文化类上市公司属于文化、体育和娱乐门类，城市文化类上市公司的数量可以反映出城市文化产业的综合发展实力。城市中文化类上市公司对其他文化企业具有推动、引领和示范作用，为城市文化产业增加值和 GDP 做出贡献，相关指标包括：文化及文化相关公司总数；文化及文化相关的上市公司类别（参考文化产业分类标准）；文化类上市公司年营业收入；文化类上市公司占全市文化类公司比重。

市级以上文化产业园区：文化产业园区是城市文化产业集聚发展的载体，也是城市文化产业高质量发展的载体。文化产业园区进行不同文化资源整合和各类企业集聚发展，是城市优秀文化的传播地、城市文化与科技相融合的创新地、城市优秀文化的集聚地、城市居民的文化消费地。其指标包括：园区数量；园区占地面积；园区企业入驻数量和入驻率；园区年营业收入；园区招商率；创新成果和知识产权数量；园区配套公共服务水平。

（4）文化交流

文化交流是指国内外的多种文化之间的互通交流，促进文化的发展与丰富。在文化差异的基础上，各类文化平等交流，促进文化传播，将"引进来"与"走出去"相结合。针对文化交流，文化传播新媒体和新型平台、国际性文化艺术展、国外文艺院团演出、本地文艺院团国外演出、国际性文化艺术类节庆和论坛五个方面作为文化交流的三级指标。

文化传播新媒体和新型平台：文化传播新媒体和新型平台是指通过现代科技手段，如互联网、移动通信、社交媒体等新型媒介，进行文化传播和推广的活动和方式。这些平台为传统文化、现代艺术、多元文化等提供了更广阔的传播渠道和更多样化的表现形式，使得文化传播更加便捷、高效、互动性强。其指标包括：新媒体平台数量；新媒体平台用户数量；文化传播活动的覆盖范围；文化传播活动的参与人数。

国际性文化艺术展：国际性文化艺术展是各国文艺作品通过展览的方式呈现给大众，供大众欣赏、收藏与评论，是各国文艺作品和文艺理念进行交流的平台，是我国传统文化对外宣传的窗口，是世界文化多元化发展的展示台。其指标包括：国际性文化艺术展数量；国际性文化艺术展展品数量；艺术展参观人次；艺术展开放时长。

国外文艺院团演出：国外具有一定影响力的文艺院团在我国进行文艺演出，一方面有利于我国的文艺院团的借鉴学习，不断进行改善。另一方面，国外文艺院团在国内城市的文艺演出有利于城市文化与国际文化交流，文化相互融合，多元化发展。参考指标包括：国外文艺院团数量；国外文艺院团演出场次；国外文艺院团人数规模；演出观看人次。

本地文艺院团国外演出：本地优秀文艺院团赴海外演出进行文艺交流，在国际文化交流平台中获取更多主动权，国内越来越多的传统文化作品和题材在世界舞台上亮相，使得中国文化的影响力和辐射力不断增强，国内外文化交流更加深入。具体参考指标包括：国外演出的院团数量；我国各个院团出国演出人数；本地院团演出场次；演出观看人数。

国际性文化艺术类节庆和论坛：国际性文化艺术类节庆和论坛集聚全球文化艺术界的优秀创作家、批评家与学者，在更加广阔的平台上对话，从创新文化艺术形式、文化艺术政策、国际文化艺术差异、城市文化发展等多个热点话题出发进行深入的文化交流。其指标包括：参与国家数量；节庆和论坛开展时长；节庆和论坛参与人数。

文化繁荣兴盛的指标体系，具体如表4所示。

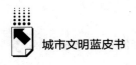
表 4　文化繁荣兴盛指标体系

一级指标	二级指标	三级指标
3. 文化繁荣兴盛	3.1 文化机构	(1) 图书馆、文化馆、博物馆数量和服务频次
		(2) 影剧院数量、银幕数量和电影票房
		(3) 咖啡馆、电竞馆、书吧等新型文化空间数量和覆盖率
		(4) 国有文艺院团和民营文艺院团数量
		(5) 省级以上文物保护单位和非遗项目数量
		(6) 文艺类高等院校数量
	3.2 文化事业	(7) 一般公共预算支出中文化事业经费占比
		(8) 数字化公共文化服务普及率
		(9) 文艺演出数量
		(10) 社区文化活动数量和频次
		(11) 创新性公共文化政策和资金
		(12) 文化志愿者数量和比例
	3.3 文化产业	(13) 文化产业增加值
		(14) 文化产业占 GDP 比重
		(15) 文化产业法人单位和从业人员
		(16) 文化类上市公司
		(17) 市级以上文化产业园区
	3.4 文化交流	(18) 文化传播新媒体和新型平台
		(19) 国际性文化艺术展
		(20) 国外文艺院团演出
		(21) 本地文艺院团国外演出
		(22) 国际性文化艺术类节庆和论坛

五　社会和谐稳定指标设定及阐释

（一）二级指标的界定

（1）社会民生

社会民生是老百姓的基本生计，是和市民日常生活密切相关的领域，主要体现在吃穿住行、就业收入分配、养老就医、子女就业等生活必需方面。

（2）公共安全

公共安全是城市、社会和公民从事正常的生活、工作、学习等所需要的稳定的外部环境和秩序，包括社会治安、公共卫生安全、食品药品安全、信息安全、安全生产等各个领域。

（3）诚信友爱

城市文明典范创建是全面提高国民素质和社会文明程度的有效载体。把社会主义核心价值观的要求体现到文明城市创建工作各个环节、渗透到生产生活各个方面，引领全体人民坚定道路自信、理论自信、制度自信、文化自信，汇聚建设新时代、展现新作为、实现新目标的磅礴力量。

（二）指标的具体阐释

（1）社会民生

人均年可支配收入：指居民可用于最终消费支出和储蓄的总和，即居民可用于自由支配的收入，既包括现金收入，也包括实物收入。按照收入的来源，可支配收入包括工资性收入、经营净收入、财产净收入和转移净收入，同时需要扣除向政府缴纳的个人所得税、遗产税和赠与税、不动产税、人头税、汽车使用税以及交给政府的非商业性费用。个人可支配收入被认为是消费开支的最重要的决定性因素。因而，常被用来衡量一个地区生活水平的变化情况。

人口自然增长率：指一定时期内（通常为一年）人口自然增加数（出生人数减去死亡人数）与同期平均总人口数之比，用千分数表示。人口自然增长率是反映人口自然增长的趋势和速度，以及人口再生产活动的综合性指标。人口自然增长率水平取决于人口出生率和人口死亡率两者之间的变动情况。

高中阶段毛入学率：指在一定时间内，高中阶段教育机构在校生人数占相应年龄段总人口数的比例。这一指标用来衡量一个国家或地区高中教育阶段的普及程度和教育资源的分配情况。毛入学率不仅反映了教育机会的均等性，还能体现出一个国家或地区教育发展水平和人才培养能力。高中阶段毛

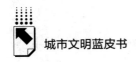

入学率＝（高中阶段在校生人数/相应年龄段总人口数）×100%。

大专以上人口所占比例：指大专学历以上人口占全部常住人口的比例，既是衡量教育结果的指标，也反映城市的人口结构和人口素质状况。2020年，我国大专以上人口比例达到15.4%，城市层面，北京、南京、上海、武汉、西安等高校相对集中的城市大专以上人口比例较高，均达到了30%以上。数据主要来源于各地统计年鉴。

人均（健康）预期寿命：指假如当前的分年龄死亡率保持不变，同一时期出生的人预期能继续生存的平均年数。人均（健康）预期寿命是国际上的通用指标，既可以衡量一个国家、民族和地区居民健康水平，也可以反映出一个社会生活质量的高低。数据主要来源于各地统计年鉴。

每千人口拥有执业（助理）医师数：该指标是常见的规划指标，这个指标反映了医疗卫生设施的配比情况，是反映医疗保健水平的一个重要指标，是国际社会发展的基本要求。数据主要来源于各地统计年鉴或卫生统计年鉴。

养老机构中护理型床位占比：指的是养老机构护理型床位占总床位数的比例，目前国家对于养老需求的满足强调以家庭养老和社区养老为主，机构养老主要满足失能老人或半失能老人养老需求。该指标有利于引导优化养老机构床位结构，提高养老服务供需匹配度，满足人民对"老有所养"的期盼。《国家积极应对人口老龄化中长期规划》提出2025年养老机构护理型床位占比55%、2035年80%的目标。

人均住宅建筑面积：指按居住人口计算的平均每人拥有的住宅建筑面积，用来反映城市住房的供给状况，数据主要来源于各地统计年鉴。备选指标为房价收入比，是指房价与居民年收入的比值，通常用于反映房价水平与居民收入水平的匹配程度。一般认为，合理的房价收入比的取值范围为4~6，若计算出的房价收入比高于这一范围，则认为其房价偏高，民生会受到影响。

城镇调查失业率：是通过城镇劳动力情况抽样调查所取得的城镇就业与失业汇总数据进行计算的，具体是指城镇调查失业人数占城镇调查从业人数与城镇调查失业人数之和的百分比，从统计方法和涵盖人群来看，比城市登记失业率更准确、范围更广。指标主要来源于各地统计部门，如果数据获取困难，可以选取各地城镇登记失业率替代。

（2）公共安全

亿元 GDP 生产安全事故死亡率：生产安全事故是指生产经营单位在生产经营活动中突然发生的，伤害人身安全和健康，或者损坏设备设施，或者造成经济损失的，导致原生产经营活动暂时中止或永远终止的意外事件。这是国际上通用的衡量安全生产的指标，2021 年国家亿元 GDP 生产安全事故死亡率为 0.036%，深圳市"十四五"规划的目标是，2025 年亿元 GDP 生产安全事故死亡率≤0.00791%。

交通事故死亡率：指每年因为交通事故死亡的人数与机动车总数的比重，单位为：人/万台车。这是衡量交通安全的指标，也是全国文明城市测评体系中的指标。

食品安全满意度：通过问卷调查获得。

每万人治安和刑事警情数（社会治安满意度）：是反映一个国家或地区社会安全状况，是一个反映社会和谐安定的重要指标。国际上一般选用"暴力犯罪率"作为反映居民生活环境是否安全的逆指标。鉴于我国对于案件性质的定性划分，选择这个指标作为反映社会治安情况的逆指标。或用社会治安满意度的调查指标替代。

（3）诚信友爱

每十万人被列入全国失信被执行人名单的个人或企业数量：信用是市场经济的"基石"。建设社会信用体系是一项长期、艰巨的系统工程，这是用来衡量社会信用体系建设状况的指标。

注册志愿者人数占城市人口总数的比例：在社会文明程度不断提升的进程中，总能看到一道道红色的靓丽风景线，他们就是志愿者，志愿服务已经逐步覆盖社区治理、社会救助、救灾减灾、社会公益慈善、敬老扶幼等多个领域。该指标也是全国文明城市测评体系中的指标。

无偿献血量占临床用血量的比例：该指标是全国文明城市测评体系中的指

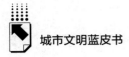

标，指的是每年城市无偿献血量与临床用血量的比重，体现社会的爱心状况。

残疾儿童义务教育入学率（残疾人家庭人均年收入增速）：衡量城市残疾儿童义务教育普及水平的指标。《"十四五"特殊教育发展提升行动计划》提出到 2025 年，适龄残疾儿童义务教育入学率达到 97%。

居民最低生活保障标准：是指国家为保障城市居民达到最低生活水平而制定的一种社会救济标准。该指标与地区社会人均生活水平、维持最低生活水平所必需的费用、经济发展水平和财政状况、该时段的物价指数等因素密切相关。

社会和谐稳定指标体系，具体如表 5 所示。

表 5　社会和谐稳定指标体系

一级指标	二级指标	三级指标	单位
4. 社会和谐稳定	4.1 社会民生	（1）人均年可支配收入	万元
		（2）人口自然增长率	‰
		（3）高中阶段毛入学率	%
		（4）大专以上人口所占比例	%
		（5）人均（健康）预期寿命	岁
		（6）每千人口拥有执业（助理）医师数	个
		（7）养老机构中护理型床位占比	%
		（8）人均住宅建筑面积	m^2
		（9）城镇调查失业率	%
	4.2 公共安全	（10）亿元 GDP 生产安全事故死亡率	%
		（11）交通事故死亡率	人/万台车
		（12）食品安全满意度	%
		（13）每万人治安和刑事警情数（社会治安满意度）	起/万人
	4.3 诚信友爱	（14）每十万人被列入全国失信被执行人名单的个人或企业数量	个/十万人
		（15）注册志愿者人数占城市人口总数的比例	%
		（16）无偿献血量占临床用血量的比例	%
		（17）残疾儿童义务教育入学率（残疾人家庭人均年收入增速）	%
		（18）居民最低生活保障标准	元

六 生态文明友好指标设定及阐释

生态文明友好指标就是生态、经济和生活三位一体的整体。整个生态文明友好主要指标可以分为三类，一是生态环境保护类，二是绿色生产类，三是绿色生活类。其中，生态环境保护类又可以分为绿色生态保护和绿色环境改善两个主要内容（见图1）。

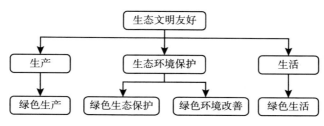

图1 生态文明友好二级指标选择逻辑框架

（1）绿色生态保护

我国自然生态系统质量偏低、稳定性不够、功能性不足，也是生态文明建设中的突出短板。当前，我国森林生态系统不稳定，中度和重度退化草原面积仍占1/3以上，全国沙化土地面积为1.72亿公顷，水土流失面积为2.74亿公顷，部分河道、湿地、湖泊生态功能降低或丧失，自然岸线缩减的现象依然普遍。生态文明建设仍处在关键期、攻坚期和窗口期，生态保护修复任务十分艰巨。本部分计划选择生态空间优化、生物多样性保护、森林覆盖率、自然岸线生态修复四个指标。由于森林覆盖率和城市人均绿地面积可能有重复。仅保留生态空间优化、生物多样性保护、自然岸线生态修复三个指标。具体来说，生态空间优化选择生态保护红线面积占比；生物多样性保护选择国家重点保护野生动植物保护率；自然岸线生态修复选择自然岸线修复长度。

（2）绿色环境改善

根据《中共中央 国务院关于全面加强生态环境保护 坚决打好污染

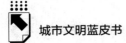

防治攻坚战的意见》，本部分指标从空气质量改善和水质量改善中进行指标选取。其中，空气质量改善选择空气优良天数比例和$PM_{2.5}$浓度下降幅度两个指标；水质量改善选择水质达到或优于Ⅲ类比例提高幅度、水质劣Ⅴ类水体比例下降幅度、黑臭水体消除比例三个指标。

（3）绿色生产

当前我国正处于努力推动实现碳达峰、碳中和目标的关键时期，需要降低碳排放强度、转变能源消费结构。基于此，选择单位GDP二氧化碳排放以及单位GDP能耗、单位GDP水耗三个指标测度绿色生产。

（4）绿色生活

绿色生活包括两方面，一是城市社区环境，二是绿色生活方式。就城市社区环境而言，选择和居民生活息息相关的三个指标：生活垃圾无害化处理率、污水处理率、人均绿地面积。就绿色生活方式而言，围绕居民衣、食、住、行、用，选择绿色建筑占新建建筑比重、节能家电市场占有率、一次性消费品人均使用量、新能源汽车占比、公共交通出行分担率五个指标。此外，绿色生活也离不开政府的引导和扶持，政府可以用绿色采购方式引导企业和社会选择绿色产品，为此，增加政府绿色采购比例这一指标。

在确定好一级指标、二级指标、三级指标之后，最终城市生态文明友好指标如表6所示。

表6　生态文明友好指标体系

一级指标	二级指标	三级指标	备注
5. 生态文明友好	5.1 绿色生态保护	（1）生态保护红线面积占比	生态环境部门数据
		（2）国家重点保护野生动植物保护率	
		（3）自然岸线修复长度	
	5.2 绿色环境改善	（4）空气优良天数比例	
		（5）$PM_{2.5}$浓度下降幅度	
		（6）水质达到或优于Ⅲ类比例提高幅度	
		（7）水质劣Ⅴ类水体比例下降幅度	
		（8）黑臭水体消除比例	

一级指标	二级指标	三级指标	备注
5. 生态文明友好	5.3 绿色生产	(9)单位 GDP 能耗(吨标准煤/万元)	工信部门与生态环境部门数据
		(10)单位 GDP 水耗(立方米/万元)	
		(11)单位 GDP 二氧化碳排放(吨/万元)	
	5.4 绿色生活	(12)生活垃圾无害化处理率	工信、发改、生态环境及"两办"数据
		(13)污水处理率	
		(14)人均绿地面积	
		(15)绿色建筑占新建建筑比重	
		(16)节能家电市场占有率	
		(17)一次性消费品人均使用量	
		(18)新能源汽车占比	
		(19)公共交通出行分担率	
		(20)政府绿色采购比例	

综上所述,本研究围绕"经济高质量发展、政治廉洁高效、文化繁荣兴盛、社会和谐稳定、生态文明友好"一级指标进行细化分类,在中国式现代化理论和中国城市实践探索基础上,研究得出一系列具体指标,从而形成中国城市文明典范评价指标体系,构成了具有引领性、实操性、可复制性的城市文明发展指引。"世界大国必然拥有全球城市,全球城市也离不开世界大国作为其生长、成熟的沃土……历史经验已经不断验证了大城与大国的关系。对中国而言,建设具有世界级影响力的全球城市,有助于把握全球政治、经济、科技、文化等领域的战略制高点,深度参与国际竞争、合作,从而全面提升国家软实力和影响力,构筑对外开放新格局"。[①] 在全球城市文明典范建设的过程中,建构一套成熟的评价指标体系并在此基础上积极主动分享城市经验,将为全球城市文明的发展起到引领作用。将中国城市的现实成就转化为具有说服力的理论观念,我们还有很长的路要走,未来需要不断努力。

---

① 陈恒:《全球文明史视野下的城市软实力与国家文明形态》,《探索与争鸣》2021 年第 7 期。

B.3
数字时代全球城市分级

——基于集聚度与联系度的视角[*]

倪鹏飞　曹清峰　郭　靖　徐海东[**]

摘　要：　城市分级是一个重大的现实问题和理论问题,特别在数字时代,城市的功能和形态正在发生转折性的变化,这种变化正在引起城市形态以及全球城市体系内部功能结构的重塑。基于替代弹性理论,本研究认为某一城市在全球城市体系中的地位由该城市的替代弹性决定,而城市的替代弹性,由城市的集聚度与联系度共同决定。随后,本研究构建了度量城市集聚度和联系度的指标体系,并进行了全球城市分级和类型划分。根据本研究,全球城市体系是一个多层嵌套结构,1006个样本城市可分为3层、2类、5等、10级。从类型来看,共存在高集聚高联系、高集聚中联系、高集聚低联系、中集聚中联系、中集聚低联系以及低集聚低联系六类城市。研究发现,集聚与联系是正相关的,且集聚是联系的前提。欧洲拥有相当多数量的高集聚高联系类型和中集聚中联系类型城市,是引领和支撑其未来发展的重要力量。非洲拥有大量低集聚低联系类型的城市,整体发展阶段较为滞后。亚洲城市内部分化严重,既有突出的成就,也有显著的问题和巨大潜力。高集聚低联

---

[*] 本文系国家自然科学基金面上项目“多中心群网化中国城市新体系的决定机制研究”(项目编号:71774170)、教育部人文社会科学研究青年基金项目“超大和特大城市人口密度的微观决定机理与最优区间研究”(项目编号:23YJC790037)、中国社会科学院创新工程项目“城市与房地产高质量发展研究”(项目编号:2022CJY01004)及深圳市人文社会科学重点研究基地“南方科技大学全球城市文明典范研究院”研究成果。

[**] 倪鹏飞,博士,中国社会科学院财经战略研究院研究员,研究方向为城市与房地产发展经济学;曹清峰,博士,中国社会科学院财经战略研究院博士后,研究方向为城市与房地产经济学;郭靖,博士,深圳大学政府管理学院助理教授,研究方向为城市与区域经济、城市治理、城市可持续发展;徐海东,博士,中国社会科学院财经战略研究院助理研究员,研究方向为城市与房地产发展经济学。

系类型的城市仅有大阪一个，其经验和教训值得全球其他城市参考和借鉴。

关键词： 城市分级　数字时代　集聚度　联系度

一　问题提出与理论缘起

（一）全球城市分级是一个重要的理论和现实问题

全球化进程使得位于不同国家、不同区域的城市形成一个联系日益紧密的全球城市体系，但是，不同城市在全球城市体系中的地位仍存在显著差异。尽管随着科学技术发展、全球化升级以及全球分工日益复杂，全球城市体系中不同城市之间的关系日益趋向扁平化和网络化，但不可否认的是，早在20世纪80年代，Friedmann提出的"世界城市"理论中指出，某些城市在全球经济体系中对其他城市具有"指令与控制"职能，这对理解当前全球城市体系中的内部层级分化仍然具有意义。因此，全球城市分级研究对城市、国家与世界而言仍有必要性。

研究全球城市分级具有重要的理论意义。在全球城市体系中，城市间产品与要素的流动已经打破了国界的限制，这使得全球城市功能体系的研究更加复杂。特别是随着全球价值链分工、全球生产网络的发展以及智能时代的来临，全球城市的内部层级结构已经发生了重大变化，全球城市分级的研究涉及城市功能体系理论、城市空间相互作用理论等，上述议题一直是城市经济学、空间经济学以及经济地理学研究的热点与前沿领域。同时，如何从理论上理解和阐释全球城市体系发展中出现的新趋势，也是一个不断发展的重要问题。

研究全球城市分级也具有重要的现实意义。首先，随着"城市世界"的到来，全球城市体系是全球体系的骨架和血脉，认清全球城市体系及其运行、掌握全球城市体系发展趋势与动向，对把握全球体系运行和动向十分关

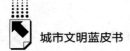
键。其次，从一个更全面的视角来分析全球城市体系内部的差异性与不平等关系对于我们认识全球城市化发展中面临的挑战以及促进全球城市的可持续发展具有重要的参考价值。再次，城市已经成为一个国家竞争力的重要空间载体，因此全球城市分级的研究对于一个国家认清自身城市在全球城市体系中的地位，进而揭示国家在全球经济体系中的地位具有直接参考作用。最后，对于具体城市而言，从功能上搞清楚某一城市在全球城市体系中的具体地位，可以为相关决策者基于城市层面制定更具竞争力和可持续性的政策提供决策参考与理论依据。总之，全球城市分级问题是全球以及加入全球化所有国家、城市及其他相关决策者十分关注的现实问题。

（二）数字时代全球城市发展实践中出现了新的情况和趋势

随着人类逐渐迈入数字化的城市社会，城市的内涵、功能、形态、格局以及对世界的影响已经或者正在发生深刻的变化，这使得我们有必要用新的框架来分析和认识全球城市体系。

首先，未来的全球将是一个以城市为主体的世界。2008年全球城市化率超过50%后，全球城市化持续加速。联合国经济和社会事务部（UNDESA）公布的《2018年世界城市化趋势》报告显示，预计到2050年，全球城市化率有望达68%，未来世界将很快进入成熟的"城市世界"。因此，对全球城市体系的研究与人类社会的整体福利密切相关。

其次，经济全球化在曲折中发展，并且不断重塑城市间的关系。虽然近年来逆全球化趋势在各国、各地区时有发生，但历史的规律昭示其进程不会停止，世界各国正在探索新型经济全球化的动力和模式。当前全球化的阶段、内涵和特征已经发生变化，从历史上的商品贸易全球化、生产全球化、服务贸易全球化向科技创新全球化、数字信息全球化发展。在全球化的新阶段，主导全球城市体系的力量除了传统的金融外，科技创新、数字信息作为决定城市在全球价值链分工与全球生产网络中地位的关键因素变得更加重要。在这个过程中，全球城市体系的内部格局将重构，一部分新型城市将崛起，因此有必要对全球城市体系的新格局进行研究。

最后，随着数字化的迅猛发展，城市的功能和形态正在发生转折性的变化。在数字技术推动下，城市将不再局限于以有形产品为代表的"硬物质"的生产、交换和消费，以信息、知识、思想等无形产品为代表的"软物质"在城市发展中的作用变得更加重要。数字时代的到来在消融区域、国别、个人传统壁垒的同时，又在形成新的壁垒。这种变化正在引起城市功能、城市形态以及全球城市体系内部结构的变化，特别是全球城市体系中的等级关系在弱化、网络关系在增强，这也为我们如何对全球城市进行分级带来了新的挑战。

（三）全球城市及其体系理论需要创新与发展

有关全球城市体系的研究源远流长，大致经历两个阶段：第一阶段主要从集聚度的视角来考察全球城市，其本质是将全球城市视为一个空间集聚经济体，因此城市所集聚的人口、产业等要素的数量越多，那么该城市在全球城市体系中的等级就越高。第二阶段的研究则主要基于全球化的发展使得全球城市体系日益形成一个联系更加紧密的网络体系这一新现象，从联系度的角度对全球城市进行分级。其核心是将全球城市体系视为一个网络体系，因此一个城市与其他城市的联系越紧密，那么该城市在全球城市体系中的地位就越重要。

尽管之前的研究为全球城市的分级提供了理论基础，但是仍然存在以下问题：首先，在分级框架上需要基于更加一般性的理论逻辑。全球城市具有丰富的内涵，包含的维度非常广泛，现有基于集聚度和联系度对全球城市分级的研究强调了全球城市不同方面的内涵，其一般性有待进一步改进，为了对全球城市进行准确分级，必须建立更加一般的分析框架。其次，在对全球城市进行分级时，仅考虑联系度或者仅考虑集聚度都是片面的：仅使用集聚度来对全球城市分级会高估规模因素对城市等级的影响，特别是在当前全球生产网络中，发达国家的城市往往会将产业链中劳动密集型的低端环节转移到发展中国家城市，此时发展中国家城市的就业、产业规模可能会较大，但由于在全球价值链分工中处于劣势地位，其城市等级未必得到较大提高。仅考虑联系度对全球城市分级可能会高估某些枢纽型或特殊功能城市在全球城

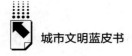

市体系中的地位，例如，属于航空枢纽的城市尽管具有较高的人流和物流，但其本地经济规模未必得到同比例的提高，而此时仅考虑联系度会高估其城市等级。旅游型城市往往具有较大的人流，但其整体产业发展水平未必较高。再次，新的城市实践发展，需要考虑城市的内涵和决定因素及其变化。随着人类知识存量的增加、技术的进步以及生产方式的变化，决定城市集聚度与联系度的因素不再局限于传统的有形产品与要素，知识、信息、服务等无形要素与产品所发挥的作用正日益凸显，因此有必要结合当前城市发展的新变化来设计更加科学与全面的全球城市分级框架。

有鉴于此，本研究决定制定并发布全球 1006 个 50 万人口以上城市的分级。这 1006 个城市共涉及 6 大洲、136 个国家或地区，具体包括 565 个亚洲城市、126 个欧洲城市、131 个北美洲城市、102 个非洲城市、75 个南美洲城市、7 个大洋洲城市，基本上代表了当今世界不同地域和不同发展水平的城市状况。

在现有研究基础上，本研究中全球城市分级框架的创新和改进之处主要体现在：第一，从替代弹性的视角，本研究基于空间经济学理论，提出了基于集聚度与联系度的关于全球城市分级的更具一般性的经济学理论框架；第二，本研究综合考虑集聚和联系这两个城市的关键特征，提出同时包括集聚度和联系度两个方面的全球城市分级框架，并设计了相应的指标体系。第三，基于数字时代城市世界内涵的重大变化，本研究重新审视了自城市起源以来日益重要的"软"要素和产品，在全球城市分级框架中同时融入了无形的"软"因素与有形的"硬"因素。第四，考虑到数字时代城市及其体系决定力量的重大变化，在选取集聚度与联系度指标时，除了强调传统的金融因素外，还强调了科技创新因素。

二　理论与方法

（一）全球城市分级的理论框架——基于替代弹性的分析

某一城市在全球城市体系中的地位与该城市在全球城市产业体系中的地

位密切相关。随着全球价值链与全球生产网络分工的发展，全球城市间的产业联系日益紧密，因此，全球城市也会形成由产业分工地位构建的功能体系，其中，在全球城市功能体系中越难以被其他城市替代的城市，其在全球城市体系中的等级也就越高。具体而言，城市的替代弹性由其集聚的要素以及生产的产品的替代弹性所决定。

首先，一个城市所集聚的要素越具有稀缺性，该要素的替代弹性越低，那么该城市的功能在城市体系中就越难以被替代。这里的要素包括自然环境、地理区位、劳动力、土地、资本以及技术等多种要素。例如，如果一个城市具备良好的地理区位使其处于交通网络中的关键节点，那么该城市的替代弹性就较低，也越容易在全球城市体系中处于较高等级。又如，大城市往往由于可以集聚更多高技能劳动力[1][2]，具有更高的效率，其集聚的高技能劳动力难以被其他城市的低技能劳动力替代，这会使大城市在城市体系中具有较高的地位。

其次，生产低替代弹性产品的城市其等级往往要更高。城市体系中会形成由生产产品差异所形成的等级体系[3][4]。当某一城市所生产产品的替代弹性较高时，这意味着其市场份额更容易被其他城市所生产的产品抢占。特别是当产品流动存在运输成本时，高替代弹性产品的市场竞争力会随着产品运输距离的增加而衰减得更快，因此生产高替代弹性产品的城市其经济腹地范围要更小，在全球城市体系中的地位要更低。Fujita 等人[5]的理论分析表明，在给定中心城市的区位后，低需求弹性的产品由于更难以被其他产品替代，

① Davis, D. R., & Dingel, J. I., "The Comparative Advantage of Cities (No. w20602)", *National Bureau of Economic Research*, 2014.
② Behrens, K., Duranton, G., & Robert-Nicoud, F., "Productive cities: Sorting, selection, and agglomeration", *Journal of Political Economy*, 2014, 122 (3), 507-553.
③ Duranton, G., & Puga, D., "Nursery cities: Urban Diversity, Process Innovation, and the Life Cycle of Products", *American Economic Review*, 2001, 91 (5).
④ Duranton, G., & Puga, D., "From sectoral to functional urban specialisation", *Journal of Urban Economics*, 2005, 57 (2), 343-370.
⑤ Fujita, M., & Krugman, P., "When is the Economy Monocentric?: von Thünen and Chamberlin unified", *Regional Science and Urban Economics*, 1995, 25 (4), 505-528.

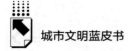

因此生产低需求弹性产品的城市更容易在距离中心城市更近的空间范围内
出现。

现实中城市是由不同产业与要素空间集聚所形成的，因此一个城市在全
球城市体系中的地位取决于其所有产业与要素在全球生产体系中的总替代弹
性，具有较低替代弹性的城市，其在全球城市体系中的地位要更高。本研究
具体将某一城市的替代弹性写为以下因素的函数：

$$S_i = f(A, R) \tag{1}$$

式（1）中 S_i 为城市 i 的替代弹性，A 为该城市的集聚度，R 为该城市的
联系度。在全球城市体系中，所谓集聚度指的是该城市集聚全球高端要素的
数量，由于高端要素的替代弹性要更低，如果一个城市所集聚的全球高端要
素数量越多，那么该城市在全球城市体系中更难以被其他城市替代，其地位
要更高。所谓联系度则是从网络拓扑结构角度来衡量某一城市产业的替代弹
性。当某一城市在全球生产网络中的中心性很高时，这表明该城市处于全球
生产网络中的关键节点，在维系整个网络的稳定性方面具有难以被替代的功
能。因此，具有较高联系度的城市其地位也更高。

基于以上经济学原理，为了更加全面地衡量集聚度与联系度，我们进一
步将集聚度分为硬集聚与软集聚、将联系度分为硬联系与软联系。其中，所
有的"硬"因素都指的是有形的产品或要素，例如人口、企业等；所有的
"软"因素都指的是无形的产品或要素，例如知识、信息等。本研究构建的
这个针对全球城市的新分级框架可以解决在仅考虑集聚度或者联系度时全球
城市分级所存在的问题，图1展示了全球城市分级的概念框架。

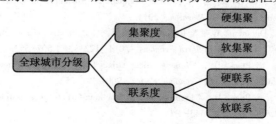

图1　全球城市分级的概念框架

（二）指标体系、计算方法与数据来源

在图 1 的基础上，本报告设计了全球城市分级指标体系，具体如表 1 所示。本报告设计的全球城市分级指标体系由 3 级指标构成，指标的合成方法如下：

$$S_i = A_i + R_i$$
$$A_i = Ah_i + As_i$$
$$R_i = Rh_i + Rs_i \qquad (2)$$

式（2）中 S_i 为城市 i 的全球城市等级得分，A_i 为城市 i 的集聚度，R_i 为城市 i 的联系度，Ah_i 为软集聚度，As_i 为硬集聚度，Rh_i 为硬联系度，Rs_i 为软联系度。1 级指标、2 级指标、3 级指标的具体内容见表 1，本研究在计算各项指数时采用的都是简单算术平均值。其中，对于上文中涉及的每一个指标，我们都将其值标准化在 0~1，具体计算方法如下：

$$S = \frac{X - Min(X)}{Max(X) - Min(X)} \qquad (3)$$

式（3）中 X 为指标的原始得分，S 为标准化之后的得分。

表 1　全球城市分级的指标体系

1 级指标	2 级指标	3 级指标
集聚度	硬集聚	高端产业集聚度
		高收入人口集聚度
	软集聚	专利集聚度
		论文集聚度
联系度	硬联系	航空联系度
		跨国公司联系度
	软联系	信息联系度
		知识联系度

下面进一步介绍每一个 3 级指标的具体计算方法与数据来源。

（1）高端产业集聚度

该指数根据全球银行、科技以及其他行业的顶级企业总部的分布数据计

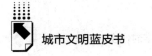

算得到。其中，具体用各城市拥有的全球银行 1000 强总部数量、全球科技 1000 强总部数量、福布斯 2000 强企业总部（除去科技和金融企业）数量、全球前 75 家金融跨国公司总部数量（去除与前面重合的企业）、全球前 25 家金融跨国公司（去除与前面重合的企业）总部数量的和来表示。

（2）高收入人口集聚度

用各城市年收入大于 2 万美元的人口数量来衡量，数据来源于经济学人 EIU 数据库。

（3）专利集聚度

用城市的专利申请量来衡量，利用国际知识产权组织（World Intellectual Property Organization）数据库检索得到。

（4）论文集聚度

用城市发表论文的总量来衡量，利用 Web of Science 数据库检索得到。

（5）航空联系度

用城市的国际航班数据来衡量，数据来源于各城市机场网站、维基百科以及国际航空协会网站。

（6）跨国公司联系度

用城市的跨国公司联系度来衡量。根据全球法律、管理咨询、会计、金融和广告共 175 家先进生产性服务业企业总部及其分支机构的分布，利用 GaWC 全球城市网络的计算方法得到。

（7）信息联系度

用城市在 Google 上的搜索热度来衡量，数据来源于 Google Trends 网站。

（8）知识联系度

用城市与其他城市合作发表论文的数据来衡量，根据 Web of Science 数据库检索到的 2017 年全球引用率最高的前 10 万篇文献计算得到。

本部分的研究样本为全球 1006 个城市，如果没有特殊说明，所有指标都为 2017 年的年度数据。

（三）城市分级方法

目前关于城市分级的研究中，聚类方法是最常用的一种分级方法，主要原因在于其可以相对准确地识别样本中不同子样本的差异性。其中，聚类方法可进一步分为层次聚类和非层次聚类两种方法，相对于非层次聚类，层次聚类方法的优势在于不需要预先指定聚类的数量，可以利用树状图来发现样本间的层次关系，结论相对客观。

因此，本研究在利用表1的指标体系得到样本中每个城市的全球城市等级得分后，使用层次聚类方法对全球城市进行分析。具体而言，层次聚类作为聚类方法的一种，以自下而上的方法为例，其思路是先计算样本点之间的距离（Linkage），然后每次将距离最近的点合并到同一个类，再计算类与类之间的距离，将距离最近的类合并为一个大类；在此基础上不停地合并，直到合成一个类。

三 聚类结果与分析

（一）全球城市中心性层级

根据层次聚类的结果，全球城市体系是一个多层次的嵌套结构，从图2可以看出，全球1006个城市按照城市等级可分为3层，2类（强国际性城市与弱国际性城市），5等（A、B、C、D、E）共10级（A+、A、B+、B、C+、C、D+、D、E+、E）。

具体看来，第一类是强国际性城市，又可以分为第一等的全球城市（A），第二等的国际枢纽城市（B），第三等的国际门户城市（C）。第二类是弱国际性城市，包括第四等的区域枢纽城市（D）和第五等的区域门户城市（E）（如图2所示）。从数量上来看，A+级城市的数量为3座，A级城市数量为2座；B+级城市的数量为3座，B级城市数量为26座；C+级城市和C级城市的数量分别为29座和96座。同理，D+级城市的数量为122座，D级城市的数量为266座；E+级城市和E级城市的数量分别为389座和70座，全球城市数量最少，区域门户城市数量最多（见表2）。

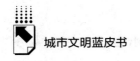

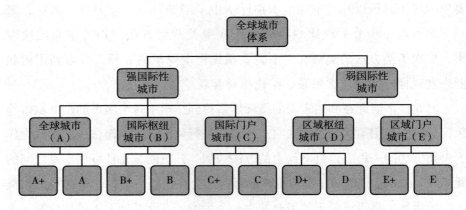

图2 全球城市分级

表2 全球城市等级

城市等级		城市数量（座）	均值	变异系数
全球城市（A）	A+	3	0.9635	0.0332
	A	2	0.9052	0.0006
国际枢纽城市（B）	B+	3	0.7585	0.0234
	B	26	0.6423	0.0723
国际门户城市（C）	C+	29	0.5322	0.0471
	C	96	0.4185	0.0845
区域枢纽城市（D）	D+	122	0.3269	0.0553
	D	266	0.2429	0.1003
区域门户城市（E）	E+	389	0.1769	0.1072
	E	70	0.0776	0.5208
全部城市		1006	0.2565	0.5172

全部样本城市的等级得分均值为 0.2565，变异系数为 0.5172。D+级及以上城市的均值高于整体均值，其中 A+级城市均值最高，为 0.9635。同样的，E+级及以上城市的变异系数小于整体变异系数，其中 A 级城市的变异系数最小，E 级城市的变异系数最大（见表2）。从空间分布来看，高等级城市主要集中分布在北半球。欧洲、北美洲、亚洲城市的高等级城市数量远远高于其他大洲。

（二）基于集聚-联系框架的全球城市类型

运用聚类方法将集聚与联系的类型分成3类（高、中、低），则全球1006个城市按照集聚度、联系度的类型可分为九类（高集聚高联系、高集聚中联系、高集聚低联系、中集聚高联系、中集聚中联系、中集聚低联系、低集聚高联系、低集聚中联系、低集聚低联系）。其中，高集聚高联系的城市数量为4座；高集聚中联系的城市数量为3座；高集聚低联系的城市数量是1座；中集聚中联系、中集聚低联系以及低集聚低联系的城市数量分别为91座、329座和578座，其余类型城市的数量均为0。从表3可以看出低集聚低联系类型城市数量最多，说明集聚与联系是正相关的，并且低集聚高联系、低集聚中联系类型城市均为0，说明集聚是联系的前提，聚集水平低难以实现高一级的联系。

表3　基于集聚-联系框架的全球城市类型

城市类型	城市数量（座）	集聚度均值	集聚度变异系数	联系度均值	联系度变异系数
高集聚高联系	4	0.7545	0.1144	0.9788	0.0155
高集聚中联系	3	0.7757	0.2524	0.7335	0.0193
高集聚低联系	1	0.6648	—	0.4277	—
中集聚中联系	91	0.3897	0.2256	0.5864	0.1809
中集聚低联系	329	0.2726	0.2197	0.2902	0.2804
低集聚低联系	578	0.1257	0.3174	0.2016	0.3475
全部城市	1006	0.2026	0.5725	0.2703	0.5302

从集聚度方面来看，高集聚高联系和高集聚中联系城市的均值要高于其他类型的城市，说明这些城市在集聚经济方面优势明显；低集聚低联系城市的集聚度均值最小，变异系数最大，说明集聚经济方面处于相对劣势，并且内部城市发展差异较大。从联系度方面来看，高集聚高联系城市的均值远高于其他类型城市，说明此类城市与外界的联系度较高，经济发展能力很强。同样的，低集聚低联系城市的联系度均值最小，变异系数最大，说明经济联系度方面处于相对劣势，并且内部城市发展差异较大（见表3）。

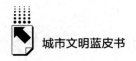

表4　高集聚高联系、高集聚中联系、高集聚低联系类型的城市

城市类型	城市	国家	大洲
高集聚高联系	纽约	美国	北美洲
	伦敦	英国	欧洲
	北京	中国	亚洲
	巴黎	法国	欧洲
高集聚中联系	东京	日本	亚洲
	首尔	韩国	亚洲
	中国香港	中国	亚洲
高集聚低联系	大阪	日本	亚洲

　　从表4可以看出，高集聚高联系城市包括纽约、伦敦、北京以及巴黎，分别隶属于美国、英国、中国和法国，欧洲城市占据2席，北美洲和亚洲城市分别占据1席，欧洲拥有的高集聚高联系类型的城市数量较多，全球控制力和领导力依然处于领先地位。而高集聚中联系类型的城市包括东京、首尔和中国香港三个城市，分别隶属于日本、韩国、中国，均属于亚洲，说明亚洲在高集聚中联系类型的城市实力较强，也说明亚洲高等级城市需要增强联系度方面的能力。而高集聚低联系城市全球仅大阪一个城市，属于日本，说明大阪虽然集聚能力较强，但缺乏国际联系，亟须提高自身的软联系度、硬联系度。

表5　中集聚中联系城市

城市类型	城市	国家	大洲
中集聚中联系	悉尼	澳大利亚	大洋洲
	都柏林	爱尔兰	欧洲
	维也纳	奥地利	欧洲
	迪拜	阿拉伯联合酋长国	亚洲
	布宜诺斯艾利斯	阿根廷	南美洲
	开罗	埃及	非洲
	巴拿马城	巴拿马	北美洲
	圣保罗	巴西	南美洲
	布鲁塞尔	比利时	欧洲
	哥本哈根	丹麦	欧洲
	华沙	波兰	欧洲

续表

城市类型	城市	国家	大洲
	索菲亚	保加利亚	欧洲
	慕尼黑	德国	欧洲
	莫斯科	俄罗斯	欧洲
	阿姆斯特丹	荷兰	欧洲
	赫尔辛基	芬兰	欧洲
	波哥大	哥伦比亚	南美洲
	里昂	法国	欧洲
	多伦多	加拿大	北美洲
	布拉格	捷克	欧洲
	吉隆坡	马来西亚	亚洲
	多哈	卡塔尔	亚洲
	萨格勒布	克罗地亚	欧洲
	布加勒斯特	罗马尼亚	欧洲
	内罗毕	肯尼亚	非洲
	芝加哥	美国	北美洲
	奥斯陆	挪威	欧洲
	墨西哥城	墨西哥	北美洲
	约翰内斯堡	南非	非洲
	利马	秘鲁	南美洲
中集聚中联系	卡萨布兰卡	摩洛哥	非洲
	里斯本	葡萄牙	欧洲
	斯德哥尔摩	瑞典	欧洲
	苏黎世	瑞士	欧洲
	伊斯坦布尔	土耳其	亚洲
	曼谷	泰国	亚洲
	利雅得	沙特阿拉伯	亚洲
	贝尔格莱德	塞尔维亚	欧洲
	基辅	乌克兰	欧洲
	马德里	西班牙	欧洲
	新加坡	新加坡	亚洲
	雅典	希腊	欧洲
	奥克兰	新西兰	大洋洲
	布达佩斯	匈牙利	欧洲
	米兰	意大利	欧洲
	孟买	印度	亚洲
	雅加达	印度尼西亚	亚洲
	曼彻斯特	英国	欧洲
	上海	中国	亚洲
	……	……	……

注：因中集聚中联系城市数量较多，故选取每个国家中的一个代表性城市。以下各表同。

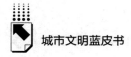

中集聚中联系类型城市的数量共有 91 座，从表 5 可以看出，中集聚中联系城市主要包括悉尼、都柏林、维也纳、迪拜等，所属国家分别为澳大利亚、爱尔兰、奥地利、阿拉伯联合酋长国等。从代表性城市所属的大洲方面来看，欧洲城市最多，占据 25 座；其次是亚洲城市，占据 10 座；再次是北美洲、南美洲和非洲城市，分别各占据 4 座、大洋洲占据 2 座。欧洲有较多此类型城市，是支撑其未来发展的重要力量。

表 6　中集聚低联系城市

城市类型	城市	国家	大洲
中集聚低联系	阿德莱德	澳大利亚	大洋洲
	科尔多瓦	阿根廷	南美洲
	阿布扎比	阿拉伯联合酋长国	亚洲
	亚历山大	埃及	非洲
	卡拉奇	巴基斯坦	亚洲
	坎皮纳斯	巴西	南美洲
	明斯克	白俄罗斯	欧洲
	安特卫普	比利时	欧洲
	圣胡安	波多黎各（美国）	北美洲
	克拉科夫	波兰	欧洲
	圣克鲁斯	玻利维亚	南美洲
	汉诺威	德国	欧洲
	圣地亚哥	多米尼加共和国	北美洲
	新西伯利亚	俄罗斯	欧洲
	基多	厄瓜多尔	南美洲
	马尼拉	菲律宾	亚洲
	马赛	法国	欧洲
	麦德林	哥伦比亚	南美洲
	阿拉木图	哈萨克斯坦	亚洲
	仁川	韩国	亚洲
	鹿特丹	荷兰	欧洲
	卡尔加里	加拿大	北美洲
	里加	拉脱维亚	欧洲
	贝鲁特	黎巴嫩	亚洲

续表

城市类型	城市	国家	大洲
	达卡	孟加拉国	亚洲
	拉巴特	摩洛哥	非洲
	奥斯汀	美国	北美洲
	瓜达拉哈拉	墨西哥	北美洲
	开普敦	南非	非洲
	拉各斯	尼日利亚	非洲
	突尼斯	突尼斯	非洲
	科伦坡	斯里兰卡	亚洲
	哥德堡	瑞典	欧洲
	麦地那	沙特阿拉伯	亚洲
	名古屋	日本	亚洲
	安卡拉	土耳其	亚洲
中集聚低联系	巴塞罗那-拉克鲁斯港	委内瑞拉	南美洲
	蒙得维的亚	乌拉圭	南美洲
	巴伦西亚	西班牙	欧洲
	德黑兰	伊朗	亚洲
	金斯敦	牙买加	北美洲
	塞萨洛尼基	希腊	欧洲
	埃里温	亚美尼亚	亚洲
	耶路撒冷	以色列	亚洲
	佛罗伦萨	意大利	欧洲
	金奈	印度	亚洲
	布里斯托尔	英国	欧洲
	胡志明市	越南	亚洲
	圣地亚哥	智利	南美洲
	武汉	中国	亚洲
	……	……	……

中集聚低联系类型的城市数量为 329 座。观察表 6 可以看出，中集聚低联系城市主要包括阿德莱德、科尔多瓦、阿布扎比、亚历山大等，所属国家分别为澳大利亚、阿根廷、阿拉伯联合酋长国、埃及等。从代表性城市所属的大洲方面来看，亚洲城市最多，占据 17 座；其次是欧洲城市，占据 13

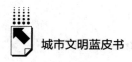

座；再次是南美洲城市，占据 8 座；北美洲、非洲和大洋洲城市分别占据 6 座、5 座和 1 座，说明亚洲城市在中集聚低联系类型城市中数量较多，同时亟须提升其软硬联系度。

表 7 低集聚低联系城市

城市类型	城市	国家	大洲
低集聚低联系	黄金海岸	澳大利亚	大洋洲
	阿尔及尔	阿尔及利亚	非洲
	巴库	阿塞拜疆	亚洲
	马斯喀特	阿曼	亚洲
	喀布尔	阿富汗	亚洲
	门多萨	阿根廷	南美洲
	苏伊士	埃及	非洲
	亚的斯亚贝巴	埃塞俄比亚	非洲
	罗安达	安哥拉	非洲
	费萨拉巴德	巴基斯坦	亚洲
	亚松森	巴拉圭	南美洲
	加沙	巴勒斯坦	亚洲
	纳塔尔	巴西	南美洲
	科托努	贝宁	非洲
	科恰班巴	玻利维亚	南美洲
	瓦加杜古	布基纳法索	非洲
	圣多明各	多米尼加共和国	北美洲
	洛美	多哥	非洲
	布琼布拉	布隆迪	非洲
	乌法	俄罗斯	欧洲
	瓜亚基尔	厄瓜多尔	南美洲
	阿斯马拉	厄立特里亚	非洲
	宿务市	菲律宾	亚洲
	金沙萨	刚果（金）	非洲
	卡利	哥伦比亚	南美洲
	第比利斯	格鲁吉亚	亚洲
	圣何塞	哥斯达黎加	北美洲
	哈瓦那	古巴	北美洲

续表

城市类型	城市	国家	大洲
低集聚低联系	太子港	海地	北美洲
	奇姆肯特	哈萨克斯坦	亚洲
	德古西加巴	洪都拉斯	北美洲
	比什凯克	吉尔吉斯斯坦	亚洲
	科纳克里	几内亚	非洲
	吉布提	吉布提	非洲
	阿克拉	加纳	非洲
	金边	柬埔寨	亚洲
	利伯维尔	加蓬	非洲
	哈拉雷	津巴布韦	非洲
	杜阿拉	喀麦隆	非洲
	阿比让	科特迪瓦	非洲
	科威特城	科威特	亚洲
	蒙罗维亚	利比里亚	非洲
	万象	老挝	亚洲
	蒙巴萨岛	肯尼亚	非洲
	的黎波里	利比亚	非洲
	基加利	卢旺达	非洲
	塔那那利佛	马达加斯加	非洲
	布兰太尔	马拉维	非洲
	新山市	马来西亚	亚洲
	巴马科	马里	非洲
	努瓦克肖特	毛里塔尼亚	非洲
	埃尔帕索	美国	北美洲
	乌兰巴托	蒙古	亚洲
	吉大港	孟加拉国	亚洲
	阿雷基帕	秘鲁	南美洲
	曼德勒	缅甸	亚洲
	基希讷乌	摩尔多瓦	欧洲
	马拉喀什	摩洛哥	非洲
	马普托	莫桑比克	非洲
	蒂华纳	墨西哥	北美洲
	伊丽莎白港	南非	非洲
	马那瓜	尼加拉瓜	南美洲

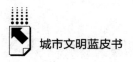

续表

城市类型	城市	国家	大洲
	加德满都	尼泊尔	亚洲
	尼亚美	尼日尔	非洲
	阿布贾	尼日利亚	非洲
	达喀尔	塞内加尔	非洲
	圣萨尔瓦多	萨尔瓦多	北美洲
	弗里敦	塞拉利昂	非洲
	达曼	沙特阿拉伯	亚洲
	喀土穆	苏丹	非洲
	摩加迪沙	索马里	亚洲
	杜尚别	塔吉克斯坦	亚洲
	沙没巴干	泰国	亚洲
	达累斯萨拉姆	坦桑尼亚	非洲
	斯法克斯	突尼斯	非洲
	安塔利亚	土耳其	亚洲
	危地马拉城	危地马拉	北美洲
	阿什哈巴德	土库曼斯坦	亚洲
低集聚低联系	坎帕拉	乌干达	非洲
	马拉开波	委内瑞拉	南美洲
	敖德萨	乌克兰	欧洲
	塔什干	乌兹别克斯坦	亚洲
	大马士革	叙利亚	亚洲
	萨那	也门	亚洲
	巴格达	伊拉克	亚洲
	马什哈德	伊朗	亚洲
	特拉维夫-雅法	以色列	亚洲
	斋浦尔	印度	亚洲
	苏腊巴亚	印度尼西亚	亚洲
	安曼	约旦	亚洲
	卢萨卡	赞比亚	非洲
	恩贾梅纳	乍得	非洲
	瓦尔帕莱索	智利	南美洲
	班吉	中非共和国	非洲
	淮南	中国	亚洲
	……	……	……

低集聚低联系类型城市数量最多，为 578 座。从表 7 可以看出，低集聚低联系城市主要包括黄金海岸、阿尔及尔、巴库、马斯喀特等，所属国家分别为澳大利亚、阿尔及利亚、阿塞拜疆、阿曼等。从代表性城市所属的大洲方面来看，非洲城市最多，占据 39 座；其次是亚洲城市，占据 33 座；再次是南美洲和北美洲城市，分别占据 10 座和 9 座；欧洲和大洋洲城市分别占据 3 座和 1 座，说明非洲、亚洲城市在低集聚低联系类型城市中数量较多，集聚度、联系度亟须加强；同时也说明亚洲城市分化严重，既包括高集聚中联系的相对发达城市也包含低集聚低联系的欠发达城市。

四　结论与启示

基于替代弹性理论，本研究认为某一城市在全球城市体系中的地位由该城市的替代弹性决定，在全球城市功能体系中越难以被其他城市替代的城市其等级也就越高，而城市的替代弹性，由城市的集聚度与联系度共同决定。随后，本研究构建了度量城市集聚度和联系度的指标体系，并进行了全球城市分级和类型划分。根据本研究，全球城市体系是一个多层嵌套结构，1006 个样本城市可分为 3 层，2 类（强国际性城市与弱国际性城市），5 等（A、B、C、D、E）共 10 级（A+、A、B+、B、C+、C、D+、D、E+、E）。从集聚-联系的类型来看，共存在高集聚高联系、高集聚中联系、高集聚低联系、中集聚中联系、中集聚低联系以及低集聚低联系六类城市。研究发现，集聚与联系是正相关的，且集聚是联系的前提，集聚水平低难以实现高一级的联系。欧洲在高集聚高联系类型的城市实力较强，且有较多中集聚中联系类型城市，是引领和支撑其未来发展的重要力量。非洲低集聚低联系类型城市数量较多，整体发展阶段较为滞后。亚洲在拥有较多高集聚中联系类型城市的同时，在中集聚低联系类型和低集聚低联系类型的城市数量都较多，说明亚洲城市分化严重，既有突出的成就、也有显著的问题和巨大潜力。高集聚低联系类型的城市仅有大阪一个，其发展的经验和教训值得全球其他城市借鉴总结。

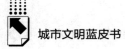
当前，随着数字化的迅猛发展，全球市场的规模不断扩大，空间分工更加广泛和普遍，城市更加专业化，城市产品和要素替代弹性更低，城市的功能和形态正在发生转折性的变化，这种变化正在引起全球城市形态以及城市体系内部功能结构的重塑，越来越多的城市全球等级不断提升，本项研究可以持续验证关于全球城市的理论假设，而且不断地适时监测全球城市发展的最新历程，从而为全球城市相关决策者提供决策参考。

技术文明篇

B.4
智慧城市"城设"赋能城市文明典范建设
——理论逻辑与实践路径*

陈能军　林泽腾　戎　涛**

摘　要： 城市文明典范，是城市演进所铸就的人类文明新形态的典型范例，不仅要有和谐统一的城市物质文明、精神文明、政治文明、社会文明和生态文明，还要有辨识度高和认同感、感召力、影响力强的外在形象与精神气质，即鲜明的"城设"。深圳如何以智慧城市"城设"赋能城市文明典范建设，从而发挥先行先试、引领示范的作用，意义重大。本报告梳理了智慧城市与城市文明典范的研究文献和特征内涵，梳理了城市文明典范与智慧城市研究的基本观点，分析了智慧城市"城设"赋能城市文明典范建设的理论逻辑、时代价值与现实案例，提出了深圳智慧城市"城设"赋能城市文

* 本文系深圳市哲学社会科学规划 2023 年度重点课题"城市文明典范：丰富拓展人类文明新形态的深圳实践研究"阶段性成果（项目编号：SZ2023A006）、深圳市人文社会科学重点研究基地"南方科技大学全球城市文明典范研究院"研究成果。
** 陈能军，博士，南方科技大学全球城市文明典范研究院学术委员会秘书长、研究员，研究方向为文化经济、城市经济；林泽腾，香港科技大学博士研究生，南方科技大学全球城市文明典范研究院助理研究员，研究方向为数字城市算法、计算社会科学；戎涛，对外经济贸易大学深圳研究院副研究员，研究方向为科技创新与金融投资。

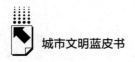
明典范建设的实践路径。

关键词： 城市文明典范　智慧城市　赋能作用

　　数字经济发展方兴未艾，给城市居民的生产生活带来广泛而深刻的影响。智慧城市建设是城市高质量发展的必由之路，深圳紧紧抓住数字经济发展机遇，积极推进智慧城市建设，取得了一系列瞩目成就。《中共中央　国务院关于支持深圳建设中国特色社会主义先行示范区的意见》将"城市文明典范"列为深圳建设中国特色社会主义先行示范区的五个战略定位之一。这为深圳打造城市文明典范提供了战略指引和重要遵循。城市文明典范，是城市演进所铸就的人类文明新形态的典型范例，不仅要有和谐统一的城市物质文明、精神文明、政治文明、社会文明和生态文明，还要有辨识度高和认同感、感召力和影响力强的外在形象与精神气质，即鲜明的"城设"①。深圳如何以智慧城市"城设"赋能城市文明典范建设，从而发挥先行先试、引领示范的作用意义重大。

一　智慧城市与城市文明典范：内涵及特征

　　党的二十大报告提出要提高全社会文明程度。中国式现代化特征之一，就是物质文明和精神文明相协调的现代化。深圳市委七届六次全会明确提出，要着力塑造现代城市文明。城市文明典范不仅是国家对深圳的殷切期望，也是深圳走向全球标杆城市，在世界舞台展现"深圳智慧""深圳方案"的必然路径。② 城市文明典范不单是物质文明积累和现代化发展的标志，其内涵还特别强调精神文明的构建，包括文化、道德和价值观念的提升，从

---

① 赵鑫：《实现文化高质量发展打造城市文明典范》，《深圳特区报》，2023 年 2 月 14 日。
② 赵鑫：《实现文化高质量发展打造城市文明典范》，《深圳特区报》，2023 年 2 月 14 日。

而映射出人类文明新阶段的特征。城市需重视提升居民的幸福感，并在道德、志愿服务、人文精神的塑造以及政治、规则、文明意识的培养上做出积极努力，从而深化城市的精神与文化内涵。数字经济时代的城市文明正向数字文明发展，而智慧城市恰恰成为数字文明发展的主要载体。这种转型不仅是技术革新的产物，而且是社会进步和文明演变的必然结果。在这个框架下，智慧城市通过整合先进的信息技术，如大数据、云计算、物联网和人工智能，不断优化和提升城市的管理和服务体系，从而成为数字文明的集中展现。智慧城市作为数字经济时代的产物，彰显了其作为数字文明载体的独特性。首先，它们建立在集成的信息基础设施之上，如遍布城市各处的宽带网络和云计算中心，确保数据的实时流通和智能处理。其次，智慧城市通过提供智能化公共服务，包括智能交通、智慧医疗和在线教育等，大大提高了公共服务的效率和质量。此外，城市管理通过大数据和物联网技术实现高效运作，而环境的可持续性改善则是智慧城市设计和运营的重要考量。

值得指出的是，在特征体现上，智慧城市展示了高科技与绿色环保的完美结合。城市景观中普遍融入了高科技元素，如智能屏幕和无人驾驶交通工具，也强调了绿色建筑和可再生能源的使用，体现了对环境的关注和可持续发展的承诺。互动数字设施，如信息屏幕和艺术装置提升了公共空间的互动性，井然有序的城市交通则展示了智慧城市在交通规划和管理方面的先进性。这些特点共同构成了智慧城市独特的数字文明形象特征，是数字经济时代城市文明发展的新范例。深圳是"建设中国特色社会主义先行示范区"重要使命的承担者。自2005年以来，深圳连续六次荣获全国文明城市称号，这标志着深圳在物质文明和精神文明建设方面取得的成就。深圳不仅经济发展迅速，而且在精神文明建设方面展现出了显著的领导力和创新力，成为中国式现代化城市发展的示范窗口。在迈向数字经济时代的过程中，深圳正在成为数字文明发展的典范。作为中国智慧城市建设的先驱，深圳利用先进的数字技术优化城市管理，提升公共服务效能，并推动经济创新发展。这种以信息化和智能化为核心的城市发展模式，不仅提高了城市运行的效率和透明度，也增强了市民的参与意识和幸福感。深圳的这些实践正在塑造新时代城市文明的

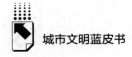

全新面貌，展示了如何将传统文明的积累与数字化、智能化创新相结合，向建设数字文明典范城市的目标迈进。如何推动城市典范助力智慧城市建设，成为一个紧迫的课题。

二 智慧城市"城设"打造赋能城市文明典范：理论逻辑、时代价值与现实案例

（一）理论逻辑

在"技术-制度-文化"的范式下，城市文明的发展首先是由技术进步驱动的。智慧城市的核心在于利用先进的信息和通信技术来提高城市管理的效率。这包括但不限于物联网、大数据、云计算、人工智能等技术的应用，这些技术不仅改变了城市的运行方式，也为城市提供了更多发展的可能性。智慧城市通过这些技术提升了基础设施的智能化水平，改善了城市服务的质量，提升了城市的能源利用效率和环境的可持续性改善，助推了城市文明典范建设。技术的应用需要相应的制度支持，才能充分发挥其效用。智慧城市的发展不仅需要技术革新，而且需要制度创新。这包括建立有效的数据管理和使用机制，确保信息安全，以及制定相关政策来鼓励技术的使用和创新；制度创新还包括公众参与机制的建立，确保智慧城市的发展符合居民的需求和利益。这种制度创新是智慧城市成功的关键，它增强了智慧城市的治理能力，提高了城市服务的透明度和效率。一个理想的智慧城市，必然是科技型、管理型和人文型的包容性发展[1]。科技型智慧城市强调技术的创新和应用，注重基础设施的智能化和信息技术的集成应用。管理型智慧城市侧重于通过技术提升城市管理的效率，强调数据驱动的决策制定和高效的城市服务。人文型智慧城市则注重技术与文化的融合，强调提升居民生活质量，促进社区发展和文化多样性。在智慧城市建设中，基础设施投资规模逐年增

---

① 刘士林：《智慧城市建设更应追求"真善美"》，《光明日报》，2023年5月31日。

大、信息技术研发成果层出不穷、智慧产业公司遍地开花，但并没有使城市运转"智慧"起来。一个理想的智慧城市应该是科技型、管理型和人文型互相协调①。智慧城市的建设也带来了城市文化和文明的转型。随着技术的融入日常生活，城市文化开始呈现出更加多元化和数字化的特点。智慧城市的建设不仅是技术和制度的变革，它也催生了新的生活方式和文明形态。这种转型体现在居民的生活方式变得更加便捷和智能，社区参与和文化活动更加丰富多彩。同时，智慧城市也通过数字化手段保护和传承传统文化，促进文化的创新发展和数字文明的呈现。

在城市文明典范建设的背景下，智慧城市在"城设"打造上呈现出多样化的特点。"城设"强调城市的人文特质和形象塑造。智慧城市通过技术、制度和文化的融合，塑造独特的城市形象和品牌。这种智慧城市"城设"的打造不仅体现在智慧城市的物理空间改造方面，还包括居民的生活方式、社区参与和文化活动中的智慧呈现。智慧城市通过塑造"城设"，展现了其独特的城市精神和文化特色。

（二）时代价值

智慧城市的技术基础为城市形象和品牌塑造提供了新的可能性。利用数字技术，如物联网、大数据分析、云计算等，不仅提高了城市管理的效率，同时为城市文化传播和形象塑造开辟了新渠道。例如，一些研究探讨了数字艺术、虚拟现实等技术在重现城市历史、展示城市文化中的应用，这些技术不仅使城市故事更加生动，还增强了城市的吸引力和影响力。

智慧城市"城设"打造与城市文明典范建设之间存在密切的相互作用。城市文明典范的建设依赖于包容的社会文化环境、高效的城市管理以及先进的技术应用。智慧城市通过提供这些条件，不仅推动了城市经济的快速发展，也促进了社会文化和城市美誉度的提升和品牌度的进步。这种进步反过来又强化了一个城市的文明竞争力，无形中又提升了城市的核心竞争力。

---

① 刘士林：《智慧城市应是科技型、管理型和人文型有机结合》，新华网，2016 年 6 月 7 日。

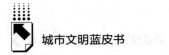

　　智慧城市在推动城市形象和品牌塑造时也面临挑战。智慧城市的发展可能导致社会不平等和隐私安全问题，这对城市形象和品牌塑造造成负面影响。因此，如何在技术推广的同时，确保社会的公平和居民的福祉，是智慧城市发展中不可忽视的问题。"城设"在智慧城市中的作用还需要进一步的研究。

　　智慧城市"城设"不仅涉及城市的视觉形象和物理空间，还包括居民的生活方式、社区参与等多方面因素。"城设"，即城市的人文形象和品牌塑造。"城设"的构建不仅依赖于城市的历史文化和传统，还需要结合现代城市发展的新理念，智慧城市提供了一个新的平台，使城市能够更好地展示其独特的文化特色和城市精神。例如，数字艺术、虚拟现实等新兴技术可以用来重现城市的历史场景，讲述城市的故事，增强城市的吸引力和影响力。在未来的城市发展中，城市文明典范建设将继续发挥引领作用，而智慧城市将作为建设这一典范的重要手段。城市的"城设"则是连接过去和未来、传统和现代的桥梁。通过城市文明典范的建设，结合智慧城市的技术优势，"城设"的打造将更加多元化、个性化，使城市成为既充满历史韵味又具有现代活力的独特空间。

（三）现实案例

　　昔日的边陲小镇深圳，已成长为一座充满魅力、动力、活力的国际化创新型城市。它的迅速崛起不仅是经济奇迹的象征，而且是城市管理、文化融合和社会发展的范例。深圳的城市文明典范建设不仅体现在其现代化的城市面貌和高效的经济结构上，更重要的是它在社会治理、文化创新和生态可持续性发展方面所做的努力。深圳的智慧城市建设是其城市文明发展中的重要组成部分。在这个过程中，"城设"的塑造成为核心要素。深圳通过高科技手段优化城市管理，提高公共服务效率，同时通过文化活动、城市艺术和历史保护项目等丰富城市的文化生活和提升城市的人文魅力。深圳在利用技术创新打造"城设"方面走在了前列。深圳利用大数据、人工智能和物联网等技术，不仅优化了交通、治安和城市规划等方面的管理，也通过数字化手段保护和推广地方文化。智慧旅游、虚拟现实历史展览等创新应用，使深圳的历史和文化更加生动地呈现在世人面前。深圳的智慧城市建设特别注重公众的参与和反馈。城市通过建立开放的数据平台、鼓励市民参与城市规划和管理，提升了城市治理的透明度和效率。市民的参与不仅加强了社区的凝聚力，也促进了城市文明的进一步发展。深圳在"城设"的打造中巧妙地结合了文化传承与创新。一方面，深圳重视传统文化的保护和推广，另一方面也鼓励文化的创新和多元化发展。深圳的各种文化节庆活动、艺术展览和创意市集等都成为城市独特文化的展示窗口。深圳的"城设"打造还体现在其对绿色可持续发展的承诺上。深圳在建设智慧城市的同时，还致力于环境保护和维持生态平衡。这不仅提高了居民的生活质量，也提升了城市的整体形象和竞争力。

再如，新加坡作为一个城市国家，其城市发展模式在许多方面都被视为国际标杆。作为一个多元文化的融合体，新加坡成功地在保持社会稳定和谐的同时，实现了经济的快速增长。其城市规划、环境管理、社会治理等方面的成功经验，使其成了全球公认的城市文明建设典范。新加坡的智慧城市建设是基于强有力的政府规划和先进的技术应用。这个城市国家致力于通过技术创新优化城市管理，提高居民生活质量，并在此基础上构建独特的"城设"。新加坡的"城设"不仅体现在其高效的城市基础设施建设和服务方面，还包括其文化多样性和绿色生态环境的维护。新加坡在利用技术创新打造"城设"方面取得了显著成就。通过集成物联网、大数据、人工智能等技术，新加坡在智慧交通、智能建筑、数字化政务等领域取得了突破。这些技术不仅提高了城市运行的效率，也使城市变得更加宜居和有吸引力。新加坡强调在智慧城市建设中加强社会治理和公众参与。通过建立开放的数据平台和鼓励市民参与城市规划和管理，新加坡提升了城市治理的透明度和效率。这种公众参与的模式不仅增强了社区的凝聚力，也促进了城市文明的进一步发展。在"城设"的打造中，新加坡巧妙地结合了文化传承与创新。城市不仅重视传统文化的保护和推广，同时也鼓励文化的创新和多元化发展。多元文化节庆活动、艺术展览和创意市集等都成为新加坡文化多样性和创新精神的展示窗口。

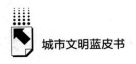
三 深圳智慧城市"城设"赋能城市 文明典范建设的实践路径

深圳智慧城市"城设"赋能城市文明典范建设是一项系统工程，主要体现为塑造辨识度高和认同感、感召力和影响力强的外在形象与精神气质，即打造智慧城市建设的鲜明的"城设"，这不仅涉及技术层面的创新和应用，还包括对城市文明传统的传承与发展。在这一进程中，城市文明管理者、文化管理者要站在智慧城市"城设"高度来布局城市文明典范建设和发展，城市规划者和决策者也要意识到城市文明典范的建设与智慧城市"城设"的打造是相辅相成的，二者共同促进城市综合竞争力提升和市民生活品质提高。

（一）坚持制度创新，夯实城市文明典范建设力

一是强化深圳智慧城市"城设"赋能城市文明典范建设理念，树立数字赋能意识，牢固数字化思维，把智慧城市"城设"打造摆在助力城市文明数字化的突出地位。二是以法律法规为基础，在《深圳城市文明建设规划（2021—2035 年）》的基础上建议出台城市文明数字化建设专项政策，通过完善政策体系，细化智慧城市"城设"打造具体举措，以智慧城市"城设"建设助推城市文明数字化发展。三是提升城市数字化安全工作人员素养，制定《城市数字化安全工作人员守则》，不断筑牢数据安全屏障。

（二）推进新基建建设，增强城市文明典范硬实力

一是打造城市文明典范建设的数字场景"城设"，按照"物联""数联""智联"的发展路径，加快推进城市数字基础网络建设，推动城市数字基础设施不断完善和全面升级。二是推动"新基建"与城市交通、民生、政务、教育、医疗等领域融合发展，培育线上线下融合新经济，加强终端联网、智能调度体系构建，打造高效、绿色、智能、安全的现代化新型基础设

施体系。三是聚焦智慧城市"城设"打造，夯实文化数字化新基建，积极发展智慧旅游、数字文创、沉浸式体验等文化消费新业态。

（三）提高信息数据共享能力，提升城市文明典范服务力

一是鼓励企业开放数据，建立正向激励机制，将开放数据的质量、贡献度等指标纳入企业数据开放评价体系，对积极开放数据的企业给予税收优惠、资金补贴和金融支持等。二是构建统一的大数据共享库，明确共享数据目录、内容边界、数据归属、共享流程、权责义务等内容。三是不断完善数据共享法律法规，建立政企数据双向共享机制，确保政企数据双向共享有法可依，如发布《深圳市政企数据双向共享应用管理办法》。

（四）构建数字文化产业生态，激发城市文化创造力

一是强化数字技术运用，继续深化文化与科技的融合与协作，加快创意设计、数字艺术、时尚产业、文化旅游等文化产业新业态和全息投影、人工智能、虚拟现实等新技术的发展。二是不断延展数字文化产业链，加快促进上游、中游、下游各环节新形态的形成，打造包含数字软件工程、界面设计、数字多媒体、数字时尚营销等在内的数字文化创意产业集群，不断激发产业发展新动能。三是围绕游戏产业、时尚产业等优质且具有时代创新内涵的文化内容，坚持精品内容战略，打造城市 IP，进行品牌运营，并合理利用创意网络城市平台和数字创意产业走廊，提升智慧城市"城设"的品牌影响力。

（五）夯实数字人才基础，激活城市文明建设原动力

一是实行教育数字化战略行动，以"国家级信息化教学实验区"和"智慧教育示范区"建设为工作抓手，聚焦培养端，从教育理念、教师培训、制度设计等方面全面推动教育数字化改革，以教育数字化赋能数字人才培养，不断提升数字人才供给规模和质量。二是加强政策支持力度，提高城市文明数字化建设人才和智慧城市"城设"人才集聚吸引力，对数字创意、

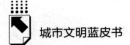
公共数字文化服务、数字管理等各细分领域的高精尖人才提供人才优惠政策，同时加大企业引进、培育和认定人才的主导权，突破人才困境。三是着力优化综合保障，为城市文明数字化建设人才和智慧城市"城设"人才营造良好社会环境，建设集居住、教育、医疗、商业、文化交流等功能为一体的特色人才小镇，让数字人才安心、安身和安业。

四　结语

总之，随着时代的车轮滚滚向前，未来的城市不再只是高楼林立、车水马龙的物质象征，而是变得更有"智慧"和有温度。技术的细腻纹理将编织成一张张智能网格，覆盖城市的每一个角落，而城市文明典范建设则如同阳光，透过这些网格，照亮人们的生活。智慧城市除了是一种城市生活的实践和体验外，智慧城市"城设"将成为赋能智慧城市发展的灵魂。我们将看到，城市中的每一个智慧应用，都不仅仅是冷冰冰的技术展示，而是温暖且生动的文明交响乐。在智慧城市"城设"的光辉照耀下，传统与现代将和谐共融，创新与传承将相得益彰。在这个过程中，每个城市居民既是参与者，也是受益者。智慧城市的建设将不再是上层建筑对基础设施的简单堆砌，而是成为人民群众共同编织的梦想。以智慧城市"城设"牵引下的城市文明细流，将在城市的大街小巷中流淌，智慧的光芒将在每个家庭中闪烁。"城设"的力量最终集聚在助力深圳城市高质量发展的动力之中，自觉地打造城市文明典范赋能智慧城市"城设"，把"人民城市人民建，人民城市为人民"重要理念贯彻落实到智慧城市发展全过程和工作各方面。

B.5
人类文明新形态视野下城市文明
建设的发展特征与实现路径
——基于数字赋能视角*

杨　辉　古珍晶**

摘　要： 城市文明是人类文明新形态的集中体现与反映，而加强城市文明建设、树立城市文明典范是打造中国式现代化城市的必由之路。在数字经济时代，数字技术已成为城市文明建设的重要力量，加速了城市的数字化转型，呈现出城市管理智能化、文化产业数字化、传播方式个体化、人际交往虚拟化等特征。为了进一步加强城市"数字化"，深化城市文明建设，需坚持以制度创新为核心，夯实城市数字化转型支撑力；加快推进新基建建设，增强城市文明建设硬实力；构建数字文化产业生态，激发城市文化创造力；打造城市传播网络，提升城市文化品牌影响力。

关键词： 人类文明新形态　城市文明　发展特征　实现路径　数字赋能

一　引言

习近平总书记在党的二十大报告中深刻指出，中国式现代化的本质要求

---

* 本文系南方科技大学全球城市文明典范研究院开放性课题"推进文化自信自强：中国式文化现代化的文明逻辑与实践进路"（项目编号：IGUC23C013）、研究阐释党的二十大精神国家社科基金重大项目"推进文化自信自强的时代背景与现实途径研究"（项目编号：23ZDA081）阶段性成果。

** 杨辉，博士，深圳技术大学马克思主义学院（人文社科学院）讲师、南方科技大学全球城市文明典范研究院特约研究员，研究方向为文化经济、城市文明；古珍晶，博士，深圳职业技术大学数字创意与动画学院教师、深圳职业技术大学广东数字创意产业研究中心研究员，研究方向为数字创意经济、博物馆文化产业。

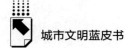

是"坚持中国共产党领导，坚持中国特色社会主义，实现高质量发展，发展全过程人民民主，丰富人民精神世界，实现全体人民共同富裕，促进人与自然和谐共生，推动构建人类命运共同体，创造人类文明新形态"。① 这一论断充分表明了人类文明新形态是中国式现代化的根本指向与目标。纵观历史，城市与人类文明之间有着密切的关系，文明是城市的内在气质，为城市的发展提供生生不息的力量；城市不只是建筑物的集群，它是各种密切相关、相互影响的各种功能的复合体，更是人类文明发展的重要支撑点，是伴随人类文明与进步发展起来的，每一次新文明的诞生都代表着城市形态的变更。正如美国现代哲学家刘易斯·芒福德所说："城市从其起源时代开始便是一种特殊构造，它专门用来贮存并流传人类文明成果。"② 城市作为人类文明史的重要组成部分，不仅是人类文明的载体，也是人类文明的标志，更是展现人类文明的重要标识。正因如此，城市文明建设已成为创造人类文明新形态的重要代表者。

2019年8月，《中共中央 国务院关于支持深圳建设中国特色社会主义先行示范区的意见》明确提出将深圳建设成为高质量发展高地、法治城市示范、城市文明典范、民生幸福标杆和可持续发展先锋的战略定位。该意见体现了中央对深圳更高的全方位要求，也体现了未来城市发展的方向。城市文明典范作为人类文明的一种高级形态，既是城市物质生产和精神生产成果的体系化总和，又是人类创建更高级的城市形态的动态过程③，更是中国式现代化的重要体现。城市文明典范的提出反映了国家对于城市文明建设的高度重视，打造城市文明典范是深圳全面学习贯彻党的二十大精神的集中体现，也是世界观察人类文明新形态的重要窗口，具有十分重要的意义。另

① 习近平：《高举中国特色社会主义伟大旗帜 为全面建设社会主义现代化国家而团结奋斗——在中国共产党第二十次全国代表大会上的报告》，《人民日报》，2022年10月26日，第1版。

② 〔美〕刘易斯·芒福德：《城市发展史——起源、演变与前景》，宋俊岭、宋一然译，上海三联书店，2018，第29页。

③ 赵鑫、周国和：《深圳：以创新思维推动城市文明典范建设——专访南方科技大学党委书记李凤亮教授》，《深圳特区报》，2022年7月26日，第B1版。

外，当前我国城市文明建设，仍呈现出城市景观同质化严重、市民整体素质水平较低、城市精神活动贫瘠、城市治理水平低下等一系列问题。进入 21 世纪以来，随着数字技术的快速发展，数字化与城市建设融合的步伐加快，出现了城市数字化、智慧城市等城市治理新形态，数字化也越来越成为城市建设的重要力量。对于城市文明建设而言，城市文明的数字化建设不仅是城市文明发展的现实需要，而且是创造人类文明新形态的必然要求，尽管当前数字技术已被广泛应用到城市文明建设中，但是城市的数字化水平仍亟须提高。因此，本文基于数字赋能视角，着重探讨了城市文明建设的发展特征和实现路径，对于创造人类文明新形态具有重要的理论意义和很强的实践指导性。

二　数字技术已成为城市文明建设的重要力量

进入 21 世纪信息时代，数字技术的出现打破了人才、技术、知识、资金等生产要素在时间和空间上的限制，其信息化、智慧化推动了城市时代形象的打造，也提升了城市治理能力，在城市文明建设中发挥着重要作用。

（一）数字技术推动城市"城设"打造

"城设"来源于"人设"一词[1]，是对城市自身所具有的内在文化特色和外在形象建构的总体性描述[2]。数字技术作用于"城设"的打造主要集中在两方面，其一，数字文化产品的城市形象传播；其二，智慧城市的应用。近年来，随着大数据、云计算、区块链、人工智能等技术的不断发展，数字与文化紧密结合，"数字+文化"发展模式的出现助推了"城设"的打造。数字文化产品是"数字+文化"发展模式的物质载体，是文化数字化驱动

---

① 张振鹏：《城市文明建设需要鲜明的"城设"》，《社会科学报》，2022 年 9 月 26 日，第 6 版。

② 张铮：《"城设"：构建城市认同，创造美好生活》，《中国文化报》，2022 年 4 月 7 日，第 7 版。

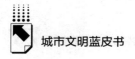

下传统文化产品的提质与升级，具有数字化、网络化等特点，使文化传播更高效，正在成为传播城市形象、打造鲜明"城设"的重要抓手。数字技术的出现让城市形象传播不再以媒介事件和城市宣传片为主，而是转向城市空间中的任何物质性的存在。换言之，城市空间中的任何物质性的存在均能通过数字媒介来构建城市形象，打造鲜明"城设"。当前，以电影、电视为主的数字文化产品已成为城市文化旅游宣传的重要方式，有些城市作为影视拍摄所在地，能够通过电影、电视剧等方式直观展现城市文化。这种用影视等数字文化产品来传播城市形象的方式，更易吸引大众并产生用户黏性。以重庆为例，山城是人们对重庆的第一印象，但随着《从你的全世界路过》《火锅英雄》《少年的你》《风犬少年的天空》等多部影视剧在此取景之后，形成了"赛博朋克""8D魔幻""轻轨穿楼""勒是雾都"等新的城市文化意象，为城市文化名片提供了新标签，提升了知名度，也吸引了外地游客的到来。另外，数字技术的广泛应用，尤其是在城市建设中的应用，大力推进了智慧城市的建设。智慧城市作为一种新型的高效率的城市形式，其本质在于信息化与城市化的高度融合，是城市信息化向更高阶段发展的表现，也是城市数字化形象的直接表达，更是打造"城设"的另一种方式。例如，2016年杭州在智慧城市的建设中以数字技术体系为支撑，在全国首创"城市大脑"，率先树立"用数据决策，用数据治理，用数据创新"的创新思维，表达出以数字为中心的智慧城市形象，为杭州打造了智慧化的"城设"。

（二）数字技术提高城市居民生活质量

数字技术的跨界性加速了传统产业的数字化过程，也拓展了公共服务场景，并逐渐融入城市居民的日常生活场景，改变着人们的生活方式，也提高了城市居民的生活质量。数字技术对于城市居民生活质量的推动作用从根本而言就是数字经济的新引擎和高质量发展推动力的作用。关于数字经济，早在2017年《政府工作报告》中就首次提到了"数字经济"，在之后的《政府工作报告》中也是多次强调，从"壮大数字经济"到"促进数字经济发展"；党的二十大报告更是重点强调，要建设数字中国，加快发展数字经济，促进数字经济和实体经济深度融合。数字经济的新引擎作用也就是数字技术对城市经济发展的放大、叠加、倍增作用，数字技术在教育、健康、人社、民政、体育、交通、旅游等领域的赋能，增强城市韧性，使城市居民的生活更加智慧化、便利化、人性化和品质化。当前，数字技术不断拓展和延伸着智慧便利生活的边界，城市居民从衣食住行到工作生活娱乐消费的方方面面，无一不被数字技术潜移默化地影响，智慧健康、掌上旅游等新业态的出现，为城市居民的生活提供了便利。例如数字技术在教育、医疗等方面的应用，出现了在线教育、线上医疗等线上服务新业态，为学生和患者打开了上学和就医的"新窗口"，同时使得教育资源、医疗资源更快、更精准、更全面地向乡镇下沉。旅游领域亦是如此，数字技术与旅游的结合，一方面推动了"云旅游"的发展，让"在家看世界"成为可能[1]；另一方面打开了城市居民旅游的新图景，从传统观光旅游转向沉浸式旅游，让游客全方位参与旅游全过程，提升旅游乐趣。

（三）数字技术为文明城市创建增添新的动力与内涵

文明城市是全国文明城市的简称，是反映城市整体文明水平的最高荣誉称号。文明城市的创建不仅是提升城市治理能力和水平的重要载体与手段，而且是党中央明确的一项与国家事业发展紧密相关的民心工程和政治任务，其中深刻体现了习近平总书记关于精神文明建设和城市工作的重要论述内涵。文明城市创建涉及城市的方方面面，数字技术的赋能作用为文明城市创建增添了新的动力和内涵，也让城市建设更有智慧和温度。在文明城市创建的基本指标中就明确了对城市环境的要求，强调建设安居乐业的生活环境和可持续发展的生态环境。数字技术的应用，改变了传统城市环境治理效率低下、治理技术和手段不精细等问题，让城市环境治理变得更加精准、更有效

---

[1]　李凤亮、杨辉：《文化科技融合背景下新型旅游业态的新发展》，《同济大学学报》（社会科学版）2021年第1期，第16~23页。

率，城市环境也变得更加友好。例如在城市交通方面，"智慧交通"是新一代信息技术与交通系统有效结合的产物，打破了交通信息不对称，实现了供需双方之间的有效对接，优化了交通资源配置，提升了交通运行效率，助推了文明城市的创建。文明城市创建的出发点和落脚点是为了广大人民。"人民城市"是习近平总书记在新时代提出的关于推进城市建设的重要理念，明确强调"城市是人民的城市，人民城市为人民"①。在人民城市这一发展目标上，应聚焦于打造有温度、有归属感的城市②，文明城市的创建更应该服务于人民。数字技术的出现为人民共同参与文明城市创建提供了便利，数字技术的跨时空、跨地域的特点实现了线上线下联动、全员全民参与、全时全域创建的共建共管共享格局和"全景式"多跨协同模式。城市管理者通过运用数字化理念、数字化思维、数字化技术为文明城市创建赋能，这不仅极大地提高了文明创建的成果，而且发挥了人民作为城市主人的主人翁精神，是人民城市人民建、人民城市人民用、人民城市人民维护理念的直接体现。

三 城市文明建设的数字化特征

数字技术为城市文明建设提供了重要力量，也让城市文明建设在城市管理、文化产业、传播方式以及人际交往方面呈现出数字化特征。

（一）城市管理智能化

数字技术的出现加速了传统业务的"智能化"进程，催生了智慧城市、城市大脑等概念，也推进了众多领域的智慧化建设。③ 城市管理作为和市民生活密切相关的活动，是城市文明建设的重要环节，也是反映城市文明程度

---

① 习近平：《城市是人民的城市，人民城市为人民》，《人民日报》（海外版），2019年11月4日，第1版。
② 刘洋：《习近平关于人民城市重要论述的生成逻辑与时代价值》，《马克思主义研究》2022年第8期，第97~104页。
③ 刘伦：《智能化城市管理理论辨析与框架构建——基于技术演进的视角》，《电子政务》2023年第5期，第100~109页。

的重要指标。在智能化成为新标签、新常态的今天，城市管理已经成为落实智能化理念的重要载体。随着移动互联网、云计算、人工智能等新型技术的蓬勃发展，数字化建设和管理已成为城市文明建设的标配，城市管理也经历了从数字化阶段向智能化阶段转变，进而向智慧化阶段升级的过程，科技的进步也正在引领城市管理模式的改变。城市管理智能化是数字赋能城市文明建设的主要特征之一，是打造集物联化、互联化和智能化为一体城市形态的核心，[①] 也是以大数据、云计算、区块链、人工智能等前沿技术推动城市治理体系和治理能力现代化的直接体现，能够让城市管理更加可视化和精细化。各地在城市管理过程中，均强调要加强政务服务建设并以此作为一个重要着力点。智能化政务服务是城市管理智能化的最好例证之一，它是对"互联网+政务服务"在线化的迭代升级。换言之，在线化是"互联网+政务服务"1.0版，那么智能化就是"互联网+政务服务"2.0版。智能化政务服务相对于传统政务服务来说，让"数据跑路"代替了"群众跑路"，这不仅提高了办事的准确性和效率，而且有效提升了服务的质量，持续刷新了服务体验，真正做到了马上办、一次办、全天办、贴心办。

（二）文化产业数字化

文化产业数字化是以数字技术为支撑的文化产业组织系统重构的过程及结果，既包括数字技术驱动文化产业数字化升级和转型，又包括适应数字化的文化产业组织再造。[②] 它不仅是文化产业发展的内在要求而且是文化强国建设的战略选择。党和国家高度重视文化产业的数字化建设，早在2020年党的十九届五中全会就提出了要实施文化产业数字化战略的决策部署，并将其作为一项国家发展战略。文化产业数字化是数字赋能城市文明建设的显著特征之一。当前，文化产业作为城市文明建设的主要组成部分，文化产业的

---

① 谭荣辉、徐晓林、傅利平、许恒周、杨永恒、刘大勇、罗俊：《城市管理的智能化转型：研究框架与展望》，《管理科学学报》2021年第8期，第48~57页。
② 张振鹏：《文化产业数字化的理论框架、现实逻辑与实现路径》，《社会科学战线》2022年第9期，第74~83页。

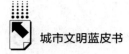

发展特点直接体现了一个城市的文明建设情况，它既是实现城市全面发展和繁荣的物质基础，也是展示城市文明进步和城市文化发展繁荣的精神载体。随着新一轮科技创新和产业革新的加速推进，5G、大数据、云计算、VR（虚拟现实）、AR（增强现实）、人工智能、区块链、元宇宙等新技术迭出，为数字文化内容生产、传播和市场应用提供了广阔空间。这些新技术作用于文化产业，加速了数字文化产业的发展，为城市文明建设提供了创意与创新，也成为城市发展的支柱产业，深圳依靠自身的科技优势，在全国率先探索出了"文化+科技"产业融合发展模式，也涌现出腾讯、华强方特、迅雷、A8新媒体、环球数码等一批文化科技融合型企业。文化与科技的融合也已成为文化产业数字化的大趋势和关键，为城市文明建设主体的城市居民提供了丰富的精神文化活动。

（三）传播方式个体化

媒介是文明交流互鉴的桥梁，也是文明的构成性元素。城市文明是人类文明的重要组成部分，而城市文化传播和城市文化形象建构则是城市文明建设的重要环节。当前，数字媒介作为科学技术文明的最新成果，相较于传统媒介受众面更广，改变了传统一对多的传播状态，增强了受众的主动性，已成为城市文化传播的主要方式。新技术的出现赋予了个体前所未有的传播能力和传播资源，城市文化的传播由原来的广场式大宣传变成了场景式的个体化传播，个体体验和个体意义得到了极大彰显，抖音等短视频平台成为传播城市文化以及打造城市形象的主力军。短视频由于时间短、内容丰富、互动性高、成本低等特点不仅吸引了人们的注意力，而且成为大家记录和分享生活的重要途径之一，其自身的特性也决定了它适应性广、承载量大、传播性强等优势，必然成为城市文化形象传播的重要渠道。随着短视频社交平台的介入，城市文化形象建构和传播正在向个体化转变，"我拍我定义"的浪潮席卷而来，使得城市文化形象建构的每一笔都有了"人味"。在城市生活的每个人均能够通过短视频将自己在城市的所见所闻所感进行真实呈现，使难以捉摸的城市血脉在短视频镜头下被随时感知，城市的形象也通过不同个体的纪实镜头逐步被塑造。例如重庆李子坝轻轨、西安摔碗酒、成都美食等短视频通过民众传播在抖音走红，形成了人们对该城市最直观的感受和新城市印象。

（四）人际交往虚拟化

城市是人类文明的载体与结晶，文明的进步更是促进了城市的发展。纵观城市与文明的关系，本质上是人民与城市相互作用、相互促进的过程。人作为城市文明建设的主体，城市文明建设归根到底就是人的建设，那么数字赋能下城市文明建设的数字化特征必然也会体现在人与人之间的交往上，即数字化对人际关系的赋能。随着数字技术的发展，数字化交往全面超越了人们对于时空高度依赖的传统交往方式，日益呈现为"流动的空间"和"永恒的瞬间"①，也就是传统面对面的交往被"节点对节点"的数字化场景重构②，实现了交往场景的扩容和交往效率的提高。在城市文明建设中，数字化交往因其虚拟性、去中心化、全天候等特质，使得交往主体具有更加平等的话语权和更为高效的沟通渠道，人与人之间的交往不管是在深度还是广度上都超越了工业文明时代的交往体系。以往城市建设者与市民之间存在严重的信息不对称，在推进城市文明建设过程中会出现或多或少的矛盾，而数字技术的应用则是在很大程度上打破了这种信息不对称，提高了双方沟通的有效性。城市管理者通过政府网站及时、准确地向市民发布城市文明建设的相关情况，同样市民也能自由地发表自身的观点。人们的交往方式也逐渐呈现出平台化的特点，图像社交、短视频社交等成为人们主要的社交选择。市民通过数字交流平台，既提高了沟通的效率，又减少了信息传递的误差。由于受到信息技术发展的制约，数字化交往在一定程度上会导致人情味和逼真性的缺失，但随着互联网技术的不断发展，特别是 VR 技术的应用，人与人之间的虚拟交往将会更加形象、逼真，同时具有温度。总的来说，数字化基于

---

① 〔美〕曼纽尔·卡斯特：《网络社会的崛起》，夏铸九、王志弘等译，社会科学文献出版社，2006，第 466 页。

② 郭倩倩：《数字化交往空间的公共性困境及提升策略》，《中国特色社会主义研究》2022 年第 4 期，第 80~87 页。

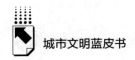

自身的特性改变了原先交往主体单一的面对面的现实与在场交往，转而发展为多向度的现实与虚拟、在场与离身相结合的多重交往。

四　推动城市文明建设的实现路径

在新时代背景下，城市文明建设是创造人类文明新形态的重要内容。为了进一步推动城市文明建设，充分发挥数字赋能作用，我们应坚持以制度创新为核心，夯实城市数字化转型支撑力；加快推进新基建建设，增强城市文明建设硬实力；构建数字文化产业生态，激发城市文化创造力；打造城市传播网络，提升城市文化品牌影响力。

（一）坚持以制度创新为核心，夯实城市数字化转型支撑力

城市文明建设作为一个复杂的系统工程，涉及各方面的协调与管理，这必然离不开政府的支持。政府是城市文明建设的掌舵者，也是推进数字化城市文明建设的实施者。进入 21 世纪信息时代，数字技术将消费推向了极致，催生了新的消费模式和消费方式，而数字化更是将生产推上了新的高度，创造了数字化生产力这一生产力新形态。① 为了解决当前我国城市文明建设存在数字化发展不充分等问题，各级党委、政府一方面应深入贯彻落实《关于推进实施国家文化数字化战略的意见》和党的二十大重要部署，实施好国家文化数字化战略；另一方面，应不断完善顶层设计，通过制度建设构建数字化与城市文明建设的关系，最终以制度创新引领城市文明数字化建设。具体而言，在政府意识方面，应强化城市文明数字化建设理念，把数字化摆在城市文明建设工作的突出地位，并将其作为一项重要任务扎实推进；同时，在加速推进数字化建设过程中，不断明确数字技术在城市文明建设发展中的定位，树牢数字赋能意识，提升数字赋能能力，树牢数字化思维。另

---

① 高书生：《国家文化数字化战略：背景与布局》，《河北师范大学学报》（哲学社会科学版）2022 年第 5 期。

外，用制度创新来推动数字化城市文明建设，必须要以法律法规为基础，全面深化改革和创新。在政府政策方面，应结合时代发展颁布具有创新性且能够促进数字化城市文明建设的一些建设性政策文件，例如出台城市文明建设专项政策以及城市数字化转型意见等，通过完善政策体系，细化政策措施等来推动城市文明数字化建设，加强政策引领作用，为国家城市数字化转型提供支撑力，推动城市文明建设向精细化、信息化、智慧化发展。

（二）加快推进新基建建设，增强城市文明建设硬实力

新基建作为现代化基础设施体系的重要组成部分，是推动城市高质量发展的重要支撑。城市文明建设更是离不开新基建，早在 2018 年年底中央经济工作会议就提出要建设新基建，2020 年中央政治局常委会议更是明确提出加快建设新基建，之后出台《"十四五"数字经济发展规划》和党的二十大报告中再一次强调新基建。可见，在数字经济时代背景下，新基建作为数字经济的发展基石，对于促进智慧城市发展具有重大意义。故而数字化城市文明建设应以新基建建设为契机，立足城市文明建设场景，按照"物联""数联""智联"的发展路径，加快推进城市数字基础网络建设，推动城市数字基础设施不断完善和全面升级。这要求我们既要建立一些数字网络基站等为城市文明建设提供支持，推动"新基建"与城市交通、民生、政务、教育、医疗等领域融合发展，培育线上线下融合新经济，加强终端联网、智能调度体系构建，打造高效、绿色、智能、安全的现代化新型基础设施体系；也要夯实文化数字化新基建，为文化产业数字化提供保障的同时积极发展智慧旅游、数字文创、沉浸式体验等文化消费新业态，不断盘活传统文化，赋能文化创意，最终以全息呈现、数字孪生、多语言交互等新型体验技术打开数字化文化新体验大门。另外，利用新基建整合城市行业部门数据，深入推进跨行业共建共享，加快构建万物互联的一体化网络体系[①]，实现数据资源共享，提升城市治理能力。

---

① 胡美林：《加强新基建布局　夯实数字经济底座》，《河南日报》，2021 年 10 月 27 日，第 9 版。

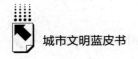

（三）构建数字文化产业生态，激发城市文化创造力

随着现代信息技术的快速发展，数字技术已成为产业创新的重要引擎。数字文化产业正是文化与科技深度融合的产物，是以文化创意内容为核心，依托数字技术进行创作、生产、传播和服务的新兴产业，不仅代表了一个城市的创造力与创新力，更是成为城市经济发展的重要支柱。城市文明建设要以数字文化产业为引领，借助数字赋能，以优化、融合、渗透的方式构建数字文化产业生态良性发展格局，不断激发城市文化创新创造活力。构建数字文化产业生态，首先应强化数字技术运用，继续深化文化与科技的融合与协作，加快创意设计、数字艺术、文化旅游等文化产业新业态和全息投影、人工智能、虚拟现实等新技术的发展，充分满足市民个性化、多元化、及时化的文化需求并为其提供高逼真的创新体验，为城市的发展增添发展活力。其次，不断延展数字文化产业链，加快促进上游、中游、下游各环节新形态的形成，推动文化产业由劳动密集型向资本和技术密集型、传统文化产品供给向 IP 授权与品牌运作转型升级①，提高文化产品的创意性与附加值。最后，应构建多元化的数字文化创意人才体系。一个城市的文化核心竞争力在于文化创造力，而文化创造力来自人才。在人才方面，应以更大的力度、更优的政策、更包容的氛围、更好的环境做好引才、育才、留才、用才、爱才方面的文章，系统推进数字文化创意人才体系的形成，构建结构合理、层次分明具有创新意识的数字文化产业人才队伍。

（四）打造城市传播网络，提升城市文化品牌影响力

城市形象传播与城市文明建设息息相关，全方位、立体化的城市传播网络能够有效推动城市形象塑造，帮助城市打造独特的文化标签和情感标签，不断提升城市文化品牌影响力。其一，城市传播网络的打造应充分利用当前

---

① 郝挺雷、黄永林：《论双循环新发展格局下的数字文化产业链现代化》，《江汉论坛》2021年第 4 期，第 127~133 页。

新媒体技术和产业的发展趋势，构建以数字媒体平台和渠道为核心的全媒体城市传播体系。其二，当前，以用户为代表的个体是城市形象构建的新生力量，对于城市形象的塑造具有十分重要的作用。在此背景下，更应紧抓短视频风潮，充分发挥市民力量，让市民通过抖音、快手等短视频平台自发传播城市形象，为城市文明建设努力，成为城市"行走的宣传器"。同时，在新的国际传播态势下，城市文化决定了城市的品位与内涵，城市传播应注重对城市个性化文化内容的挖掘，围绕优质、具有时代创新内涵的文化内容，坚持精品内容战略，打造城市 IP，进行品牌运营，使其在世界城市之林中凸显自身特色，树立鲜明的城市形象。另外，在全球化、信息化和城市化的今天，各类节事活动作为整合城市资源，促进社会经济发展的重要抓手，是城市传播的动态文本，更是重塑城市形象的关键手段。因此，在城市形象传播过程中应以重大节事活动为主要载体，一方面充分利用当地优势，发挥精品节事活动的引领示范作用，打造具有城市风格、中国特色和世界水准的重大文化节事交流品牌；另一方面应积极申办国际重大赛事活动，不断扩大城市的国际影响力。

B.6
大数据产业发展政策对技术创新质量的影响[*]

谢贤君　郁俊莉[**]

摘　要：　大数据产业发展对企业技术进步展现出突出优势。本研究从政策评估视角探讨大数据产业发展政策对技术创新质量的影响，并借助 2007~2020 年上市公司数据，实证检验大数据产业发展政策对技术创新质量的影响。研究表明：大数据产业发展政策实施的确对技术创新质量具有显著的促进作用。大数据产业发展政策实施不仅显著降低企业融资约束，也提高企业研发投入，还增加企业技术创新收益，最终有益于提升技术创新质量。无论在国有企业还是非国有企业中，大数据产业发展政策实施均能够显著促进技术创新质量的提高，但在非国有企业中，大数据产业发展政策实施对技术创新质量的促进强度更强；无论高研发投入强度企业还是低研发投入强度企业，大数据产业发展政策实施对企业技术创新质量均具有促进作用，且在高研发投入企业中，大数据产业发展政策实施对企业技术创新质量促进效应更强；相比拥有高利润的企业，在低利润企业中，大数据产业发展政策实施更能够显著提升其技术创新质量。

关键词：　大数据产业发展政策　技术创新质量　研发投入　融资约束企业

---

[*] 本文系中国博士后科学基金第 73 批面上项目"产业现代化背景下中国政府创新政策激励企业数字化转型的机理与策略研究"（项目编号：2023M730110）成果。

[**] 谢贤君，博士，北京大学政府管理学院助理研究员，研究方向为数字经济与创新经济；郁俊莉，博士，北京大学政府管理学院教授，研究方向为国民经济发展与产业规划。

一 引言

近年来，中国技术创新数量增长迅猛，但是技术创新质量特别是整体高质量专利占比相对较低。因此，如何做到既重视技术创新数量又不能忽视技术创新质量，不仅是一个重要现实问题，而且是一个重大理论议题。专利数量作为世界各个国家和地区在科技创新实践中最为直接、直观的衡量技术创新的主流指标，无疑提高了以专利数量来衡量技术创新水平的地位，但这也反映了技术创新实力"泡沫化"的突出问题，即经济转型发展中国家的专利存在的"数量高、质量低"典型特征[1]，如 Harhoff 等认为重视专利数量而轻视专利质量容易忽略创新价值[2]。Mudambi 等也认为，专利数量增长也往往以降低专利质量为代价[3]，特别是通过"策略式创新"和"诱导式创新"手段增加低质量的专利数量[4]。这种"重数量、轻质量"式的创新容易引发创新资源错配问题，导致创新根本动力不足[5]。在这种情形下，学术界意识到创新质量的重要性，逐渐探讨专利质量的问题[6]。由于专利质量主要涉及技术创新程度、法律稳定性与应用前景等维度。技术创新程度，即专利在创造性与新颖性方面相较于现有技术的贡献，包括专利的被引次数和累积

---

① 蔡绍洪等：《创新数量、创新质量与企业效益——来自高技术产业的实证》，《中国软科学》2017 年第 5 期。

② Harhoff, D., Scherer, F. M., Vopel, K., "Citations, Family Size, Opposition and the Value of Patent Rights", *Research Policy* 2003, 32（8），1343–1363.

③ Mudambi, R., Swift, T., "Knowing When to Leap: Transitioning between Exploitative and Explorative R&D", *Strategic Management Journal* 2014, 35, 126–145.

④ Li, X., "Behind the Recent Surge of Chinese Patenting: An Institutional View", *Research Policy* 2012, 41（1），236–249.

⑤ 陈强远等：《中国技术创新激励政策：激励了数量还是质量》，《中国工业经济》2020 年第 4 期。

⑥ Schettino, F., Sterlacchini, A., Determinants of Patent Withdrawals: Evidence from a Sample of Italian Applications with the EPO, *World Patent Information* 2009, 31, 308–314.

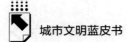

引证数①②、技术强度特征③、发明人数量④等。法律稳定性，即授权后对抗无效请求的能力。以专利复审中的效力维持情况⑤、专利撤回率和专利续期率⑥、专利诉讼率、知识宽度和权利保护范围⑦等属性来反映法律稳定性。应用前景，即专利能为相关产品创造的价值。以维持时间、专利年失效率、有效专利量等来间接反映专利的经济价值大小。由此可见，创新质量是集创新原创性、创新稳定性、创新应用性于一体的创新，是创新实质的体现。已有文献主要从政策激励视角探讨了提升技术创新质量的政策因素。一是"研发费用加计扣除"普适型政策激励视角。徐智等探讨了税收优惠政策激励对企业创新质量的影响，并基于 2008~2020 年中国 A 股上市公司经验数据实证检验了研发费用加计扣除税收政策如何提升企业创新质量。研究结果表明，研发费用加计扣除税收优惠政策可通过增加创新投入水平显著提升企业创新质量⑧。郑婷婷等的研究表明，税收优惠政策不仅可以促进企业提高创新质量，还可以优化企业创新质量结构，且这种促进效应在非高新企业中表现更为显著。这一观点主要缘于税收优惠政策可增加创新投入、提高创新产出和提升创新收益，从而提高创新效率，以提升创新质量⑨。冯泽等的研究表明，研发费用加计扣除税收政策对企业研发投入规模和强度具有显著正向影响⑩，同样对研发产出规模而非产出强度具有显著

① Hsu, P. H., X. Tian, and Y. Xu., "Financial Development and Innovation: Cross-Country Evidence", *Journal of Financial Economics*, 2014, 112 (1), 116-135.

② 赵子夜等:《通才还是专才：CEO 的能力结构和公司创新》,《管理世界》2018 年第 2 期。

③ 康志勇:《政府补贴促进了企业专利质量提升吗？》,《科学学研究》2018 年第 1 期。

④ Briggs, K., "Co-Owner Relationships Conducive to High Quality Joint Patents", *Research Policy* 44 (8), 2015, pp. 1566-1573.

⑤ 叶静怡等:《专利申请提前公开制度、专利质量与技术知识传播》,《世界经济》2012 年第 8 期。

⑥ 龙小宁等:《中国专利激增的动因及其质量效应》,《世界经济》2015 年第 6 期。

⑦ 张杰等:《创新追赶战略抑制了中国专利质量么？》,《经济研究》2018 年第 5 期。

⑧ 徐智等:《政策激励、盈余管理与企业创新质量》,《软科学》2023 年第 10 期。

⑨ 郑婷婷等:《税收优惠与创新质量提升——基于数量增长与结构优化的视角》,《现代财经》（天津财经大学学报）2020 年第 1 期。

⑩ 冯泽等:《研发费用加计扣除是否提升了企业创新能力？——创新链全视角》,《科研管理》2019 年第 10 期。

正向影响①。但陈强远等的研究表明，"研发费用加计扣除"普适型政策不能够有效激励企业技术创新质量。二是选择偏向型政策激励。陈强远等研究指出，"高新技术企业认定"和"高新技术企业所得税减免"不仅可以有效激励企业提升技术创新质量，还可以增加企业创新数量。三是政府支持型政策激励②。白旭云等与张明斗的研究还指出，以"政府科技活动资金投入"为主的政府支持型政策则不利于企业创新质量提升，具有显著的挤出效应③④。四是其他政策激励方面。曹虹剑等则研究发现，创新基金通过缓解融资约束、补偿创新外部性对创新质量具有显著的正向激励效应⑤。此外，还有学者从交易制度层面探讨其对技术创新质量的影响，胡江峰等研究发现确立碳排放交易制度不仅有助于增加企业创新数量，也有助于促使企业提升创新质量，且这种促进效应在国有企业中表现更加明显⑥。

信息化积累的数据资源不断丰富、大数据技术创新不断突破、大数据应用不断推进、大数据产业支撑能力不断增强，不仅有利于加快全面推进建设创新型国家进程的步伐，还有利于不断驱动信息产业格局加速变革。2016年12月，我国实施了《大数据产业发展规划（2016—2020年）》（以下简称"《规划》"），这标志着正式对大数据产业提出了专门规划。我国也在国家层面发布了一大批大数据行业的相关政策，有助于推动大数据在不同行业的应用，对于实现企业高质量创新大有裨益。莫赞等研究指出，大数据产业发展政策能够通过科技财政投入显著促进技术创新⑦。邱子迅等研究发

---

① 贺康等：《税收优惠、创新产出与创新效率——基于研发费用加计扣除政策的实证检验》，《华东经济管理》2020年第1期。

② 陈强远等：《中国技术创新激励政策：激励了数量还是质量》，《中国工业经济》2020年第4期。

③ 白旭云等：《研发补贴还是税收激励——政府干预对企业创新绩效和创新质量的影响》，《科研管理》2019年第6期。

④ 张明斗：《政府激励方式对高新技术企业创新质量的影响研究——促进效应还是挤出效应？》，《西南民族大学学报》（人文社会科学版）2020年第5期。

⑤ 曹虹剑等：《创新政策与"专精特新"中小企业创新质量》，《中国工业经济》2022年第11期。

⑥ 胡江峰等：《碳排放交易制度与企业创新质量：抑制还是促进》，《中国人口·资源与环境》2020年第2期。

⑦ 莫赞等：《大数据政策的技术创新效应研究》，《广西大学学报》（哲学社会科学版）2021年第5期。

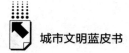

现，建立大数据试验区可促进数字产业创新和制造业智能化促进全要素生产率，且在经济欠发达、创新水平低和产业结构优的地区这种促进效应更强①。另外，秦文晋等研究发现，以"宽带中国"试点为代表的网络基础设施建设能够显著提升创新水平②。已有较少研究注意到大数据产业发展政策对技术创新质量的影响，如张慧等基于中国地级市和上市公司经验数据实证检验了大数据综合试验区建设对城市创新水平的作用，结果表明大数据综合试验区建设显著提升了数字赋能行业创新质量③。杨俊等也研究发现，长期来看，大数据可显著提升中间品质量水平和促进技术进步④。

关于大数据产业发展政策对技术创新影响的探讨已十分丰富，为本研究进一步拓展分析提供了重要文献支撑。由于大数据产业发展政策也是推动大数据及其数字经济发展的重要驱动力，因此，从大数据产业发展政策角度来探索企业高质量发展的这一驱动力也将不能忽视。更重要的是，已有研究更多关注大数据产业发展政策对技术创新数量的影响，而较少关注大数据产业发展政策对技术创新质量的影响，特别是关于大数据产业发展政策对技术创新质量的作用机理与异质性效应有待进一步探讨。鉴于此，本研究首先阐释了大数据产业发展政策实施对企业创新质量的直接影响，并通过可持续性研发投入降低、创新成本持续性降低和创新收益持续性增加等渠道阐释了大数据产业发展政策对企业技术创新质量的间接影响机制，有助于完善大数据产业发展与企业技术创新质量之间的分析框架。其次，基于创新投入、融资约束与企业利润三类渠道，更为全面、更为深入探讨了大数据产业发展政策对技术创新质量的影响机制，有助于从微观路径方面理解大数据产业发展政策

① 邱子迅等：《数字经济发展与地区全要素生产率——基于国家级大数据综合试验区的分析》，《财经研究》2021年第7期。
② 秦文晋等：《网络基础设施建设对数字经济发展的影响研究——基于"宽带中国"试点政策的准自然实验》，《经济问题探索》2022年第3期。
③ 张慧等：《数字化变革如何影响城市创新——基于国家大数据综合试验区建设的经验证据》，《科学学研究》2023年第8期。
④ 杨俊等：《大数据、技术进步与经济增长——大数据作为生产要素的一个内生增长理论》，《经济研究》2022年第4期。

与技术创新质量之间的关系。最后，进一步基于不同企业所有制属性、不同企业研发投入强度属性和不同企业利润高低属性，探讨了大数据产业发展政策对技术创新质量影响的异质性。本研究可能的边际贡献为：第一，从微观企业层面出发基于政策评估角度阐释大数据产业发展政策实施对技术创新质量的驱动效应和机制，进一步丰富了有关技术效应的研究，也有助于解决内生性问题。第二，重点验证"大数据产业发展政策-技术创新质量"的关系，着重判断大数据产业发展政策效应在不同企业"所有制属性""技术研发投入强度属性""企业利润属性"异质性表现。第三，本研究基于"研发投入""企业融资约束""企业利润"等渠道识别了大数据产业发展政策对技术创新质量的作用机制，有利于廓清大数据产业发展政策与技术创新质量之间的影响机理。

二　理论分析与研究假设

（一）大数据产业发展政策之《规划》与技术创新质量

大数据产业发展政策的技术创新质量激励效应主要通过信息完全服务和大数据技术创新应用两个渠道实现技术的源头创新和全产业链创新。一方面，技术原创性主要包括专利的被引次数和累积引证数、技术覆盖范围、技术强度特征、发明人数量等指标[①]，大数据产业发展政策可通过信息完全服务渠道降低信息摩擦程度，如大数据产生了显著的信息改善效应、治理改进效应和资源获取效应，进而可提升交易价格信息含量和部门信息处理效率，有助于更好地预测技术投资回报率和规避投资风险。同时，随着数据资源的采集、挖掘和应用水平的不断深化，数据的处理、传输和配置效率得以提高，进而增加技术创新收益。特别是，大数据产业发展的技术创新应用带来的信息处理、分析能力大幅上升，降低技术创新过程中贷款信用风险管理中

---

① Peter, T., "Patent Citations and the Geography of Knowledge Spillovers: Evidence from Examiner-added Citations", *The Review of Economics and Statistics*, 2006, 88 (2), 383–388.

的信号传递和信息搜索成本，有利于为扩大技术覆盖范围、提高技术强度和增加发明人数量提供支撑。另一方面，全产业链创新是保持技术创新活跃度、应用性和稳定性的重要基础。随着大数据产业发展政策实施，大数据应用融合行业可实现技术创新应用，推动试点示范行业保持技术创新活跃度、应用性和稳定性。大数据产业发展能够提高企业对大数据相关技术的运用程度、促进企业创新、改善企业经营能力[①]，尤其是提高企业决策效率。在数据驱动决策过程中，大数据分析、处理带来的竞争优势促使越来越多的企业转向数据驱动决策，包括对企业管理模式的改进以及政府管理决策的改进等。大数据产业发展也通过产生并输出正确的信息提升企业在激烈的竞争环境中的适应能力，也通过支持和鼓励企业间协同创新，还通过利用数据预测和选择最优的生产技术提升产品和服务质量[②③④]。此外，大数据产业发展在质量创新中可通过采集数据、分析数据进行质量控制与质量提升[⑤]。

假设 H1：对于大数据产业发展政策之《规划》试点示范的大数据应用融合行业，企业技术创新质量相应提升。

（二）大数据产业发展政策之《规划》提升技术创新质量的作用机理

大数据产业发展可通过融资约束持续改善效应、资金可持续流动效应，以及信号可持续引导效应三个渠道增加技术创新投入可持续性、稳定性，进而提升企业技术创新质量。

① 张益豪等：《大数据发展与企业全要素生产率——基于国家级大数据综合试验区的实证分析》，《产业经济研究》2023 年第 2 期。

② 黄晓凤等：《人工智能提升了中国制造业企业的全要素生产率吗？》，《财经科学》2023 年第 1 期。

③ 范合君等：《新型数字基础设施、数字化能力与全要素生产率》，《经济与管理研究》2022 年第 1 期。

④ 刘艳霞：《数字经济赋能企业高质量发展——基于企业全要素生产率的经验证据》，《改革》2022 年第 9 期。

⑤ 宗福季：《数字化转型下工业大数据在质量创新中的应用》，《宏观质量研究》2021 年第 3 期。

融资约束持续改善效应。以大数据基础平台产品、人工智能前沿技术等为核心的大数据技术创新不断突破，促使大数据在互联网服务中得到广泛应用。大数据产业发展带来先进的信息生产技术，能够克服借款人信息不对称问题，通过投资行为本身传递可信赖性的有价值信息，避免无效率重复的信息生产，进而向高价值项目投资、分享投资收益等潜在投资机会信息，提供有效的、专用的信息。大数据产业发展及创新应用可实现与投资者投资需求相匹配的投资项目，提高投资者与资金需求者的对接能力，有效地将储蓄资金转化为投资资金，减弱了跨时空距离问题对储蓄投资转化的资金耗散程度，提升储蓄投资转化效率，持续缓解融资约束。大数据产业发展可实现储蓄向投资快速转化，提升资本形成效率，增加资金来源规模和强度，持续性改善融资约束。一方面，银行利用大数据技术对项目进行甄别，在经过对众多申请信贷项目进行筛选、识别投资风险、收益等情况的基础上，同借款人签订信贷合同。同时，银行也可以利用大数据技术，使用储蓄资金购买投资者的非金融企业和政府发行的股票、债券等直接证券，使投资者得以快速融入资金，也实现储蓄投资快速转化。特别是风险投资参与对企业创新质量有显著促进作用[1]。另一方面，随着大数据应用，储蓄者可将资金稳定持续存入银行获取存款利息收益，实现储蓄资金快速持续汇集于银行，保证企业资金来源，持续改善企业融资约束，持续增加创新研发投入规模和强度。李仲泽研究发现，随着两类投资者参与率的提升，相应企业创新质量也不断提升[2]。

资金可持续流动效应。以银行提供流动性为例，即银行负债作为一种交易媒介，这种交易媒介支付给其他代理人用于交换商品或服务的债权。一方面，在支付体系和清算交易中，为弥补代理人在无货币的情况下的交易无效性，银行利用大数据技术通过定向、定期向企业透支负债，即私人债务代替货币清算债务，且企业也愿意接受利用银行发行的透支负债，也就是私人债务进行支付和交易，进而提供稳定可持续的资金流动。另一方面，由于道德

① 何涌：《R&D 投入能促进企业创新质量的提升吗？——基于风险投资的调节作用》，《经济经纬》2019 年第 4 期。
② 李仲泽：《机构持股能否提升企业创新质量》，《山西财经大学学报》2020 年第 11 期。

风险限制了流动性不足企业与流动性过度企业之间的交易效率，银行利用大数据技术可为遭受流动性冲击的企业持续提供债权，实现跨期转移价值。除此之外，银行还可以利用大数据技术通过向存款人直接支付现金、银行票据、银行支票等提供稳定的交易媒介输出，也可以通过后备信贷限额的方式向借款人提供稳定的流动性交易媒介。因此，大数据技术及其产业发展带来了稳定持续的资金供给，持续改善融资效率，持续增加企业技术创新研发投入规模和强度。

信号可持续引导效应。技术创新质量越高的企业越能够实现优质企业信号传递功能，越能够在企业技术创新过程中降低融资约束。如在银行贷款对象筛选过程中，企业技术创新能力"自我选择""自我提升"的过程也成为银行评估、筛选企业生产率、竞争力、创新力的信号传递过程，银行依托大数据技术，有助于解决商业银行与企业之间信息不对称问题，因为拥有越高的创新能力的企业，越容易获得投资，越有助于持续增加企业技术创新研发投入规模和强度。苏屹等研究认为 R&D 投入强度的加大有利于增强专业化对区域创新质量的促进效果①。

假设 H2a：大数据产业发展政策之《规划》试点示范后，大数据应用融合行业的技术创新投入显著持续增加。

大数据应用能够降低企业面临的融资约束从而提升企业的创新效率②。随着大数据不断创新与应用，资金可获得性持续增加，不断降低企业技术创新融资约束程度和融资成本，在创新投资预期收益一定的条件下，企业在技术创新过程中能够以较低的成本投入更多的创新资金，就会拥有比其他企业技术创新效率更大的比较优势，相应地，企业技术创新质量也将不断提升。尤其是大数据产业发展及其创新应用带来企业融资约束和财务杠杆的改善，可通过生产率效应、风险管理效应、价值增值激励效应渠道显著促进企业技术创新与推动企业技术进步，而且企业技术创新和技术进步的提升也进一步

① 苏屹等：《研发投入、创新绩效与经济增长——基于省级面板数据的 PVAR 实证研究》，《系统管理学报》2021 年第 4 期。
② 孙洁等：《大数据应用、融资约束和企业创新效率》，《证券市场导报》2022 年第 11 期。

改善企业融资约束和财务杠杆，形成良性循环效应，从而促进企业技术创新效率和技术创新质量不断提升①。

生产率效应。大数据产业发展带来了企业生产率的提高②。一方面，企业生产率提高意味着企业适应市场能力更强、抵御市场风险水平更高，企业可通过不断创新产品和服务，提高产品和服务质量，扩大产品和服务市场份额。另一方面，企业生产率提高也意味着企业利用商业银行提供的信贷资金配置效率提高，不断提高资本配置效率、资本产出水平，不仅有助于提高商业银行机构信贷效率，也提高了商业银行信贷业务经营效率，使得商业银行更加有意向提供创新信贷资金，持续增强企业技术创新资金投入规模和强度，提升企业技术创新质量。如杨波等研究认为，企业生产率提高也产生了良性竞争效应和生产集聚效应，而良性竞争效应和生产集聚效应是促进企业技术创新质量提升的重要路径③。

风险管理效应。随着大数据产业发展，银行利用大数据有效监督企业技术创新资金活动情况，促使企业不断调节创新方式和策略，也可将优质的、分散的信用信息进行集中整合、归类、甄别、评估、利用和实践，进而细分行业、细分类别地将资金贷款给到最具投资潜力的技术创新项目中，解决了因直接签订贷款合同而出现的一系列风险，也增加了企业进行技术创新的积极性，提升了企业技术创新质量。

价值增值激励效应。随着企业创新水平的提高，企业无形资产将显著增加，可通过使用许可、参股投资及转让的方式增加企业资产价值。随着企业资产价值增加，企业可供质押的资产价值增值，企业发行债券量、股票量增加，企业股票价格上升，相应增强企业技术创新激励，进而将促使企业寻求进一步提升技术创新回报率，不断推动企业技术创新投资。大数据创新应用

① 何帆等：《数字经济视角下实体企业数字化变革的业绩提升效应评估》，《改革》2019 年第 4 期。
② 史丹等：《大数据发展对制造业企业全要素生产率的影响机理研究》，《财贸经济》2022 年第 9 期。
③ 杨波等：《"一带一路"倡议与企业绿色转型升级》，《国际经贸探索》2021 年第 6 期。

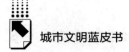

也带来更加深层次的产学研合作激励，且王晓红等研究认为，国家级大数据综合试验区通过产学研深度合作激励赋能企业创新能力[①]。刘斐然等研究认为，越深层次的产学研合作，意味着更加高质量的技术创新[②]。

假设 H2b：大数据产业发展之《规划》试点示范后，大数据应用融合行业的技术创新成本持续降低、创新收益持续提高。

三　计量模型与数据说明

（一）计量模型

为了考察"大数据产业发展政策-技术创新质量"之间的关系，本研究首先构建如下计量模型进而实证检验"大数据产业发展政策-技术创新质量"之间的关系。并运用双重差分法（DID）来实证检验大数据产业发展政策对技术创新质量影响的因果效应，本研究将《大数据产业发展规划（2016—2020 年）》在跨行业大数据应用推进工程开展跨行业大数据试点示范这一政策作为外生冲击变量。本研究的具体计量模型如下：

$$pantq_{i,t} = \alpha_0 + \alpha_1 treat_i \times post_t + \sum_{j=1}^{n} \rho_j control_{i,j,t} + Ind_t + Year_t + \varepsilon_{i,t} \tag{1}$$

式（1）中被解释变量 $pantq_{i,t}$ 表示企业技术创新质量；$treat_i$ 为个体虚拟变量，$post_t$ 为时间虚拟变量，$treat_i \times post_t$ 为个体虚拟变量与时间虚拟变量交叉项；$control_{i,j,t}$ 为一组包括企业规模、企业年龄、企业流动性、企业股东权益集中度等企业层面的控制变量；Ind_t 表示企业固定效应；$Year_t$ 表示年份固定效应；$\varepsilon_{i,t}$ 表示随机误差项。另外，α_1 体现了数字经济政策实施前后技术创新质量的变化。

① 王晓红等：《数字技术发展、产学研合作与企业创新能力——基于国家级大数据综合试验区的分析》，《科技管理研究》2020 年第 17 期。
② 刘斐然等：《产学研合作对企业创新质量的影响研究》，《经济管理》2020 年第 10 期。

（二）变量选取

1.被解释变量

随着创新质量的重要性被学术界越来越认可，大量的研究开始探讨如何测度技术创新质量。陈强远等基于技术创新的基因编码逻辑，利用机器学习、文本分析的方法提取创新基因，并进一步运用语义引用方法对技术创新质量进行测度[①]。叶初升等基于中国授权发明专利数据，利用文本挖掘方法，通过构建各技术类别的关键词库，提炼各技术类别的专属关键词，识别高质量技术类别，并测算技术深化、技术宽化和技术聚变，最后进行专利—企业匹配，以测度企业技术创新质量[②]。但运用文本挖掘方法测度企业技术创新质量，不仅只能反映单个专利本身，无法有效反映技术在实践中的功能；而且难以体现企业技术创新质量实质，即无法从创造性、应用性和可持续性维度反映企业技术创新质量本质。周煊等认为，衡量创新活动产出的准确性精确性指标主要体现在专利数据方面[③]。这一点突出体现了创新技术质量的绩效效应，契合本研究基于创造性、应用性和可持续性视角考察大数据产业发展政策对企业技术创新质量影响的主题。更重要的一点在于，专利数据不仅可以衡量技术创新活动数量，还能刻画技术创新活动质量。为此，利用专利数据反映企业创新质量能够有效体现创新质量本质。陶锋等研究认为，专利质量高低与专利复杂程度呈正相关，且专利复杂程度与专利涉及知识领域广度呈正相关[④]。且专利的市场价值与专利的复杂程度呈正相关，也就是专利的创造性、应用性、可持续性与其复杂程度呈正相关，反映了企业

---

① 陈强远等：《中国技术创新激励政策：激励了数量还是质量》，《中国工业经济》2020年第4期。

② 叶初升等：《中国"科技创新困境"再审视：技术创新质量的新视角》，《世界经济》2023年第8期。

③ 周煊等：《技术创新水平越高企业财务绩效越好吗？——基于16年中国制药上市公司专利申请数据的实证研究》，《金融研究》2012年第8期。

④ 陶锋等：《环境规制实现了绿色技术创新的"增量提质"吗——来自环保目标责任制的证据》，《中国工业经济》2021年第2期。

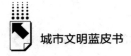

技术创新质量本质。为此，借鉴张杰等关于知识宽度的计算方法测度专利宽度①，根据陶锋等采用均值加总方式将专利层面的知识宽度加总到 IPC 大组层面的方法②，以此测算 IPC 大组层面的专利分类号的差异来衡量专利质量，专利 IPC 大组差异越大，专利质量就越高。

2. 政策冲击变量

2016 年 12 月实施的《大数据产业发展规划（2016—2020 年）》提出，要建设跨行业跨领域大数据平台。基于此，本研究选取是否处于电信、互联网、工业、金融、交通、健康等重点行业领域企业作为政策实施的实验组与对照组。为此，$treat_i$ 表示企业 i 是否处于《大数据产业发展规划（2016—2020 年）》实施跨行业大数据试点示范的实验组，为了体现《大数据产业发展规划（2016—2020 年）》实施跨行业大数据试点示范实验组和对照组，本研究将 treat＝1 表示样本期间内处于实施跨行业大数据试点示范重点行业领域企业的组别，treat＝0 表示未处于实施跨行业大数据试点示范重点行业领域企业的组别。另外，$post_t$ 表示是否开始实施《大数据产业发展规划（2016—2020 年）》政策，如果是在政策发生当年和之后年份，则将 post 赋值为 1，否则为 0，即 2016 年及其以后年份将 post 视为 1，否则视为 0。

3. 其他控制变量

企业规模变量（size）采用企业的总员工数来衡量，企业年龄变量（age）采用当年年份减去企业成立年份再加 1 来刻画，企业流动性变量（ld）采用企业的流动资产总额与总资产比值来表示，企业股东权益集中度变量（share）采用前 5 位大股东持股比例之和来表示。所有控制变量均取自然对数。

（三）数据说明

本研究选取 2007~2020 年中国 A 股上市公司数据作为研究样本的企业层面数据库。主要变量的描述性统计见表 1，其中，被解释变量企业技术创

① 张杰等：《创新追赶战略抑制了中国专利质量么?》，《经济研究》2018 年第 5 期。
② 陶锋等：《环境规制实现了绿色技术创新的"增量提质"吗——来自环保目标责任制的证据》，《中国工业经济》2021 年第 2 期。

新质量均值为 0.301，标准差为 0.271，这说明企业技术创新质量在一定程度有所提升；核心解释变量与其他控制变量的均值、最大值、最小值和标准差均处于合理范围之内，可进行实证检验。

表1　主要变量的描述性统计

变量	符号	均值	标准差	最小值	最大值
企业技术创新质量	pantq	0.301	0.271	0.000	0.911
个体虚拟变量	treat	0.650	0.477	0.000	1.000
时间虚拟变量	post	0.520	0.499	0.000	1.000
个体虚拟变量×时间虚拟变量	treat×post	0.333	0.471	0.000	1.000
企业规模	size	7.761	1.214	2.944	13.223
企业年龄	age	2.057	0.766	0.693	3.401
企业流动性	ld	0.689	1.028	−13.816	11.635
企业股东权益集中度	share	3.938	0.311	1.096	4.597

四　实证结果分析

（一）基本估计结果

表2列（1）至列（5）均控制了时间和行业固定效应，且列（1）至列（5）逐步纳入控制变量。结果显示，DID 指标（treat×post）对 pantq 的估计回归系数均为正，并且通过了1%的统计显著性检验，这表明《大数据产业发展规划（2016—2020年）》实施跨行业大数据试点示范行业领域企业技术创新质量的确得到了提升，即大数据产业发展政策实施的确有利于促进企业技术创新质量提升。这一结论说明《大数据产业发展规划（2016—2020年）》这一大数据产业发展政策的实施，企业技术创新质量提升了2.5%，企业技术创新质量效果十分显著。进一步，控制变量估计结果显示，企业年龄对企业技术创新质量具有显著的负向影响；而企业规模、企业流动性虽对技术创新质量存在负向影响，但并不显著；而企业股东权益集中度则对企业技术创新质量具有正向影响，但也不显著。

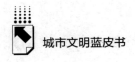

表2 大数据产业发展政策对技术创新质量影响的估计结果

变量	pantq				
	（1）	（2）	（3）	（4）	（5）
treat×post	0.024 *** （5.79）	0.024 *** （5.80）	0.025 *** （5.95）	0.025 *** （5.94）	0.025 *** （5.94）
size		−0.001 （−0.62）	−0.001 （−0.11）	−0.001 （−0.02）	−0.001 （−0.08）
age			−0.005 * （−1.82）	−0.005 * （−1.84）	−0.005 * （−1.58）
ld				−0.001 （−0.42）	−0.001 （−0.46）
share					0.002 （0.35）
常数项	0.285 * （118.45）	0.292 * （23.40）	0.293 * （23.43）	0.295 * （22.46）	0.286 * （9.79）
时间固定效应	YES	YES	YES	YES	YES
企业固定效应	YES	YES	YES	YES	YES
R^2	0.45	0.46	0.40	0.36	0.38
N	19142	19142	19142	19138	19138

注：* 、** 、*** 分别表示在10%、5%、1%的水平下显著；括号内为t值；下同。

（二）稳健性分析

1. 平行趋势检验

本研究采用估计模型（2）检验实验组和控制组是否满足平行趋势假设。

$$pantq_{i,t} = \alpha_0 + \sum_{j=-1}^{-2} \alpha_1 treat_{i,t} \times post_{j,i,t}$$
$$+ \sum_{j=1}^{n} \rho_j control_{i,j,t} + Ind_t + Year_t + \varepsilon_{i,t} \qquad （2）$$

如表3所示，本研究将核心解释变量分别进行了前置1~2期处理，研究发现，在《大数据产业发展规划（2016—2020年）》政策实施前1~2期的估计系数并未通过显著性实证检验，说明相比尚未处于跨行业大数据试点示范行业领域的企业，处于跨行业大数据试点示范行业领域的企业其技术创新质量得到显著提升，表明实验组和控制组满足平行趋势假设，也再次证实了大数据产业发展政策实施对技术创新质量具有显著促进效应的可靠性。

表3　平行趋势检验：前置一期、前置二期处理

变量	pantq			
	前置一期		前置二期	
	（1）	（2）	（3）	（4）
treat×post−1	0.001 （0.19）	0.002 （0.47）		
treat×post−2			−0.029 （−0.88）	−0.028 （−1.58）
size		−0.002 （−0.79）		−0.001 （−0.09）
age		−0.005 （−1.54）		−0.006 （−1.56）
ld		−0.002 （−0.67）		−0.003 （−0.18）
share		0.004 （−0.44）		−0.007 （−0.80）
常数项	0.282*** （102.24）	0.293*** （8.81）	0.285*** （89.74）	0.325*** （8.58）
时间固定效应	YES	YES	YES	YES
企业固定效应	YES	YES	YES	YES
R^2	0.47	0.47	0.41	0.39
N	15055	15052	12211	12209

2. 变更政策冲击处理

《大数据产业发展规划（2016—2020年）》选择了北京、上海和贵阳进行试点示范，为此，本研究再次选取是否处于试点城市作为政策实施的实验组与对照组。为此，$treat_i$ 表示企业 i 是否处于《大数据产业发展规划（2016—2020年）》试点示范城市的实验组，本研究将 treat＝1 表示样本期间内处于试点示范城市企业的组别，treat＝0 表示未处于试点示范城市企业

的组别。另外，如果是在政策发生当年和之后年份，则将 post 赋值为 1，否则为 0。即，2016 年及其以后年份将 post 视为 1，否则视为 0。检验结果如表 4 所示，研究发现，treat×post 对 pantq 的估计系数为正，且 DID 项的估计系数通过 5% 的显著性水平检验，表明了处于试点示范城市的企业显著促进了其企业技术创新质量提升。

表 4　稳健性检验：变更政策冲击

变量	pantq				
	（1）	（2）	（3）	（4）	（5）
treat×post	0.015**	0.015**	0.014**	0.014**	0.013**
	（2.11）	（2.13）	（2.18）	（2.18）	（2.17）
size		−0.001	−0.002	−0.002	−0.002
		（−0.61）	（−0.05）	（−0.10）	（−0.18）
age			−0.004	−0.004	−0.003
			（−1.36）	（−1.35）	（−1.14）
ld				0.000	0.004
				（0.22）	（0.25）
share					0.002
					（0.30）
常数项	0.291***	0.299***	0.300***	0.301***	0.293***
	（143.74）	（24.08）	（24.09）	（22.98）	（10.04）
时间固定效应	YES	YES	YES	YES	YES
企业固定效应	YES	YES	YES	YES	YES
R^2	0.55	0.51	0.43	0.39	0.29
N	19142	19142	19142	19138	19138

五　大数据产业发展政策影响技术创新质量机制路径的识别

本研究选取以下计量模型（3）至计量模型（8）开展实证检验大数据产业发展政策影响技术创新质量提升的机制。

$$rd_{i,t} = \alpha_0 + \alpha_1 treat_{i,t} \times post_{i,t} + \sum_{j=1}^{n} \rho_j control_{i,j,k,t} + Ind_t + Year_t + \varepsilon_{i,j,k,t} \quad (3)$$

$$pantq_{i,t} = \alpha_0 + \alpha_1 treat_{i,t} \times post_{i,t} + \beta rd_{i,t}$$
$$+ \sum_{j=1}^{n} \rho_j control_{i,j,k,t} + Ind_t + Year_t + \varepsilon_{i,j,k,t} \quad (4)$$

$$ro_{i,t} = \alpha_0 + \alpha_1 treat_{i,t} \times post_{i,t} + \sum_{j=1}^{n} \rho_j control_{i,j,k,t} + Ind_t + Year_t + \varepsilon_{i,j,k,t} \quad (5)$$

$$pantq_{i,t} = \alpha_0 + \alpha_1 treat_{i,t} \times post_{i,t} + \beta ro_{i,t}$$
$$+ \sum_{j=1}^{n} \rho_j control_{i,j,k,t} + Ind_t + Year_t + \varepsilon_{i,j,k,t} \quad (6)$$

$$roa_{i,t} = \alpha_0 + \alpha_1 treat_{i,t} \times post_{i,t} + \sum_{j=1}^{n} \rho_j control_{i,j,k,t} + Ind_t + Year_t + \varepsilon_{i,j,k,t} \quad (7)$$

$$pantq_{i,t} = \alpha_0 + \alpha_1 treat_{i,t} \times post_{i,t} + \beta roa_{i,t}$$
$$+ \sum_{j=1}^{n} \rho_j control_{i,j,k,t} + Ind_t + Year_t + \varepsilon_{i,j,k,t} \quad (8)$$

式（3）、式（4）表示大数据产业发展政策通过"研发投入"渠道影响企业技术创新质量提升，式（5）、式（6）表示大数据产业发展政策通过"企业融资约束"渠道影响企业技术创新质量提升，式（7）、式（8）表示大数据产业发展政策通过"企业收益"渠道影响企业技术创新质量提升。为此，本研究选取了3组变量，第一组变量为研发投入（rd，企业研发投入与营业收入的比值），刻画大数据产业发展政策对企业研发投入的影响；第二组变量为企业融资约束（ro，企业利息支出和费用支出总和的增长率相反数作为融资约束的衡量指标，当企业利息支出和费用支出总和的增长率相反数越大时，企业获得的外源融资额度越小，企业融资能力越弱，面临的融资约束越大；反之亦然），刻画大数据产业发展政策对企业融资约束的影响；第三组变量为企业收益（roa，企业利润总额与营业收入总额比值），刻画大数据产业发展政策对企业收益的影响。

表5呈现了"研发投入"的机制识别实证检验结果。在列（1）中，DID的估计系数为正且高度显著，大数据产业发展政策在很大程度上促进研发投入，即大数据产业发展政策提高企业研发投入。列（2）表明，rd对

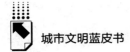

pantq 的估计系数为正，且估计系数通过 1% 的显著性水平检验，表明了企业研发投入显著提高技术创新质量。也进一步说明《大数据产业发展规划（2016—2020 年）》这一大数据产业发展政策显著促进了企业研发投入进而促进企业技术创新质量提升。

进一步分析企业融资约束机制，具体结果如表 5 列（3）至列（4）所示，在列（3）中，DID 的估计系数为负且高度显著，《大数据产业发展规划（2016—2020 年）》政策实施在很大程度上有助于降低企业融资约束。列（4）表明，ro 对 pantq 的估计系数为负，且估计系数通过 1% 的显著性水平检验，表明了企业融资约束改善可显著提高企业技术创新质量。也进一步说明《大数据产业发展规划（2016—2020 年）》这一大数据产业发展政策实施显著降低企业融资约束进而促进企业技术创新质量提升。

再次就大数据产业发展政策影响技术创新质量的企业收益机制进行了检验，具体检验结果如表 5 列（5）至列（6）所示。实证结果发现，在列（5）中，DID 的估计系数为正且高度显著，大数据产业发展政策在很大程度上提高了企业收益水平。列（6）表明，roa 对 pantq 的估计系数为正，且估计系数通过 5% 的显著性水平检验，表明企业收益水平显著提高了企业技术创新质量。

表 5　大数据产业发展政策影响技术创新质量的机制识别

变量	rd	pantq	ro	pantq	roa	pantq
	（1）	（2）	（3）	（4）	（5）	（6）
treat×post	0.474 *** (21.98)		−0.021 *** (−7.19)		0.107 *** (5.18)	
rd		0.027 *** (6.45)				
ro				−0.004 *** (−2.72)		
roa						0.004 ** (2.07)

变量	rd	pantq	ro	pantq	roa	pantq
	（1）	（2）	（3）	（4）	（5）	（6）
size	0.660 ***	0.003	0.036 ***	−0.001	0.018	0.001
	（28.64）	（1.40）	（11.61）	（−0.36）	（1.30）	（0.45）
age	0.395 ***	−0.005 *	0.047 ***	−0.005 *	−0.292 ***	−0.003
	（14.87）	（−1.85）	（13.43）	（−1.77）	（−16.62）	（−0.85）
ld	0.053 ***	0.000	−0.066 ***	0.000	0.113 ***	−0.001
	（4.15）	（0.20）	（−17.59）	（0.14）	（8.44）	（−0.38）
share	0.199 ***	0.002	−0.006	0.002	0.384 ***	0.003
	（2.79）	（0.26）	（−0.61）	（0.33）	（7.80）	（0.45）
常数项	10.733 ***	0.337 ***	0.122 **	0.286 ***	4.582 ***	0.293 ***
	（32.83）	（9.64）	（2.63）	（9.77）	（21.35）	（9.10）
时间固定效应	YES	YES	YES	YES	YES	YES
企业固定效应	YES	YES	YES	YES	YES	YES
R^2	0.13	0.50	0.51	0.45	0.41	0.22
N	19133	19133	19138	19138	17290	17290

六 进一步分析：异质性检验

表6显示了不同企业所有制属性下实证检验结果，研究发现，大数据产业发展政策实施能够显著促进不同所有制属性企业技术创新质量提升，进一步研究发现，非国有企业中 treat×post 估计系数明显高于国有企业中 treat×post 估计系数，说明相比国有企业，《大数据产业发展规划（2016—2020年）》这一大数据产业发展政策实施对非国有企业技术创新质量促进强度更强，特别是大数据产业发展政策实施使非国有企业数字化转型更加明显，由于非国有企业面临更高更大的成本和竞争压力，转型动力较强，从而使技术创新效果更为显著。

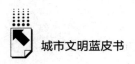

表6　不同企业所有制属性分组检验

变量	pantq			
	国有企业		非国有企业	
	（1）	（2）	（3）	（4）
treat×post	0.018 **	0.021 ***	0.027 ***	0.029 ***
	（2.43）	（2.77）	（5.47）	（5.74）
size		−0.001		−0.002
		（−0.51）		（−0.17）
age		−0.014 **		−0.007 *
		（−2.20）		（−1.68）
ld		0.001		−0.002
		（0.21）		（−0.59）
share		0.009		0.006
		（0.72）		（0.67）
常数项	0.291 ***	0.372 ***	0.281 ***	0.274 ***
	（74.02）	（7.03）	（93.26）	（7.21）
时间固定效应	YES	YES	YES	YES
企业固定效应	YES	YES	YES	YES
R^2	0.40	0.23	0.38	0.35
N	6463	6460	12679	12678

表7显示，大数据产业发展政策实施都能够显著提升不同科技研发投入强度企业的技术创新质量。进一步发现高研发投入强度企业中 treat×post×rd 估计系数显著为正，而低研发投入强度企业中 treat×post×rd 估计系数并不显著，说明相比低研发投入强度企业，在高研发投入强度企业中，拥有较高水平的研发投入强度，大数据产业发展政策实施对企业技术创新质量促进效应更强，从而展现出了一定的差异化效果。

表8显示，在不同利润高低企业中，在拥有高利润企业中，DID 估计系数为正但并不显著；而在拥有低利润企业中，DID 估计系数为正且至少通过1%显著性水平检验，说明相比拥有高利润企业，在低利润企业中，大数据产业发展政策实施都更能够显著提升其技术创新质量。可能的解释在于，企业技术创新是一个投资期限长、回报周期长、利润产出效率低的过程，特别是处在研发攻关阶段的企业往往其利润水平绩效产出相对较低，因此，利润

水平也会相对较低。进一步发现，无论高利润企业还是低利润企业，treat×post×roa 估计系数为正但并不显著。

表7 不同研发投入强度属性分组检验

变量	pantq			
	高研发投入强度企业		低研发投入强度企业	
	（1）	（2）	（3）	（4）
treat×post×rd	0.003 ***	0.005 ***	−0.002	−0.002
	（3.37）	（3.05）	（−0.72）	（−0.71）
treat×post	0.039 ***	0.040 ***	0.021 ***	0.021 ***
	（4.07）	（4.06）	（4.47）	（4.56）
size		−0.001		−0.001
		（−0.18）		（−0.27）
age		−0.016 *		−0.004
		（−1.86）		（−1.19）
ld		0.008 **		0.003
		（2.04）		（1.25）
share		0.007		0.003
		（0.41）		（0.34）
常数项	0.277 ***	0.291 ***	0.286 ***	0.290 ***
	（41.63）	（3.83）	（110.50）	（8.65）
时间固定效应	YES	YES	YES	YES
企业固定效应	YES	YES	YES	YES
R^2	0.52	0.53	0.45	0.4
N	3008	3008	16134	16130

表8 不同企业利润高低程度属性分组检验

变量	pantq			
	高利润企业		低利润企业	
	（1）	（2）	（3）	（4）
treat×post×roa	0.05	0.036	0.015	0.022
	（0.46）	（0.33）	（0.38）	（0.54）
treat×post	0.015	0.017	0.030 ***	0.031 ***
	（1.38）	（1.62）	（5.04）	（5.01）
size		−0.003		−0.003
		（−0.95）		（−1.07）

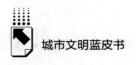

续表

变量	pantq			
	高利润企业		低利润企业	
	（1）	（2）	（3）	（4）
age		−0.007 * （−1.68）		−0.001 （−0.22）
ld		−0.001 （−0.46）		−0.001 （−0.30）
share		0.014 （1.32）		−0.007 （−0.73）
常数项	0.289 *** （84.07）	0.227 *** （5.15）	0.281 *** （81.17）	0.331 *** （8.30）
时间固定效应	YES	YES	YES	YES
企业固定效应	YES	YES	YES	YES
R^2	0.45	0.46	0.41	0.36
N	10003	10002	9139	9136

七 研究结论与政策启示

（一）研究结论

为探究"大数据产业发展政策-技术创新质量"之间的关系，本研究从政策评估视角探讨大数据产业发展政策对企业技术创新质量的影响，且依托企业是否处于《大数据产业发展规划（2016—2020 年）》实施跨行业大数据试点示范行业进行实验组和对照组实验，并借助 2007～2020 年 A 股上市公司数据，实证检验大数据产业发展政策对企业技术创新质量的影响效应、机制和异质性问题，主要得到以下结论。研究表明：大数据产业发展政策实施的确对企业技术创新质量具有显著的促进作用，以上结果在进行了一系列遗漏变量处理、平行趋势检验以及变更政策冲击后保持稳健。大数据产业发展政策实施不仅显著降低企业融资约束，也提高企业研发投入，还增加企业技术创新收益，最终有益于提升技术创新质量。无论在国有企业还是非国有企业中，大数据产业发展政策实施均能够显著促进技术创新质量提升，非国有企业与国有企业相比，在非国有企业中，大数据产业发展政策实施对企业技术创新质量的促进强度更强；无论高研发投入强度企业还是低研发投入强度企业，大数据产业发展政策实施对企业技术创新质量提升均具有促进作用，且在高研发投入强度企业中，大数据产业发展政策实施对企业技术创新质量促进效应更强；相比高利润企业，在低利润企业中，大数据产业发展政策实施更能够显著提升其企业技术创新质量。

（二）政策启示

本研究具有以下政策启示：健全新一代信息技术产业发展政策体系，推动新一代信息技术产业高质量高标准发展，特别是促进大数据产业高质量发展，为推动技术创新质量提升不断赋能。不断畅通大数据产业赋能企业技术创新渠道，发挥金融、财政、税收平台、机构和企业创新合力，降低技术创新成本，提升技术创新效率，减少低质量技术创新产品。此外，针对不同性质属性企业，应当采取差异化创新激励策略，积极推动低研发投入企业和高利润企业进行技术创新，增强其技术创新积极性，从而提升整体技术创新质量。

1. 建立以供需为导向的创新人才支撑体系

打通人才供给端与产业链创新链需求端的有效对接，以多层次、宽领域、矩阵式人才队伍满足高精尖产业方阵构建的要求，支撑现代化产业体系构建与发展。

（1）构建多层次人才梯队

一是聚集高端人才。面向国内外招引一批在基础研究、应用研究、技术研发等方面的顶尖战略科学家和一流科技领军人才。二是培育青年科技人才。关注创新创业、科技服务、国际商务等重点领域的青年人才培养，全面提升青年人才专业素养与国际化视野。三是壮大产业技能人才队伍。着力培养一批卓越工程师、大国工匠，注重工程技术人才、高素质技能人才等复合型应用型人才培养，加强数字素养和技能培训，满足数实融合人才的需要。

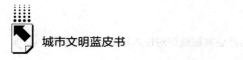

（2）打造宽领域人才队伍

一是瞄准前沿领域。在人工智能、脑科学、区块链、量子信息、颠覆性材料、生命科学、纳米科学、空天科技和深地深海等前沿领域集聚国内外人才。二是围绕产业实际需求。以突破创新链产业链关键核心技术和关键零部件为重点，招引培育一批科技人才，优先重点支持主导产业、先进制造业、未来产业等产业用人需要，培育一支覆盖广泛、梯次衔接、技艺高超的技能人才队伍。

（3）矩阵式促进联动

一是发挥高校和科研单位在培育人才方面的优势，重点培养一批一流创新人才、高水平技能人才，促进人才培养与创新链产业链精准对接；二是加强人才供需两端的联动性，围绕产业、企业、项目，深入分析区域人才需求，形成区域紧缺岗位需求图谱，利用数字化手段提高人才政策精准度，促进人才供需精准匹配。

2. 打造激发投资活力和服务产业发展并举的创投环境

资金是产业的"源头活水"，要充分发挥创新创业高地、人才高地优势，以营造激发投资活力和服务产业发展并举的创投环境，推动实现"科技—产业—人才—金融"的良性循环。

（1）建立"政用产学研投"多部门协同的投资项目评价推介机制

把握优质性、前景性、稀缺性、关键性原则，促进"政用产学研投"多部门的协同联动，打造投资四个牵引，激发投资市场活力。一是"创新牵引"，发现一批可投资转化的新技术、国家支持的关键核心技术、"卡脖子"技术、高价值的知识产权等；二是"产业牵引"，捕获一批有前景的初创科技型企业、快速发展期的成熟企业、核心产业链中的稀缺性企业、优势产业链的成熟企业等；三是"人才牵引"，吸引一批有"双创"潜力的核心领域高端技术人才、有潜力的创新团队、具有创业潜力的青年科技人才等；四是"项目牵引"，招引一批可吸引社会投资的优质项目、国家重大工程项目、重点产业链供应链项目等。

（2）构建全流程的风投创投生态链

一是构建覆盖全生命周期的科技金融体系。提供一揽子综合化、专业化融资服务，围绕关键技术和共性技术，构建满足不同阶段需求的投融资体系，覆盖企业在种子期、初创期、成长期和成熟期的全生命周期融资需要，强化科创领域政策倾斜和资源配置力度。二是拓宽资金供给渠道。构建多元化创新资金服务平台，鼓励政府、天使投资人、金融机构、行业骨干企业、创业孵化器、产业（技术）创新中心、创业服务中心、保险资产管理机构等机构投资者参与创业投资，引导社会资本"投早投小投科技"。三是建立合理的退出机制。创业投资退出机制的畅通是创业投资资本实现"投资、增值、退出、再投资"良性循环的重要条件，也是繁荣创投机构和激发创投活力的保障，要尽快研究制定创业投资多元化退出机制，比如鼓励投向"双创"基地初创期企业的创投股权在区域性股权市场转让退出，鼓励创业投资以并购重组等方式实现市场化退出等。

3. 适当前瞻性布局新型基础设施建设

实施新型基础设施建设行动计划，前瞻性布局新基建，为提升产业链水平、激发创新活力、培育新型消费市场、优化产业布局、提升公共服务水平和促进产业融合提供坚实支撑。

（1）加快布局新型数字基础设施

打造一批网络基础稳固、数据智能融合、产业生态完善、技术安全可信的数字经济新型基础设施，支持新一代信息技术集成应用，加快 5G 基站新型网络基础设施建设，适当超前布局 6G 未来网络。加快建成支撑人工智能大模型的高性能算力基础设施平台和数据交易平台、区块链、数字孪生、元宇宙、物联网等数智融合的高质量数据基础设施。加大对数字经济重点领域共性开发平台、开源社区和基础软硬件设施的支持力度。

（2）加快建设科创平台基础设施

继续支持国家实验室、启元实验室、大数据先进技术研究院和国家技术创新中心、人工智能研究院、区块链与边缘计算研究院、量子信息科学研究院和全球健康药物研发中心等新型研发机构。发挥科技型领军企业优势，围绕人工智能、区块链、医药健康等重点优势产业领域，联合产业链上下游创新主体，建设若干产业创新中心和创新平台。重点支持人工智能公共算力平

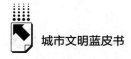
台、区块链算力平台项目、国际氢能中心等建设，打造紧密的产业创新生态圈。

（3）全面建成全覆盖的城市智能终端设施体系

促进数字技术赋能交通、物流、教育、医疗、养老等基础设施，尤其是支持科技园等产业集聚区，建设智能化平台底座，构建完整的物联生态服务体系，打造智慧办公、智慧园区、智慧商业、智慧生活等场景，推动产业集群和城市功能区共建。

4. 营造市场化、法治化、国际化一流营商环境

持续深化"放管服"改革，以更大力度打通政策落地"最后一公里"，营造市场化、法治化、国际化一流营商环境，更大力度激发各类市场主体活力和创造力。

着力营造公平竞争的市场环境，助力市场主体恢复发展壮大。推动企业开办更加简便，实现更多市场主体"准入即准营"，降低企业存续和退出成本，建立长效排查清理机制，全面清理市场准入显性和隐性壁垒，确保各类市场主体平等进入、公平竞争。

重点营造良法善治的法治环境，切实保护市场主体合法权益。着力推进一体化综合监管和精准有效监管，建立跨部门综合监管重点事项清单管理和动态更新机制。严格规范公正文明执法，坚持过罚相当、宽严相济，完善轻微违法行为免罚和初次违法慎罚制度，推动各相关行政执法领域全覆盖，惠及更多市场主体。加大知识产权促进和保护力度，完善互联网信息等数字知识产权财产权益保护制度，探索建立健全证据披露、证据妨碍排除和优势证据规则，建立知识产权侵权惩罚性赔偿制度。加快全国商业秘密保护创新试点建设，提升企业商业秘密保护能力。

营造开放包容的投资贸易环境，为企业投资兴业提供支持和便利。全面落实外商投资准入前国民待遇、负面清单管理制度，维护外商投资企业合法权益。鼓励外商投资企业利润再投资，实行与新增外资相同配套政策，加强土地、能源等要素保障。积极引进全球高端知识产权和专利机构、技术转移机构、标准化认证机构、产业协会、产业联盟、民间智库等机构，构建支撑

企业国际化发展的科技服务体系。积极融入国际创新网络，面向全球整合创新资源和创新链条，建设全球高端创新资源配置枢纽。积极引进全球高端科技资源，吸引国际先进跨国公司研发中心、国际知名研究机构落地，加快引进国外先进技术和高端项目落地。支持中关村高科技产品和服务参与国际贸易竞争。支持高校院所和企业举办有全球影响力的系列高端论坛、学术会议、展览展示等主题活动。

B.7
全球城市视野下深圳可持续城市与产业高质量发展的关联性研究*

杜选 洪振挺**

摘 要： 本研究在探讨深圳市可持续城市与产业高质量发展关联性意义的基础上，对可持续城市的状态进行了分析，并进行了可持续城市与产业高质量发展的关联性分析。借鉴了德国与新加坡城市产业高质量发展的经验，提出了深圳市实现可持续发展的建议。

关键词： 可持续城市 产业高质量发展 产业转型升级

中国是可持续发展议程的全程参与者和推动者，中国致力于构建人类命运共同体。在 2015 年，习近平主席出席联合国发展峰会，并与其他国家领导人一同见证了 2030 年可持续发展议程的诞生。随后，中国相继发布了《中国落实 2030 年可持续发展议程国别方案》① 和《中国落实 2030 年可持续发展议程创新示范区建设方案》，明确了中国在实施 2030 年可持续发展议程以及建设创新示范区方面的任务和要求。党的二十大报告也强调，中国的中心任务是团结带领全国各族人民实现社会主义现代化强国的目标，推进中

---

* 本文系南方科技大学全球城市文明典范研究院开放性课题"可持续城市与产业高质量发展研究"（项目编号：IGUC23C004）阶段性成果。

** 杜选，博士，福建莆田学院副教授，福建省海峡社会发展研究院研究员，研究方向为人口城市化、社会保障等；洪振挺，博士，南方科技大学全球城市文明典范研究院特聘研究员，清华大学信息技术研究院博士后导师，福建省海峡社会发展研究院研究员，研究方向为数字科技、城市文化。

① 《中国落实 2030 年可持续发展议程国别方案》，中国政府网，https：//www.gov.cn/xinwen/2016-10/13/content_5118514.htm。

华民族伟大复兴。

作为改革开放的先行者，深圳从一个边陲小镇发展成为现代化大都市。然而，随着工业化和城市化的迅速发展，深圳也面临着资源环境压力大、社会治理能力不足等一系列问题。因此，加快推动科技创新与社会发展的深度融合，探索可复制、可推广的超大型城市可持续发展路径成为深圳市的主要目标。通过在可持续发展方面的探索和实践，深圳有望成为中国乃至其他世界城市的典范，为解决类似问题提供经验和借鉴。

在错综复杂的经济政治新形势下，提高产业发展质量有利于调整产业发展新战略、打造产业竞争新优势、建立国际分工新体系、培育对外贸易新模式，有利于推动传统比较优势产业转型升级、推动开放型经济高层次发展，从而能够增强产业竞争力和国际竞争力，实现制造强国和创新型国家的目标。当前很多地方在经济实践中，人口红利消失、资源环境承载力达到或即将达到上限、投资带动效应减弱、增长速度变缓、发展不平衡不充分等诸多新问题新挑战频现。高质量发展是新时代经济发展主题，推动经济高质量发展，要从"转换发展动力""转变发展方式""优化经济结构"等方面入手寻找解决办法。研究这一主题可以为地方政府把握经济发展方向，提前做出规划，提高地方经济发展的绩效。同时，本研究通过科学的指标评估，深入剖析产业转型升级存在的问题，并通过梳理西方国家产业结构转型升级的做法与经验，提出有针对性的地方产业发展建议，探究地方产业结构转型升级的具体路径。

一　可持续城市状态分析

可持续城市状态随着生产力的发展而呈现不同特点。如果按照发展过程进行分类，可以将可持续城市发展划分为以下四个阶段。

第一阶段：传统城市发展阶段（19 世纪初至 20 世纪前叶）。这个阶段是城市化进程的起点，城市的发展主要以工业为驱动。城市规划和建设缺乏对环境和资源的考虑，导致了大规模的环境破坏和资源浪费。这个阶段的城

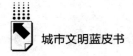

市发展模式主要是以经济增长和人口迁移为核心，忽视了环境、社会和经济的可持续性。

第二阶段：环境意识的觉醒与规划阶段（20 世纪中叶至 20 世纪下半叶）。随着环境问题的日益凸显，人们开始意识到城市发展需要更加注重环境保护和可持续性。这个阶段城市规划开始引入环境因素，强调城市生态系统的保护和恢复，重视生态保护区和绿地的规划。此外，环境法规和政策逐渐完善，促使城市发展向更可持续的方向转变。

第三阶段：可持续城市规划与建设阶段（20 世纪末至 21 世纪初）。这个阶段可持续发展理念进一步深入人心，城市规划开始全面考虑经济、社会和环境的平衡。城市设计和建设注重资源利用效率和环境友好性，推动绿色建筑、能源节约和废物管理等可持续发展措施的实施。此外，智能城市概念也开始引入，推动科技与城市发展的融合。

第四阶段：综合性可持续发展阶段（21 世纪至今），即当前阶段。可持续城市发展已经超越了单一的环境因素，更加注重综合性的可持续发展。城市规划和建设不仅要考虑环境、经济和社会的平衡，还要兼顾人居环境、公共服务、社会公平等方面的需求。新技术、数字化和智能化等因素在城市发展中扮演了重要角色，促进了城市的可持续转型和创新。

中国发展已经进入了中国特色社会主义新时代，传统的可持续城市状态的概念和模型已经不适应新时代的要求。社会主义新时代要求在经济方面更多地关注经济发展质量和效益，以推动产业的优化升级。为了实现可持续发展，城市应当注重提高经济增长的质量和效益，而不只是追求经济规模的扩大。这意味着要注重提高产业结构的合理性和优化，推动传统产业向高端化、智能化方向转型升级。同时，需加强创新驱动，培育新兴产业，推动实体经济发展与科技创新相结合，推动经济增长方式的转变。在经济发展质量方面，城市应注重提高资源利用效率，减少生态环境压力。通过加强环境保护和节能减排工作，推动城市经济的绿色发展，降低对自然资源的依赖。此外，还需要注重提高人民生活水平和质量，加强社会保障体系建设，提供更好的教育、医疗、就业等公共服务，促进经济发展与社会进步的协调。在经济发展效益方面，城市应注重提高经济增长的效益，实现经济效益和社会效益的双赢。这意味着要加强企业管理和创新能力，提高生产效率和产品质量，提升企业竞争力。同时，还要注重提升居民收入水平，缩小贫富差距，实现共享发展。

社会主义新时代要求在社会方面，注重人民的福祉和社会公平。在可持续发展的理念下，城市规划和建设应以人为本，关注居民的生活质量和幸福感。首先，社会主义新时代要求可持续城市在社会方面要关注人民的福祉。城市规划应充分考虑居民的需求和利益，提供良好的居住环境和基础设施。城市中的公共服务设施如公园、学校、医院等应满足人们的日常需求，促进居民的身心健康。此外，应加强社区建设，提供多样化的文化娱乐和社交活动，增强居民之间的互动和社会凝聚力。其次，可持续城市在社会方面要追求社会公平。不仅要关注城市富裕阶层的利益，还要关心弱势群体的权益。城市规划应注重解决社会经济差距，提供公平的就业机会和教育资源。通过实施普惠政策，确保每个人都能享受到城市的发展成果，减少社会不平等现象。此外，应加强社会救助体系，为贫困人口提供帮助和支持，构建一个包容和谐的社会环境。最后，可持续城市在社会方面要注重居民参与和民主决策。居民是城市的主体，应该参与城市规划和决策过程。政府应当加强与居民的沟通和互动，听取他们的意见和建议。通过建立有效的参与机制，促进居民对城市发展的共同参与，形成广泛的社会共识。这样可以增加城市管理的透明度和合法性，提高居民对城市建设的满意度和认同感。

社会主义新时代要求在环境方面，积极推动生态文明建设，实现资源的充分利用和循环利用。为了实现可持续发展，城市规划和建设应注重生态环境保护，减少污染物排放，提高能源利用效率。首先，可持续城市应加强生态环境保护。城市规划应合理布局绿化带和生态保护区，保护植物和动物的生存环境。同时，加强环境监测和治理，控制工业废气、废水和固体废弃物的排放，改善空气质量，减少水污染，保障人民的健康与生活质量。其次，可持续城市应推广资源循环利用。城市产生的废弃物可以通过分类回收、再利用和能源回收等方式进行处理。例如，生活垃圾可以通过生物降解、焚烧

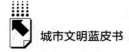

或堆肥等方式进行处理，转化为有机肥料或能源。此外，城市还应鼓励开展循环经济，促进资源的节约利用，减少资源的浪费。最后，可持续城市应提高能源利用效率。城市应引导居民和企业使用清洁能源，如太阳能、风能等可再生能源，减少对传统化石能源的依赖。同时，建立智能能源系统，通过科技手段实现能源的高效利用，例如智能家居、智能照明等智能化控制系统，提高能源利用效率。

总之，社会主义新时代中国的可持续城市是在经济、社会和环境三个方面实现了可持续发展，体现为经济的稳定增长和繁荣、人民生活水平的提高和社会公平正义的实现，以及生态环境的保护和资源利用的合理化。这对于构建富强民主文明和谐美丽的社会主义现代化国家具有重要意义。

二 可持续城市与产业高质量发展的关联性分析

可持续城市状态包含了经济、社会、环境等三个方面的内涵。产业发展只是经济中的一部分，但是产业的高质量发展却可以对经济、社会、环境产生重大的影响。

（一）可持续城市需要依赖产业高质量发展来实现经济的可持续性

产业高质量发展意味着推动产业结构升级和转型。一是数字化转型，随着科技的进步，各行各业都在加速数字化转型。企业需要采用先进的数字技术来改善业务流程、提高效率和创造更多商业机会。例如，云计算、物联网、人工智能等技术正在被广泛应用于各个行业，从而重塑传统产业的运作方式。二是智能制造，科技的发展推动了制造业的转型和升级。智能制造通过将传感器、机器人、自动化系统等集成到生产过程中，实现更高效、更灵活和更智能的生产方式。这不仅可以提高生产效率和产品质量，还可以降低成本和资源消耗。三是新兴产业的崛起，随着科技的演进，新兴产业不断涌现，并成为推动经济增长的重要引擎。例如，人工智能、大数据、生物技术、新能源等领域正在快速发展，并带来了新的商机和就业机会。四是绿色可持续发展，科技的发展促进了人们对环境保护和可持续发展的关注。通过科技创新，人们可以实现资源的高效利用、减少污染排放，推动绿色产业的发展。例如，可再生能源、清洁能源技术的广泛应用，有助于减少对传统能源的依赖，降低碳排放。五是人力资源结构的变革，科技的进步带来了对劳动力结构的重新定义。一方面，传统劳动力的需求可能减少，而对技术工人和高技能人才的需求可能增加。另一方面，随着自动化和机器人技术的普及，劳动力将更多地从重复性、低技能的工作中解放出来，转向从事更具智能化和创造性的工作。

产业高质量发展意味着加强技术创新和研发能力。同时，推动科技成果转化和产业化，促进科技与经济的融合发展。在当前科技发展的背景下，产业高质量发展是实现新时代经济增长和提升国家竞争力的重要手段之一。首先，加强技术创新是产业高质量发展的核心要素。通过引入先进的技术和创新理念，企业能够不断提升产品和服务的质量，满足消费者日益增长的需求。技术创新还可以提高生产效率和降低成本，使企业在市场竞争中保持竞争优势。因此，加强技术创新能力是促进产业高质量发展的关键。其次，研发能力的提升对于产业高质量发展也至关重要。通过加大研发投入，企业可以不断推出具有颠覆性创新和核心竞争力的产品与技术。研发能力的提升还可以培育新兴产业和壮大传统产业，推动产业结构的优化和升级。因此，在当前科技发展的时代背景下，加强研发能力是实现产业高质量发展的必然选择。此外，科技成果转化和产业化的推进是产业高质量发展的关键环节。科技成果转化是将科技创新成果转化为实际生产力的过程，通过技术转让、技术示范和技术服务等方式，促进科技成果的广泛应用和推广。而产业化则是将科技成果应用于产业领域，推动产业发展和经济增长。

产业高质量发展意味着提高生产效率和资源利用效率。在传统的产业发展模式下，生产效率和资源利用效率往往被忽视，导致资源浪费和环境污染问题严重。然而，随着社会经济的不断发展和人们对可持续发展的关注，提高生产效率和资源利用效率已成为产业升级和转型的重要方向。提高生产效率是指在相同时间和资源条件下，生产更多的产品或服务。通过优化生产流

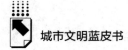

程、引入先进的生产设备和技术，以及提高员工的技能水平，可以有效地提高生产效率。例如，通过自动化生产线的应用，可以减少人工操作，提高生产速度和质量。同时，通过合理规划生产过程，避免浪费和重复劳动，也能提高生产效率。资源利用效率指的是在生产过程中，合理利用有限的资源，最大限度地减少资源的浪费。这涉及资源的合理配置、循环利用以及节约使用。例如，在能源利用方面，可以采用高效的能源设备和技术，减少能源消耗。在物料利用方面，可以通过回收再利用废弃物料，减少资源的消耗。此外，还可以通过优化生产过程，减少原材料的使用量，达到资源的最大化利用。产业高质量发展需要政府、企业和社会各方共同努力，形成良好的政策环境和市场机制。政府可以出台相关政策，鼓励企业投资研发和技术创新，提高生产效率和资源利用效率。同时，企业也应该加强自身管理，优化生产流程，提高员工素质，以及加大对环保技术的研究和应用。社会各界应提高环保意识，鼓励绿色消费和可持续发展的生活方式。

（二）可持续城市需要依赖产业高质量发展来实现社会的可持续性

产业的高质量发展可以提供更多的就业机会。随着产业结构的优化和升级，新兴产业和高科技产业不断涌现，这些产业对人力资源的需求也随之增加。例如，在新能源领域，随着太阳能和风能等可再生能源的发展，相关企业的需求增加，从而创造了更多的就业机会。此外，产业的高质量发展还会带动传统产业的转型升级，通过技术创新和工艺改进，提高生产效率，进一步扩大就业规模。高质量的产业发展意味着产业链的完善和延伸，能够提供更多的产品和服务，满足市场需求。这不仅可以增加企业的销售额和利润，还能够拉动相关产业的发展，形成产业集群效应。例如，汽车产业的高质量发展不仅带动了零部件制造业的发展，还推动了相关服务行业的繁荣，促进了整个经济的增长。

产业的高质量发展改善居民的生活条件，提高社会福利水平。过去，由于资源和产业布局的不均衡，城市和乡村之间存在明显的发展差距。而通过产业的高质量发展，可以促进区域经济的协调发展，实现城乡一体化。这将有利于改善农村地区的基础设施建设、公共服务水平和居民生活条件，缩小城乡差距，提高农民的收入水平和生活质量。同时，产业的转型升级也意味着提供更多创新型产业和相关服务业，为居民提供更多的职业选择和发展机会，增加社会包容性。

（三）可持续城市需要依赖产业高质量发展来实现环境的可持续性

随着工业化和城市化的快速发展，传统产业模式已经无法满足当今社会对环境友好和资源节约的要求。在过去的几十年里，许多国家和地区追求经济增长而忽视了环境问题，导致了资源的过度开采、环境污染和生态破坏。这些问题不仅对人们的健康造成了威胁，也给未来的发展带来了不确定性。因此，在产业转型升级中，必须注重环境保护，推动生产方式、消费模式和生活方式的转变，以减少对环境的负面影响。环境保护与经济发展并非对立。环境保护可以促进产业的创新和升级，推动绿色技术的发展和应用。通过引入清洁能源、循环利用和节能减排等技术，企业可以降低生产成本，提高竞争力，并为未来可持续发展奠定基础。同时，环境友好的产业也能够吸引更多的投资和消费者，实现经济效益和环境效益的双赢。

通过积极推动清洁能源产业、循环经济产业等环保型产业的发展，我们可以实现减少污染排放和资源消耗的目标，进而提高城市的环境质量。清洁能源产业包括风能、太阳能、水能等可再生能源，其不仅能够降低对传统化石能源的依赖，还能够显著减少温室气体的排放，从而有效应对全球变暖的挑战。同时，循环经济产业的发展也是关键。循环经济强调资源的循环利用，通过废物回收、再利用和再生产，资源得到最大限度的利用，减少了资源的浪费。例如，废弃物的分类回收、再生材料的利用等环节，都有助于减少垃圾的填埋和焚烧，减少对自然资源的过度开采。

环保型产业的推动不仅可以改善城市的环境质量，还可以创造就业机会，促进经济的可持续发展。另外，环境保护意识的普及教育，提高公众对环境保护重要性的认识，激发广大市民的环保意识和行动。形成全社会共同

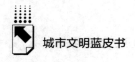
参与的氛围，才能够实现环保产业的可持续发展，进而提高城市的环境质量，从而实现可持续城市的目标。

三　国外可持续城市产业高质量发展的做法

（一）德国的发展经验

德国既是制造大国，也是制造强国。在其发展过程中，德国经历了 20 世纪七八十年代的大规模产业转型。20 世纪 90 年代统一后，东西两部分发展严重失衡。进入 21 世纪，德国率先提出"工业 4.0"战略，旨在引领制造业发展方向。① 德国在产业高质量发展过程中主要有以下值得我们学习的经验。

1. 推动产业转型升级

德国在产业转型过程中充分发挥了政府引领的作用。20 世纪七八十年代，联邦德国重点针对鲁尔区进行产业转型升级，改变了以采煤、钢铁为主的产业结构。

2. 推动技术创新，提升产品质量

技术创新有助于产业更好地完成转型升级，国家创新体系能够促进技术创新进而通过技术创新带动经济高质量增长，这一整个过程又有助于国家提升自身的创新潜力和国际竞争力。② 德国注重对关键技术、关键零部件等的技术突破，鼓励企业加大研发资金投入来提升产品质量，使产品能够更好地服务于社会，把更加优质的产品呈现在社会公众面前，更好地推动工业化的进程。

3. 注重人才培养机制

在人才培养模式方面，德国采取"双元制"的人才培养模式，德国将

① 孟凡达：《德国工业高质量发展的实践经验与启示》，《中国工业和信息化》2018 年第 7 期，第 18~22 页。
② 蒙禹霏：《"工业 4.0"背景下德国技术创新与经济高质量发展研究》，硕士学位论文，广东外语外贸大学，2020。

"双元制"作为德国职业教育的主体与核心,将职业教育融入义务教育范畴。"双元制"教育模式的实行使得更多的学生能够通过理论与实操相结合的教学模式巩固知识;在教师培养方面,德国对师资队伍进行知识、专业技能等方面的培训,确保其能够更好地为学生提供更加准确丰富的理论与实践知识;在同企业合作方面,这种人才培养机制能够更好地为企业与政府提供高素质的专业人才,企业为学生提供实训及办公场地,学生为企业带来价值与丰厚的收入。[①] 德国的人才培养机制为高素质人才的培养提供了有力的保证,并为其他国家的人才培养机制提供了先进经验和启示。

4. 可再生资源推动工业绿色发展

德国以风电等逐步替代煤电的资源使用地位,并修订《可再生资源能源法》等,从政策引领、资源协调等方面,大力推动清洁能源和可再生资源的使用与发展,将可再生资源的开发利用作为未来能源发展的重要方向,以此来更好地推动德国工业绿色高效的发展。

5. 通过发展外向型经济加强国际合作

德国在发展过程中,时刻注重自己出口导向型经济的发展地位,通过与多国建立投资合作,促进德国经济的高质量发展。德国通过不断地吸引外资,与经济较发达国家开展密切合作,实现经济的平稳有效发展。

(二)新加坡的发展经验

1. 产业转型升级

为应对"工业 4.0",新加坡政府决定将制造业放在首要发展的地位,形成了以先进制造业和现代服务业为主的产业结构。[②] 新加坡致力于推动制造业朝着科技驱动和高附加值的方向发展,在制造业发展方面,新加坡通过提升产品质量和完善创新制度,向居民提供更加优质的服务,并引入现代化的科技手段吸引国内外游客。

---

① 谢丽萍:《德国"双元制"人才培养模式对我国高职教育的启示》,硕士学位论文,华北理工大学,2018。
② 王勤:《新加坡的产业转型和创新驱动及其启示》,《创新》2021 年第 1 期,第 64~75 页。

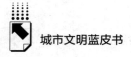

2. 高效的人才培养方式

新加坡通过实行校企联合、学术联合、区域联合的人才培养方式为高素质人才培养提供平台与帮助。

（1）校企联合

新加坡通过校企联合的人才培养机制来为人才提供丰富的实践机会，更好地使人才将所学知识与实践相结合，其中企业为学校提供实习、实践操作等机会，学校为其提供高素质人力资源，并将研究成果更好地融入实际生产过程中来促进企业经济的高速发展。新加坡高等教育校企合作吸引大批高新技术企业在当地扩大投资布局，是联合培养科技领域种子人才的关键举措，促使高校学生深入了解科技行业趋势，使其在毕业后能驾驭复杂的科技世界，赋能新加坡领先科技的开放式创新。

（2）学术联合

新加坡借助高等职业教育和普通高等教育两种方式，率先打开国门实行高等教育对外开放，积极融入教育全球化。[①] 新加坡通过与国际一流高校开展合作与学术交流等形式，积极地将高等教育融入全球化发展过程中，以此来扩大其影响力与知名度。

（3）区域联合

新加坡利用区域集群效应，重点关注企业与高等院校地址选取，使企业与高校之间能够充分发挥区域间的集群效应。在集群效应的作用下，高校能够更好地为学生提供专业性的知识和实践场地。企业也可以在实践过程中挑选一批高素质人才，为企业发展提供帮助。

3. 优化营商环境

自 2006 年起，新加坡连续十年位列全球营商环境排名的首位，连续五年位居全球第二。新加坡通过优化营商环境，吸引外企进入，更好地为产业高质量发展贡献力量。新加坡拥有健全的法律法规体系，在一定程度上保护

---

① 杨丽乐：《新加坡高校卓越科技人才培养的多重创新效应与复合路径走向》，《科技管理研究》2023 年第 19 期，第 97~106 页。

了企业的合法权益不受到损害；通过简化企业办理手续的方式，企业入驻新加坡能够更加地高效快捷；通过建立健全税收减免机制，提高企业收入，更好地激励企业入驻。

4. 加强国际交流与合作

新加坡通过不断地参与世界各国间的友好交流与合作，积极地吸引外资和国外先进管理经验，为新加坡产业发展提供先进的经验。同样，新加坡也积极地加强国际贸易往来，通过出口国内优质产品，打通国际市场，秉承着积极、开放、合作的理念推动产业的高质量发展。

5. 充分发挥政府引领作用

在新加坡产业发展过程中，政府发挥着极其重要的作用，政府通过积极地推动各行业之间的密切合作，保证各产业之间的高度融合与发展；通过完善相关的法律法规，营造良好的法律监督环境，为产业发展和吸引外资提供有力的法律保障；通过加大对企业物质补贴与现金投入，企业能够更好地投入研发生产过程，更好地提升竞争力和影响力。

四 深圳市可持续性与产业高质量发展建议

（一）以产业转型升级实现城市的可持续性

一方面，深圳市要学习德国在制造业方面的优势。德国一直以来都是世界制造业的领军者，其注重技术创新和高质量产品的生产。深圳市可以加强与德国企业的合作，学习引进先进的制造技术和管理经验。通过提升产品质量和技术水平，深圳市可以在全球市场上取得更大的竞争优势。

另一方面，深圳市要借鉴新加坡在服务业方面的成功经验。新加坡是一个小国家，却在金融、物流和创新科技等服务领域有着世界级的地位。深圳市可以加强与新加坡的合作，汲取其在服务业发展中的经验。通过加强金融体系建设、提升物流效率和推动创新科技发展，深圳市可以打造更具竞争力的服务业，为产业转型升级提供支撑。

145

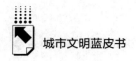

（二）以高效的人才培养来实现城市的可持续性

一方面，应注重教育资源的投入。目前，深圳市政府在教育领域投入大量资金，建设了一大批优质学校和研究机构。这些学校和机构拥有先进的教学设施和师资力量，为学生提供了良好的学习环境和优质的教育资源。同时，深圳市还应多鼓励本土高校与国外知名高校合作，引进世界上优秀的教师和专家，提升教育水平和科研实力。

另一方面，要学习德国注重实践教育的开展。学校与企业应建立紧密的合作关系，为学生提供了大量的实习和就业机会。鼓励学生参与创新创业活动，为他们提供创业支持和资源，培养他们的创新精神和实践能力；通过建立创新创业基地和提供各种支持政策，吸引全国优秀的人才去深圳创业。此外，还应注重培养学生的综合素质。注重培养学生的团队合作精神和跨学科能力，培养学生的综合能力和终身学习能力，培养年轻人的社会责任感和公民意识。

（三）以产业间的国际交流合作实现城市的可持续性

一方面，通过与国际产业的交流合作，实现技术和知识的跨界融合。深圳作为中国制造业的重要基地，吸引了大量国际知名企业和高新技术公司的进驻。这些企业和公司带来了先进的技术和管理经验，促进了深圳产业的升级和创新。

另一方面，通过产业间的国际交流合作，拓展了市场空间和国际影响力。深圳市作为中国改革开放的窗口城市，致力于打造国际化的营商环境和开放的市场。通过与国际产业的交流合作，深圳的企业得以进一步开拓国际市场，提高产品的竞争力和品牌影响力。与此同时，国际交流合作可以吸引外国投资和人才，促进本地产业和经济的发展。

（四）以营造最佳的营商环境来实现城市的可持续生

一方面，深圳市政府应积极推动简政放权，提高政府服务效能，推行

"一网通办""一次办好"等政务服务改革措施，简化审批流程，提高办事效率。

另一方面，大力推进法治化营商环境建设，建立健全的数据安全政策和法律法规，保护企业和个人的数据安全，增强企业和投资者的信心。加强知识产权保护和合同法律约束力，维护公平竞争的市场秩序。这将为企业提供一个稳定和可预期的经营环境，鼓励创新和创业精神的发展。

参考文献

［1］《中国落实 2030 年可持续发展议程国别方案》，中国政府网 https：// www. gov. cn/xinwen/2016-10/13/content_5118514. htm。

［2］孟凡达：《德国工业高质量发展的实践经验与启示》，《中国工业和信息化》 2018 年第 7 期，第 18~22 页。

［3］蒙禹霏：《"工业 4.0"背景下德国技术创新与经济高质量发展研究》，硕士学位论文，广东外语外贸大学，2020。

［4］谢丽萍：《德国"双元制"人才培养模式对我国高职教育的启示》，硕士学位论文，华北理工大学，2018。

［5］王勤：《新加坡的产业转型和创新驱动及其启示》，《创新》2021 年第 1 期，第 64~75 页。

［6］杨丽乐：《新加坡高校卓越科技人才培养的多重创新效应与复合路径走向》，《科技管理研究》2023 年第 19 期，第 97~106 页。

［7］刘敏楼、刘玉婷、黄旭：《中国产业高质量发展的测度及时空演进特征研究》，《工业技术经济》2023 年第 11 期，第 121~131 页。

［8］黄清、陈钧浩：《产业结构升级、创新人员集聚与经济高质量发展》，《生产力研究》2023 年第 10 期，第 87~91 页。

生态创新篇 ⟦◥

B.8
数字时代城市生态文明中亲环境
行为及影响因素分析

——基于政策干预感知与环境规范视角*

苏娇妮　陈梓涵　陈　捷**

摘　要：　　环境保护是生态文明建设和打造文明典范城市的重要任务，居民的亲环境行为直接关系环境事业的发展与结果。然而，对于政策干预与环境规范是如何作用于亲环境行为的研究尚缺少一个清晰、完整的解释链条，同时对数字时代的互联网使用在其中的作用未作说明。本研究基于中国综合社会调查（CGSS）数据进行客观测量与实证分析，探讨分析政策干预感知、环境规范、互联网使用频率与亲环境行为之间的因果关系。结果表明：环境

---

　*　本文系南方科技大学全球城市文明典范研究院开放性课题"中国特色社会资本在打造城市文明典范中作用的研究：基层社区共治的视角"（项目编号：IGUC23C006）成果。

**　苏娇妮，博士，南方科技大学社会科学中心暨社会科学高等研究院博士后，南方科技大学全球城市文明典范研究院特聘研究员，研究方向为政府监管、社会资本；陈梓涵，博士，南方科技大学社会科学中心暨社会科学高等研究院科研助理，研究方向为社会资本、城市社会学、社会统计学等；陈捷，博士，香港中文大学（深圳）人文社科学院副院长、教授，研究方向为政治参与、环境政策、社会资本。

政策干预感知显著正向影响绿色公民行为和公共亲环境行为，环境规范发挥着中介效果。数字时代背景下，政策干预感知通过环境规范影响亲环境行为这一过程受到互联网使用频率的调节影响，互联网使用频率越高，调节效用越强。为此，在推动数字时代城市生态文明建设中，应积极发挥制度引领和政策宣传作用，自上而下地塑造良好环境价值规范；更加重视数字技术的应用，特别是对互联网使用频率低和中居民的关注，有助于促进公民私域和公域亲环境行为。本研究旨在从政策干预感知、环境规范视角推动数字时代生态文明城市建设，打造共建共治共享的新时代环境治理格局。

关键词： 生态文明　环境保护　公众行为　环境规范　政策干预感知

一　引言

生态文明良好是文明典范城市测评体系的重要维度之一。近年来，国家自上而下地出台了一系列环保政策，如打造美丽中国战略、建设绿色智慧的数字生态文明、实施环保督察制度等，并且颁布了《关于构建现代环境治理体系的指导意见》等文件。这在一定程度上表明了生态文明构建的重要性，也意味着国家对于提升群众生态文明意识，促进公众对环保行为的重视。可以说，良好的生态文明环境是城市软实力的重要体现，公众广泛的环境保护行为则是现代城市生态文明建设和国家高质量发展的重要行动指向[①]。因此，在习近平生态文明思想指导下，倡导环保行为应是新时代城市治理的重要任务之一。基于此，文明典范城市的建设必须遵循以人民为中心的要求，采取绿色环保和品质优良的城市治理与发展路径。

首先，公民应是城市生态文明建设的践行者，要让居民自觉主动地参与

---

① 张平淡、袁浩铭：《生态文明高水平建设有利于经济发展吗——以长江经济带 128 个地级城市为样本》，《经济问题探索》2019 年第 12 期。

环保行动，以践行"全民参与，全民共享"的科学理念。根据生态环境部
环境与经济政策研究中心于2023年6月26日向社会公开发布的《公民生态
环境行为调查报告（2022年）》可知，公民生态环境行为的典型人群分为
环保爱好者（21.9%）、独善其身者（35.0%）、公共参与者（16.3%）和
行动不足者（18.7%）四种。其中，独善其身者更关注私域亲环境行为，
而公共参与者则更关注公域亲环境行为。亲环境行为（Pro-environmental
Behavior）为近年来学者较常采用的说法[1]，它强调居民与环境之间的亲近
关系，同时指出，亲环境行为不只是一种个体私域行为，还体现着公民义
务、环境规范和公共价值等公共领域属性。在影响因素的研究上，早期学者
关注居民身份、年龄、收入和教育等人口统计学变量对亲环境行为的影
响[2]。比如，当居民的收入和生活水平提高时，人们才有改善环境的意愿，
形成环境投资和支出行为[3]。还有研究增加经济水平、地域、阶层等客观指
标分析不同城市、地区或类型居民的环保意识和参与行为有所差异[4]。例
如，随着城市化的推进，城市居民较农村居民有更强的环保责任感和行为规
范，这可能是由于其有更高的知识文化水平[5]。相对于硬性指标，另一派研
究认为偏好、价值、感知和规范等软元素对居民亲环境行为的影响不容忽

① 宋金昭、陈丽：《互联网使用对城镇居民亲环境行为的影响——基于社会资本的中介效应
检验》，《经营与管理》2023年第7期；Ralph H，R.B.C.，"Determinants of Different Types
of Positive Environmental Behaviors：An Analysis of Public and Private Sphere Actions"，
Sustainability，2020，12（20），1-30.

② 周晟吕、李月寒、胡静等：《基于问卷调查的上海市大气环境质量改善的支付意愿研究》，
《长江流域资源与环境》2018年第11期；曹和平、奚剑明、陈玥卓：《城镇居民对环境治
理的边际支付意愿》，《资源科学》2020年第5期。

③ 马本、张莉、郑新业：《收入水平、污染密度与公众环境质量需求》，《世界经济》2017年
第9期。

④ 王学义、何兴邦：《空气污染对城市居民政府信任影响机制的研究》，《中国人口科学》
2017年第4期；吴建南、徐萌萌、马艺源：《环保考核、公众参与和治理效果：来自31个
省级行政区的证据》，《中国行政管理》2016年第9期。

⑤ 王丽萍、方然：《参与还是不参与：中国公民政治参与的社会心理分析——基于一项调查
的考察与分析》，《政治学研究》2010年第2期；章秀英：《城镇化对农民政治意识的影响
研究》，《政治学研究》2013年第3期；裴志军：《自我效能感、政治信任与村民选举参与：
一个自治参与的心理机制》，《农业技术经济》2014年第7期。

视。居民如果具有良好的环保价值规范，责任意识及道德观念，那么他们采取绿色行动的可能性高①。比如，有学者指出居民有更强的利他价值观时，易实施保护行动和慈善捐赠②；高社会资本地区的居民有高水平的环境保护意向，更好地履行环境可持续行为，推动区域生态文明建设③。在此基础上，如何提升互助文化，倡导社会合作，培育社会资本与建立共同体精神等成为打造生态文明典范城市的主要研究方向④。

实际上，居民亲环境行为既是价值规范和义务道德之下的内生产物，同时，其还受国家和政策制度的调节。在中国，单一制的国家治理结构为公众带来服务与便利的同时，也深刻地嵌入经济与社会发展中。政策、制度在全方位地影响着民众生活及其参与行为⑤。比如，在基层动员与政策实施过程中，公民从社会关系网络和各类传播渠道中了解到相关知识与信息，而政府以正式制度和规定的形式增强了承诺可信度⑥。从根本上来说，影响居民亲环境行为的是政策意识与评价⑦，而居民行为的文明与否是政府合法性和治理能力水平高低的反馈指标⑧。公众行为之中势必会存在正式制度与权力

① 葛万达、盛光华：《环境影响评价的公众参与特征及影响因素研究》，《干旱区资源与环境》2020 年第 8 期；叶瑞克、潘婷、吴昊俊等：《认知与态度的"双重二分"——环境治理公众支付意愿研究》，《南京工业大学学报》（社会科学版）2021 年第 5 期。

② Farrow K, Grolleau G, Ibanez L., "Social Norms and Pro-environmental Behavior: A Review of the Evidence", *Ecological Economics*, 2017, 140, 1-13.

③ 苏芳、宋妮妮、马静等：《生态脆弱区居民环境意识的影响因素研究——以甘肃省为例》，《干旱区资源与环境》2020 年第 5 期。

④ 燕继荣：《社区治理与社会资本投资——中国社区治理创新的理论解释》，《天津社会科学》2010 年第 3 期。

⑤ 李雪伟、王瑛：《社会资本视角下的社区韧性研究：回顾与展望》，《城市问题》2021 年第 7 期；李东泉：《社会资本影响社区社会组织成长绩效的研究——以成都市肖家河街道为例》，《上海城市规划》2017 年第 2 期。

⑥ North, D. C., & Weingast, B. R, "Constitutions and Commitment: The Evolution of Institutions Governing Public Choice in Seventeenth-Century England", *The Journal of Economic History*, 1989, 49 (4), 803-832.

⑦ Xiaobo, Lü, "Social Policy and Regime Legitimacy: The Effects of Education Reform in China", *American Political Science Review*, 2014, 108 (2), 423-437.

⑧ 王磊：《国家策略中的社会资本生长逻辑——基于环境治理的分析》，《公共管理学报》2017 年第 4 期。

关系的折射①。也就是说，亲环境行为不只是公民个体偏好或环境规范的结果，还嵌入特定政治结构和治理格局中②。如前所述，在生态文明建设领域，国家自上而下地出台了一系列法规和政策进行调节，如"国家生态文明试验区试点""环保督察巡视制度""环境保护公众参与办法"等。显然，在环境规范之外，政策的介入和干预会影响到公众的意识与认知，继而影响公众亲环境行为。尽管有少数研究关注到制度信任、政策满意度等政治性因素对公民环保态度和行为的影响③，但令人遗憾的是，这种影响及其实际效果仍然是模棱两可。例如，不少研究更倾向于认为环境规范而非政府力量才是影响社会自发行为的关键因素。因此，政策感知、环境规范对亲环境行为之间的作用关系尚缺少一个清晰、完整的解释链条。

其次，居民也应是城市生态文明知识的传播者。如今，人类社会已进入以互联网信息和媒介为基础的数字时代，人际联系与信息传播的阵地也从实体空间转移发展到数字虚拟空间④。互联网融入市民生活后，极大地提升了个人社会参与和公民参与的广度和深度⑤。因此，数字时代下的城市文明建设中，互联网技术的使用会对居民亲环境行为产生一定的影响⑥。然而，尚未有研究探讨互联网这一要素在前述亲环境行为链条中所起的具体作用。

本研究关注数字时代的城市生态文明治理创新。在此背景下，研究提出两个核心具体问题：政策干预感知如何影响公众亲环境行为？环境规范和互

---

① 陈鹏：《城市社区治理：基本模式及其治理绩效——以四个商品房社区为例》，《社会学研究》2016 年第 3 期；董茜、邓毅、高燕等：《中国国家公园的社区共管模式特征及管理分类——基于社会资本理论》，《环境保护》2019 年第 24 期。

② Casaló, L. V., Escario, J. J., Rodriguez-Sanchez, C., "Analyzing Differences between Different Types of Pro-Environmental Behaviors: Do Attitude Intensity and Type of Knowledge Matter", *Resources, Conservation and Recycling*, 2019, 149, 56-64.

③ 高健、余富强、丁炫凯：《信任、环保工作满意度与环保态度——基于 CGSS2010 数据》，《社会科学家》2020 年第 8 期。

④ 邱泽奇：《数字社会与计算社会学的演进》，《江苏社会科学》2022 年第 1 期。

⑤ 聂爱云、郭莹：《互联网使用与居民社会资本——基于中国家庭追踪调查数据的研究》，《宏观经济研究》2021 年第 9 期。

⑥ 宋金昭、陈丽：《互联网使用对城镇居民亲环境行为的影响——基于社会资本的中介效应检验》，《经营与管理》2023 年第 7 期。

联网使用频率在其中发挥什么样的作用机制？现有的研究仅从政府，或社会，或个体的单一角度探讨城市生态文明中的亲环境行为，由此产生的结论可能不完整或片面。本研究选择中国综合社会调查数据进行客观测量与实证分析，旨在将政策干预感知、环境规范及互联网使用频率纳入新的分析框架，试图从理论与实证角度探讨它们对公民亲环境行为的影响，从而为上述问题提供明确的答案，为构建以公众为核心的信息共享平台提供启示，推动实现多方参与，形成数字时代下的共建共治共享的新时代生态文明治理格局。

二 文献回顾与假设提出

（一）亲环境行为及类型

生态环境保护是贯彻新发展理念，实现生态文明高水平建设和高质量发展的重要指向[1]。公众是生态文明体系建设的基本群体，公众的资源节约型和环境友好型行为会对环境保护产生直接的影响[2]。同时，环境保护及参与也被视为体现民主及需求是否得到满足的一种方式[3]。过去，学者们常用各种术语描述亲环境行为，包括绿色消费行为、环保意识行为、对环境负责的行为、环保行动主义、环境友好型行为等。

实际上，亲环境行为按照执行目标、频率和成本等属性可分为不同类型，如分类垃圾，使用街头垃圾桶，使用节能灯泡以及使用回收中心等[4]。

① 张平淡、袁浩铭：《生态文明高水平建设有利于经济发展吗——以长江经济带 128 个地级城市为样本》，《经济问题探索》2019 年第 12 期。

② 彭文英、刘丹丹：《公众生态文明认知-行为逻辑路径及影响因素研究——基于疫情期公众调查》，《干旱区资源与环境》2021 年第 3 期。

③ Wiedemann, P. M., & Femers, S., "Public Participation in Waste Management Decision Making: Analysis and Management of Conflicts", *Journal of Hazardous Materials*, 1993, 33 (3), 355-368.

④ Casaló, L. V., Escario, J. J., Rodriguez-Sanchez, C., "Analyzing Differences between Different Types of Pro-Environmental Behaviors: Do Attitude Intensity and Type of Knowledge Matter", *Resources, Conservation and Recycling*, 2019, 149, 56-64.

有学者将亲环境行为分为公众的主动参与，例如参与植树造林，不随地吐痰和使用环保物品，以及人在社会环境中的整体行为，例如参与生态文明建设活动，严格参与政策法治建设等行为①。Stern 等界定了三种类型的环保活动与行为，即绿色购买行为，良好的公民行为（例如回收）和环保活动家行为②。其中，绿色购买行为涉及对与购买特定产品或服务相关的环境后果的关注③④。Lee 等则认为良好的公民行为是一种比绿色购买行为更纯粹、更积极的亲环境行为形式，因为它需要一定程度的个人成本或牺牲，并且对环境保护或保存有更直接的影响。另一类环保活动家行为是最集体的行为形式，因为它通常涉及公共行动，例如，与政府代表沟通以解决环境问题和支持环保组织。环保活动家行为关注的是通过政治过程而不是个人层面在制度层面做出改变的行动，这是解决环境问题的集体行为形式⑤。

由此可见，亲环境行为兼具了个体导向和公共导向的双重属性，而鉴于绿色购买行为本身亦是一种公民层面的亲环境行为，本研究认为，亲环境行为应当包括面向私域的亲环境行为以及面向公域的亲环境行为。其中，私域亲环境行为是公民个人对环境保护做出的直接性行为，体现的是一种私域行为，包括了垃圾回收、使用节能产品等。公域亲环境行为则是公民参与到集体环境保护行动中的一种公共行为，包括了参加制度协商，参与环保公益行动等，有时这类参与是为了表达决策意见、评估环境，以及直接设计标准⑥。

---

① 彭文英、刘丹丹：《公众生态文明认知-行为逻辑路径及影响因素研究——基于疫情期公众调查》，《干旱区资源与环境》2021 年第 3 期。

② Stern, P. C., "Information, Incentives, and Proenvironmental Consumer Behavior", *Journal of Consumer Policy*, 1999, 22 (4), 461-478.

③ Moisander, J., "Motivational Complexity of Green Consumerism", *International Journal of Consumer Studies*, 2007, 31 (4), 404-409.

④ Scheffer, V. B., *The Shaping of Environmentalism in America*, University of Washington Press, 1991.

⑤ Lee Y, Kim S, Kim M, et al., "Antecedents and Interrelationships of Three Types of Pro-environmental Behavior", *Journal of Business Research*, 2014, 67 (10), 2097-2105.

⑥ Wiedemann, P. M., & Femers, S., "Public Participation in Waste Management Decision Making: Analysis and Management of Conflicts", *Journal of Hazardous Material*, 1993, 33 (3), 355-368.

（二）政策干预感知、环境规范与亲环境行为

1.政策干预感知视角

感知是行为的指南。当个人相信他们的行为将对促进社会共同利益产生影响时，他们更有可能合作。例如，态度积极的人在相信自己可以为解决环境问题做出贡献时，往往会更多地产生亲环境行为[①]。公众的心理感知与主体评价会对态度与行为选择产生影响[②]。当居民对于城市环境管理计划的评价越高，对维护环境的信心越高，其对组织不信任的可能性也就越低[③]。

在正式的制度层面，政府施行的各项方针、政策安排及其本身的行政能力均会对公众感知产生影响[④]。过去，政府部门发挥动员、宣传与决策优势，既能增进居民对环保知识与政策的了解，还能提高政策配合度与环境设施维护率，增加民众信任[⑤]。政府动员通过政治教化传递信念，继而改变民众意识与行为。长期以来，政府通过出台政策、设置规则及价值引导等方式对于居民的态度与行为进行调控。"环保督察""一票否决""环保军令状""信息披露"等皆是政府决策方向、制度安排与治理能力的体现。政府通过强力动员与增强承诺可信度的方式，对公众的政治支持发挥

① Lee Y，Kim S，Kim M，et al.，"Antecedents and Interrelationships of Three Types of Pro-environmental Behavior"，*Journal of Business Research*，2014，67（10），2097-2105.

② 耿言虎：《冷漠的大多数：基层环境治理中居民弱参与现象研究——基于"环境关联度"的视角》，《内蒙古社会科学》2022年第2期；郑姗姗、王浦劬：《公众安全感与政府信任的结构性相关关系实证研究》，《中国行政管理》2022年第9期；邓明、仇勇：《环境污染如何影响了居民的政府信任？——基于"中国式分权"视角的研究》，《公共管理评论》2018年第3期。

③ 王凯民、檀容基：《环境安全感、政府信任与风险治理——从"邻避效应"的角度分析》，《行政与法》2014年第2期。

④ 徐贵宏：《政府声誉、政府能力与非政府组织对政府的信任》，《公共管理学报》2009年第1期。

⑤ 刘叶、王军、张尚洁等：《白洋淀流域农村水环境治理农户参与意愿研究——以安新县PPP项目为例》，《天津农业科学》2021年第11期。

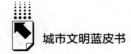

着显著的促进作用。① 当现有制度存在问责风险性高、激励缺失或规则供给不足等困境时，公民参与环境治理的积极性与主动性则会受到遏制②。

基于此，本研究提出假设一：政策实施会对公众产生感知影响，而公众的政策干预感知会影响到居民的亲环境行为。

假设 1a：政策干预感知会正向影响私域亲环境行为。

假设 1b：政策干预感知会正向影响公域亲环境行为。

2. 社会规范视角

社会规范是社会学研究的经典主题，帕特南曾提出了社会规范是社会资本的重要组成部分，互利互惠互信的规范是有助于促进社会生产和制度合作的③，在自然状态之下，社会规范起着不可忽视的联结与引导功能④。其不仅影响着宏观层面的社会发展与城市建设，还影响着微观层面的公民心理健康及环保、捐赠、参与等行为⑤。民众的道德规范和价值观念本身是行为的内在影响因素⑥。

实际上，社会规范是公民行为的制约与指引⑦。罗纳德·英格尔哈特（Ronald Inglehart）曾提出后物质主义价值观，这类公众的价值观是影响行为的关键因素，例如，当公众的价值观念越是倾向于后物质主义时，其就越有可能实施更多的亲环境行为。社会规范能有效应对集体合作困境，防止

---

① 郑振清、苏毓淞、张佑宗：《公众政治支持的社会来源及其变化——基于 2015 年"中国城乡社会治理调查"（CSGS）的实证研究》，《政治学研究》2018 年第 3 期；郑思尧、孟天广：《环境治理的信息政治学：中央环保督察如何驱动公众参与?》，《经济社会体制比较》2021 年第 1 期。

② 张紧跟：《公民参与地方治理的制度优化》，《政治学研究》2017 年第 6 期。

③ 罗伯特·D·帕特南：《使民主运转起来》，中国人民大学出版社，2015。

④ 燕继荣：《社区治理与社会资本投资——中国社区治理创新的理论解释》，《天津社会科学》2010 年第 3 期。

⑤ 应优优：《公众参与行为的影响因素及城乡差异——基于社会资本的视角》，《甘肃行政学院学报》2018 年第 4 期；邓国胜、荣幸：《互联网使用，社会资本与家庭捐赠行为——来自 CFPS 的经验证据》，《浙江工商大学学报》2022 年第 5 期。

⑥ 陈捷、卢春龙：《共通性社会资本与特定性社会资本——社会资本与中国的城市基层治理》，《社会学研究》2009 年第 6 期。

⑦ 杨敏：《作为国家治理单元的社区——对城市社区建设运动过程中居民社区参与和社区认知的个案研究》，《社会学研究》2007 年第 4 期。

"搭便车"和机会主义行为的产生，从而优化资源配置并推动公共利益的最大化[1]，其对改变居民环境态度方面有显著的促进作用[2]。环境规范则指居民对与环境相关的规范的遵守。

基于此，本研究提出假设二：环境规范作为居民行为的价值引领，其会对居民亲环境行为产生积极影响。

假设 2a：环境规范会正向影响私域亲环境行为。

假设 2b：环境规范会正向影响公域亲环境行为。

3. 政策干预感知与环境规范的影响

在发展中国家，政府干预措施是环境治理研究中不可忽视的元素，它影响着居民的偏好与感知。Kinzig 等认为，政府干预在某种程度上受到现行环境规范的制约，但这些干预也有能力促使环境规范本身发生持久变化[3]。不同于西方公民社会中自发合作生成的互惠互助精神，在中国，国家特征深刻根植于环境规范体系中。一方面，当处于弱参与和弱合作的状态时，居民易陷入加强团结与合作的困境[4]。此时，国家发挥着积极的指导与建设者角色，通过制度安排和思想引领的方式规制着居民互动及社会组织的运作规范，推动符合社会主义核心价值观的规范体系建立，形成良性、有序的互动与合作。另一方面，在所有的规则制定与活动组织中，坚持党的全面领导和坚持中国特色社会主义制度等是基本原则。于是乎，这些环境规范同时被嵌

---

① 张诚：《培育社会资本：建设社会治理共同体的方向与路径》，《东北大学学报》（社会科学版）2021 年第 5 期。
② 毛馨敏、黄森慰、王翙嘉：《社会资本对农户参与环境治理意愿的影响——基于福建农村环境连片整治项目的调查》，《石家庄铁道大学学报》（社会科学版）2019 年第 1 期；李泽宇、罗小锋、黄炎忠等：《"激励" OR "约束"——社会资本对农户村域生态治理参与意愿的作用再思考》，《中国农业大学学报》2020 年第 2 期。
③ Kinzig, A. P., Ehrlich, P. R., Alston, L. J., et. al, "Social Norms and Global Environmental Challenges: The Complex Interaction of Behaviors, Values, and Policy", *BioScience*, 2013, 63 (3), 164-175.
④ 陈福平：《强市场中的"弱参与"：一个公民社会的考察路径》，《社会学研究》2009 年第 3 期。

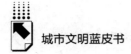

入安全、稳定、和谐等价值观体系当中①。

在集体性公益活动中，公民逐渐建立起广泛、包容的社会联结与合作，自觉遵守社会公德和社区规范，最终培育互助的公民精神和形成良性的互惠规范②。也就是说，政策干预感知可能利用环境规范的力量来实现环境目标。

基于此，本研究提出假设三：政策干预感知会通过环境规范这一中介变量，对居民亲环境行为产生影响。

假设3a：政策干预感知通过环境规范，正向影响私域亲环境行为。

假设3b：政策干预感知通过环境规范，正向影响公域亲环境行为。

4.数字文明中的互联网的调节

信息技术的应用是数字时代城市文明建设的重要组成部分，推动产业创新③、深度学习与信息高速处理，从而使公民实现更大范围的交流互动④。数字时代的到来，也意味着中国社会进入了现实交往与虚拟交往同步的移动互联时代，人们的生产与生活发生重大变化⑤。由此，社会行动同数字技术工具的结合与应用研究成为新趋势，新的社会互动与交往模式逐步形成。对于生态文明建设来说，数字技术不仅能够精准识别生态环境问题，有效提高生态环境保护与治理的效能，还能促进数字经济与绿色经济协同⑥。部分研究发现，居民生活习惯与环境规范并非固定不变，消费理念与环保行为观念可能会随社会和技术环境的变化而改变。例如，数字技术通过打造绿色产

① 刘欣、田丰：《城市基层党建与社区社会资本生成——基层社区党建的延展效应》，《学术月刊》2021年第6期。

② 毛佩瑾、徐正、邓国胜：《不同类型社区社会组织对社会资本形成的影响》，《城市问题》2017年第4期。

③ 李凤亮、潘道远：《文化创意与经济增长：数字经济时代的新关系构建》，《山东大学学报》（哲学社会科学版）2018年第1期。

④ 傅才武、秦然然：《数字技术时代城市文化发展动力机制的转轨——以深圳为中心》，《福建论坛》（人文社会科学版）2023年第10期。

⑤ 王天夫：《数字时代的社会变迁与社会研究》，《中国社会科学》2021年第12期。

⑥ 李怡、宋何萍：《生态文明建设中的数字技术赋能及价值研究》，《学术研究》2023年第10期。

品、信息、模式和平台，引领绿色低碳生活新时尚，推动全社会形成可持续消费新模式①；社交媒体改变了社区交流与活动的形式，互联网改变着信息的获取方式和环境规范的形成②，互联网的再教育等技术策略则有助于提升公民的环保态度和素养③。此时，人际关系与互动规范发生重塑。例如，团购微信群就是信息时代的新产物，即根据特定群体或组织所延展出了独特的信任机制④。

但是，这种形式的变化未必会改变社会资本的本质特征与结构，这类作用更多体现的是一种促进或推动性效果。基于此，本研究提出假设四：互联网的使用频率在环境规范对政策干预感知之间亲环境行为的中介影响机制中起调节作用。

假设 4a：互联网使用频率显著调节环境规范在政策干预感知与私域亲环境行为中的中介作用。

假设 4b：互联网使用频率显著调节环境规范在政策干预感知与公域亲环境行为中的中介作用。

三 数据来源、变量选取与模型构建

（一）数据来源

本研究数据来源于 2021 年中国综合社会调查。该调查是由中国人民大

---

① 陈伟雄、李宝银、杨婷：《数字技术赋能生态文明建设：理论基础、作用机理与实现路径》，《当代经济研究》2023 年第 9 期。
② 刘伯凡、赵玉兰、梁平汉等：《政务新媒体与地方政府信任：来自开通政务微博的证据》，《世界经济》2023 年第 5 期；郭士祺、梁平汉：《社会互动、信息渠道与家庭股市参与——基于 2011 年中国家庭金融调查的实证研究》，《经济研究》2014 年第 1 期。
③ 彭代彦、李亚诚、李昌齐：《互联网使用对环保态度和环保素养的影响研究》，《财经科学》2019 年第 8 期。
④ 易若彤：《差序格局与信任困境：疫情之下社区团购志愿者与居民的关系建构》，《传媒观察》2022 年第 5 期；慕羽：《广场舞女性参与者的社会身份议题——从"差序格局"到"公共意识"的建立》，《北京舞蹈学院学报》2021 年第 1 期。

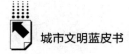
学中国调查与数据中心负责执行的我国第一个全国性、综合性、连续性的大型社会调查项目。调查采取多阶分层抽样的方法,并在全国范围内开展。2021 年该调查数据以 18 岁及以上受访者为研究对象,有效样本数量为 8148 个。本研究仅保留所需要的被解释变量、解释变量、中介变量和控制变量样本,剔除上述变量中存在缺失值和回答"不知道、拒绝回答"的样本,最终得到有效样本数为 2317 个。

(二)变量选取

1. 自变量:公众环境政策干预感知

本研究的自变量为公众环境政策干预感知。通过询问受访者"您对以下各种事项或知识点的了解程度?"来测量居民对环境政策干预的感知情况。其中的事项或知识点包括"生态文明""生态补偿""生态保护红线""生态文明体制改革""国家生态文明试验区""生态文明建设目标评价考核""国土主体功能区""循环经济""环保督察巡视""大气污染防治行动计划""水污染防治行动计划""土壤污染防治行动计划""环境保护公众参与办法""党政领导干部生态环境损害责任追究"14 个方面。对其采用主成分因子分析,KMO 值为 0.931,Bartlett 球形检验达到 0.001 的显著水平,得到一个因子命名为"政策干预感知",其解释力为 87.254%。

2. 中介变量:环境规范

本研究的中介变量为环境规范。研究通过询问受访者"我们想了解一下您对人类社会与环境关系的一般看法。请问您对下列说法的同意程度如何?"进行测量。其中,具体说法包括"目前的人口总量正在接近地球能够承受的极限""人是最重要的,可以为了满足自身的需要而改变自然环境""人类对于自然的破坏常常导致灾难性后果""目前人类正在滥用和破坏环境"等。对其采用主成分因子分析,KMO 值为 0.973,Bartlett 球形检验达到 0.001 的显著水平,得到一个因子命名为"环境规范",其解释力为 61.381%。

3. 因变量: 亲环境行为

本研究的因变量为亲环境行为。通过询问受访者"为了解决垃圾处理的各种难题,您在多大程度上愿意做出以下努力?"来进行测量。对其采用主成分因子分析,KMO 值为 0.788,Bartlett 球形检验达到 0.001 的显著水平。根据特征值大于 1 的原则,采用最大方差法得到旋转后的因子对环境保护行为参与的方差贡献率为 42.450%,总贡献率达到 74.054%。各子变量的因子载荷系数如表 1 所示。根据因子分析结果可知,亲环境行为可提取出两个因子,本研究将其分别命名为"公域亲环境行为"和"私域亲环境行为"。

表 1　有关亲环境行为的因子分析结果（显示大于 0.45 的因子载荷）

问题回答	公域亲环境行为	私域亲环境行为	公因子方差
1. 如果政府增加税收能够专门用于改善城市垃圾处理问题,我愿意接受合理增税	0.845		0.748
2. 如果有机会,主动与政府、环保组织、专家、垃圾处理方等相关部门交涉垃圾处理问题	0.819		0.745
3. 愿意作为志愿者定期参与维护环境整洁的公益劳动	0.746		0.709
4. 愿意同其他居民一起讨论垃圾分类计划	0.659		0.609
5. 回收再利用家庭生活用品		0.858	0.818
6. 经常对家庭生活产生的垃圾进行分类投放		0.852	0.814

4. 控制变量

为了避免遗漏变量偏误及按照社会学研究惯例,本研究选取性别、年龄、户籍类型、受教育程度、政治面貌、社会阶层、个人全年总收入（取对数）7 个常见的人口统计学变量作为控制变量。

（三）模型构建

本研究旨在考察公众对环境政策的干预感知对亲环境行为的影响,并探

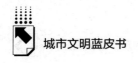

究环境规范在其中发挥的中介作用。因此，本研究结合采用逐步回归法和Bootstrap方法来检验中介效应，从而分析公众对环境政策的干预感知对亲环境行为的内在影响机制。逐步回归法的模型设定如下：

$$Y = cX + \lambda_i C_i + \varepsilon_i \tag{1}$$

$$M = aX + \lambda_i C_i + \varepsilon_i \tag{2}$$

$$Y = c'X + bM + \lambda_i C_i + \varepsilon_i \tag{3}$$

其中，Y 为居民的亲环境行为，M 为环境规范，C_i 为一系列控制变量，ε_i 为回归残差，c、a、c'、b、λ_i 为待估计系数。式（1）中系数 c 为公众对环境政策的干预感知对亲环境行为影响的总效应，式（3）中系数 c' 为公众对环境政策的干预感知对亲环境行为影响的直接效应，a、b 为环境规范的中介效应。

四 模型结果与分析

（一）环境规范的中介作用检验（基于逐步回归法的中介效应检验）

根据中介效应检验程序，本研究首先采用逐步回归法对环境规范的中介效应进行检验，表 2 汇报了逐步回归模型结果。

列（1）到列（3）为以私域亲环境行为为因变量的模型。首先，系数 c 为 0.051，并且在 1% 的水平上显著，说明环境政策干预感知对居民私域亲环境行为影响的总效应存在，总效应为 0.051；其次，系数 a 为 0.204，系数 b 为 0.360，并且均在 0.1% 的水平上显著，则说明环境规范的中介效应存在；此外，因系数 c' 不显著，故环境规范在环境政策干预感知对居民私域亲环境行为的影响上存在完全中介效应。

列（4）到列（6）为以公域亲环境行为为因变量的模型。首先，系数 c 为 0.071，并且在 0.1% 的水平上显著，说明环境政策干预感知对居民公域亲环境行为影响的总效应存在，总效应为 0.071；其次，系数 a 为 0.204，系数 b 为 0.396，并且均在 0.1% 的水平上显著，则说明环境规范的中介效应存在；此外，因系数 c' 不显著，故环境规范在环境政策干预感知对居民公域亲环境行为的影响上存在完全中介效应。

表 2　逐步回归模型结果

	私域亲环境行为（1）	环境规范（2）	私域亲环境行为（3）	公域亲环境行为（4）	环境规范（5）	公域亲环境行为（6）
截距项	−0.049 (0.031)	0.001 (0.033)	−0.070* (0.029)	−0.039 (0.032)	0.001 (0.033)	−0.061* (0.029)
政策干预感知	0.051** (0.019)	0.204*** (0.019)	−0.022 (0.018)	0.071*** (0.019)	0.204*** (0.019)	−0.010 (0.018)
环境规范		0.360*** (0.019)				0.396*** (0.019)
控制变量	控制	控制	控制	控制	控制	控制
R^2	0.050	0.138	0.183	0.068	0.138	0.220
$Adj.\ R^2$	0.046	0.135	0.179	0.064	0.135	0.216
N	2317	2317	2317	2317	2317	2317

注：括号中为标准误，括号外为效应值；*p<0.05，**p<0.01，***p<0.001。

综合上述，从逐步回归模型结果中可以看到，在加入环境规范这个变量之后，政策干预感知对居民亲环境行为的影响显著降低，甚至出现政策干预感知所产生的作用不显著的情况，这初步证明环境规范在环境政策干预感知对居民亲环境行为的影响上存在中介效应。

（二）环境规范的中介作用检验（基于 Bootstrap 法的中介效应检验）

本研究进一步采用基于 Bootstrap 方法的中介效应分析对前文采用逐步回归法得到的中介效应结果的准确性进行检验，再抽样次数为 1000 次，结果见表 3。Bootstrap 检验分析结果显示，在以私域亲环境行为为因变量的模型中，环境规范的间接效应值为 0.073；在以公域亲环境行为为因变量的模型中，环境规范的间接效应值为 0.081。在两个模型中，环境规范的间接效应均有统计学意义。故而，这进一步证明环境规范在环境政策干预感知对居民亲环境行为的影响上存在中介效应。

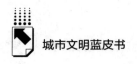

表 3　基于 Bootstrap 方法的中介效应分析

	私域亲环境行为		公域亲环境行为	
	效应值	95%CI	效应值	95%CI
间接效应	0.073 ***	[0.044,0.106]	0.081 ***	[0.048,0.113]
直接效应	-0.022	[-0.096,0.069]	-0.010	[-0.089,0.078]
总效应	0.051	[-0.021,0.151]	0.071	[-0.007,0.167]

注：* $p<0.05$，** $p<0.01$，*** $p<0.001$；Bootstrap 再抽样次数＝1000。

（三）互联网的调节作用检验（基于 Bootstrap 法的有调节的中介效应检验）

鉴于环境政策干预感知对居民亲环境行为的影响是以间接效应为主，因此，有必要继续探究中介效应发挥的边界条件，即明确环境政策干预感知对居民亲环境行为的作用是否受其他因素影响。结合前文的理论假设，本研究进一步分析数字时代中信息技术应用的效果，研究互联网使用频率不同的公众，环境规范对其亲环境行为的促进作用影响结果是否存在差异。

本研究以政策干预感知为自变量，亲环境行为为因变量，环境规范为中介变量，互联网使用频率为调节变量，进行有调节的中介效应分析。互联网使用频率对以亲环境行为作为因变量的中介模型的调节效应检验结果见表4。

从结果中可知，低互联网使用频率和中互联网使用频率在私域亲环境行为及公域亲环境行为的中介模型中均起显著调节作用，高互联网使用频率在公域亲环境行为的中介模型中起显著调节作用。

综上，政策干预感知通过环境规范影响居民亲环境行为这一过程受到互联网使用频率的影响。具体而言，对于互联网使用频率为低度和中度的居民，政策干预感知通过环境规范对居民亲环境行为影响的间接效应相对较强。但是，对于互联网使用频率为高度的居民，这种间接效应相对较弱，且主要体现在公域亲环境行为方面。

表 4　基于 Bootstrap 方法的有调节的中介效应分析

	私域亲环境行为		公域亲环境行为	
	效应值	95%CI	效应值	95%CI
低互联网使用频率(-SD)	0.084***	[0.050,0.122]	0.090***	[0.053,0.128]
中互联网使用频率(Mean)	0.052***	[0.028,0.080]	0.062***	[0.037,0.090]
高互联网使用频率(+SD)	0.020	[-0.004,0.056]	0.035*	[0.012,0.066]

注：* p<0.05，** p<0.01，*** p<0.001；Bootstrap 再抽样次数 = 1000。

这可以解释为：在数字时代背景下，对于互联网使用频率较高的居民来说，互联网是他们获知包括环境问题现状、环境政策推行及环境规范的重要途径。有研究发现，互联网的日常使用可以扩大城市中的非制度化政治参与[①]。在这一情况下，互联网的使用能够提升居民的互动水平、提升环保素养、改善其风险态度[②]，而由互联网带来的对政策干预的感知及环境规范、环保知识等直接影响他们的亲环境行为采取[③]。换言之，互联网作为主要因素影响居民的亲环境行为，环境规范、环保意识等作为中介因素纳入其中。而对于互联网使用频率越低的居民来说，互联网原本所能发挥的媒介作用越不足，政策干预感知更主要通过影响他们遵守、理解与环境相关规范的程度，进而影响他们的亲环境行为。基于此，在鼓励居民采取亲环境行为的政策推行中，应重视互联网的宣传引导及动员作用，促使居民提高对环境政策、环境规范的理解与支持。

---

① 陈云松：《互联网使用是否扩大非制度化政治参与基于 CGSS2006 的工具变量分析》，《社会》2013 年第 5 期。

② 许晓柳、张德元：《互联网使用对农户亲环境行为的影响分析——基于 CRHPS2019 微观数据的实证研究》，《哈尔滨师范大学社会科学学报》2022 年第 5 期。

③ 柳建坤、张云亮：《互联网使用、环境知识与公众亲环境行为》，《哈尔滨工业大学学报》（社会科学版）2022 年第 2 期。

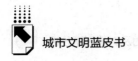

五 结论与讨论

环境保护与治理是国家现代化进程中高质量发展的重要路径，而居民亲环境行为直接影响环保事业的发展和政府治理的绩效，亲环境行为及其影响因素分析是非常值得深入探讨的公共议题。本研究重视和界定公民不同类型的亲环境行为，提出面向个体与面向公众的双重亲环境行为模式。在数字时代城市生态文明建设过程中，本研究高度重视和分析亲环境行为的影响因素，关注政策干预感知、环境规范和互联网使用频率等重要变量的作用及影响机制，其中，政策干预感知体现为对居民的感知影响。在此基础上，本研究采取中国综合社会调查数据进行客观测量与实证分析，探讨分析环境政策干预感知、环境规范与居民亲环境行为之间的因果关系。根据数据结果，本研究所提出的假设一、假设二、假设三、假设四都得到了验证，政策干预感知显著正向影响私域亲环境行为和公域亲环境行为，同时，研究的因果中介分析表明，环境规范发挥着中介效果，在政策干预感知对居民的亲环境行为中产生影响。此外，政策干预感知通过环境规范影响居民亲环境行为这一过程受到互联网使用频率的影响。对于互联网使用频率为低度和中度的居民，政策干预感知通过环境规范对居民亲环境行为影响的间接效应相对较强。

环境规范是个体行为的外部影响，促进居民的参与行为和公益精神的形成。但是，不同于公民自治的西方社会，中国环境治理和公众参与行为中嵌入了明显的政策调控色彩。国家在现代化生态文明建设中和环境规范中有着不可忽视的作用。也就是说，国家之手是如何介入，产生何种影响，环境规范在其中的定位等都是非常关键的环节。其中，公共政策的制定和执行会对居民行为产生直接影响，对政策和制度的关注本身是推进生态环境治理体系和治理能力现代化的重要路径。同时，政府应通过一系列制度安排、公共政策和思想宣传等方式，自上而下地塑造和影响居民的价值与行为规范，继而使城市居民产生亲环境行为。比如，把生态文明建设融入社会主义核心价值观，弘扬和宣传尊重自然、顺应自然、保护自然的生态文明价值观，倡导和培育新时代生态文明理念与生活方式等。

此外，数字时代的到来，也意味着中国社会进入了现实互动与虚拟交往同步的移动互联时代，标志着新时代的社会治理研究亟须形成新范式、新方法与新思路。互联网的应用在公共治理和居民行为中体现出越来越重要的作用，本研究发现其会对居民的规范塑造及行动积极性有明显的调节作用，这也给未来的研究提供启示。在动员居民采取亲环境行为时，应相对应地关注居民的互联网使用情况，也应更加关注在数字时代，城市生态文明治理中，互联网媒介类型、使用频率、传播方式和技术应用等主题与亲环境行为相关的影响机制。

本研究为构建数字时代中国现代化生态文明建设研究提供一种实证铺垫与理论启示，旨在转变固有的一元研究范式，将研究注意力引入政策干预下的公民行为研究，既能理解环境规范、互联网使用频率等变量对于人类文明、公民素养和行为秩序的影响，又充分有效调动公众环境保护和参与的积极性，这也有利于推进中国式现代化环境共治理论研究，为数字时代生态环境文明城市建设与政府决策提供经验启示。

参考文献

［1］ Casaló, L. V., Escario, J. J., Rodriguez-Sanchez, C., "Analyzing Differences between Different Types of Pro-Environmental Behaviors: Do Attitude Intensity and Type of Knowledge Matter", *Resources, Conservation and Recycling*, 2019, 149.

［2］ Farrow K, Grolleau G, Ibanez L., "Social Norms and Pro-environmental Behavior: A Review of the Evidence", *Ecological Economics*, 2017, 140.

［3］ Kinzig, A. P., Ehrlich, P. R., Alston, L. J., et. al, "Social Norms and Global Environmental Challenges: The Complex Interaction of Behaviors, Values, and Policy", *BioScience*, 2013, 63 (3).

［4］ Lee Y, Kim S, Kim M, et al., "Antecedents and Interrelationships of Three Types of Pro-environmental Behavior", *Journal of Business Research*, 2014, 67 (10).

［5］ Moisander，J.，"Motivational Complexity of Green Consumerism"，*International Journal of Consumer Studies*，2007，31（4）．

［6］ North，D. C.，& Weingast，B. R，"Constitutions and Commitment：The Evolution of Institutions Governing Public Choice in Seventeenth-Century England"，*The Journal of Economic History*，1989，49（4）．

［7］ Ralph H，R. B C.，"Determinants of Different Types of Positive Environmental Behaviors：An Analysis of Public and Private Sphere Actions"，*Sustainability*，2020，12（20）．

［8］ Scheffer，V. B.，*The Shaping of Environmentalism in America*，University of Washington Press，1991．

［9］ Stern，P. C.，"Information，Incentives，and Proenvironmental Consumer Behavior"，*Journal of Consumer Policy*，1999，22（4）．

［10］ Wiedemann，P. M.，& Femers，S.，"Public Participation in Waste Management Decision Making：Analysis and Management of Conflicts"，*Journal of Hazardous Materials*，1993，33（3）．

［11］ Xiaobo，Lü，"Social Policy and Regime Legitimacy：The Effects of Education Reform in China"，*American Political Science Review*，2014，108（2）．

［12］ 曹和平、奚剑明、陈玥卓：《城镇居民对环境治理的边际支付意愿》，《资源科学》2020 年第 5 期。

［13］ 陈福平：《强市场中的"弱参与"：一个公民社会的考察路径》，《社会学研究》2009 年第 3 期。

［14］ 陈捷、卢春龙：《共通性社会资本与特定性社会资本——社会资本与中国的城市基层治理》，《社会学研究》2009 年第 6 期。

［15］ 陈鹏：《城市社区治理：基本模式及其治理绩效——以四个商品房社区为例》，《社会学研究》2016 年第 3 期。

［16］ 陈伟雄、李宝银、杨婷：《数字技术赋能生态文明建设：理论基础、作用机理与实现路径》，《当代经济研究》2023 年第 9 期。

［17］ 陈云松：《互联网使用是否扩大非制度化政治参与基于 CGSS2006 的工具变量分析》，《社会》2013 年第 5 期。

［18］ 邓国胜、荣幸：《互联网使用，社会资本与家庭捐赠行为——来自 CFPS 的经验证据》，《浙江工商大学学报》2022 年第 5 期。

［19］ 邓明、仇勇：《环境污染如何影响了居民的政府信任——基于"中国式分权"视角的研究》，《公共管理评论》2018 年第 3 期。

［20］ 董茜、邓毅、高燕等：《中国国家公园的社区共管模式特征及管理分类——基于社会资本理论》，《环境保护》2019 年第 24 期。

［21］ 傅才武、秦然然：《数字技术时代城市文化发展动力机制的转轨——以深圳为

中心》，《福建论坛》（人文社会科学版）2023 年第 10 期。

［22］高健、余富强、丁炫凯：《信任、环保工作满意度与环保态度——基于 CGSS2010 数据》，《社会科学家》2020 年第 8 期。

［23］葛万达、盛光华：《环境影响评价的公众参与特征及影响因素研究》，《干旱区资源与环境》2020 年第 8 期。

［24］耿言虎：《冷漠的大多数：基层环境治理中居民弱参与现象研究——基于"环境关联度"的视角》，《内蒙古社会科学》2022 年第 2 期。

［25］郭士祺、梁平汉：《社会互动、信息渠道与家庭股市参与——基于 2011 年中国家庭金融调查的实证研究》，《经济研究》2014 年第 1 期。

［26］李东泉：《社会资本影响社区社会组织成长绩效的研究——以成都市肖家河街道为例》，《上海城市规划》2017 年第 2 期。

［27］李凤亮、潘道远：《文化创意与经济增长：数字经济时代的新关系构建》，《山东大学学报》（哲学社会科学版）2018 年第 1 期。

［28］李雪伟、王瑛：《社会资本视角下的社区韧性研究：回顾与展望》，《城市问题》2021 年第 7 期。

［29］李怡、宋何萍：《生态文明建设中的数字技术赋能及价值研究》，《学术研究》2023 年第 10 期。

［30］李泽宇、罗小锋、黄炎忠等：《"激励"OR"约束"——社会资本对农户村域生态治理参与意愿的作用再思考》，《中国农业大学学报》2020 年第 2 期。

［31］刘伯凡、赵玉兰、梁平汉等：《政务新媒体与地方政府信任：来自开通政务微博的证据》，《世界经济》2023 年第 5 期。

［32］刘欣、田丰：《城市基层党建与社区社会资本生成——基层社区党建的延展效应》，《学术月刊》2021 年第 6 期。

［33］刘叶、王军、张尚洁：《白洋淀流域农村水环境治理农户参与意愿研究——以安新县 PPP 项目为例》，《天津农业科学》2021 年第 11 期。

［34］柳建坤、张云亮：《互联网使用、环境知识与公众亲环境行为》，《哈尔滨工业大学学报》（社会科学版）2022 年第 2 期。

［35］罗伯特·D·帕特南：《使民主运转起来》，中国人民大学出版社，2015。

［36］马本、张莉、郑新业：《收入水平、污染密度与公众环境质量需求》，《世界经济》2017 年第 9 期。

［37］毛佩瑾、徐正、邓国胜：《不同类型社区社会组织对社会资本形成的影响》，《城市问题》2017 年第 4 期。

［38］毛馨敏、黄森慰、王翊嘉：《社会资本对农户参与环境治理意愿的影响——基于福建农村环境连片整治项目的调查》，《石家庄铁道大学学报》（社会科学版）2019 年第 1 期。

［39］慕羽：《广场舞女性参与者的社会身份议题——从"差序格局"到"公共意

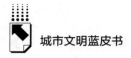

识"的建立》,《北京舞蹈学院学报》2021年第1期。

[40] 聂爱云、郭莹:《互联网使用与居民社会资本——基于中国家庭追踪调查数据的研究》,《宏观经济研究》2021年第9期。

[41] 彭代彦、李亚诚、李昌齐:《互联网使用对环保态度和环保素养的影响研究》,《财经科学》2019年第8期。

[42] 彭文英、刘丹丹:《公众生态文明认知-行为逻辑路径及影响因素研究——基于疫情期公众调查》,《干旱区资源与环境》2021年第3期。

[43] 邱泽奇:《数字社会与计算社会学的演进》,《江苏社会科学》2022年第1期。

[44] 宋金昭、陈丽:《互联网使用对城镇居民亲环境行为的影响——基于社会资本的中介效应检验》,《经营与管理》2023年第7期。

[45] 苏芳、宋妮妮、马静等:《生态脆弱区居民环境意识的影响因素研究——以甘肃省为例》,《干旱区资源与环境》2020年第5期。

[46] 王凯民、檀容基:《环境安全感、政府信任与风险治理——从"邻避效应"的角度分析》,《行政与法》2014年第2期。

[47] 王磊:《国家策略中的社会资本生长逻辑——基于环境治理的分析》,《公共管理学报》2017年第4期。

[48] 王丽萍、方然:《参与还是不参与:中国公民政治参与的社会心理分析——基于一项调查的考察与分析》,《政治学研究》2010年第2期。

[49] 章秀英:《城镇化对农民政治意识的影响研究》,《政治学研究》2013年第3期；裴志军:《自我效能感、政治信任与村民选举参与:一个自治参与的心理机制》,《农业技术经济》2014年第7期。

[50] 王天夫:《数字时代的社会变迁与社会研究》,《中国社会科学》2021年第12期。

[51] 王学义、何兴邦:《空气污染对城市居民政府信任影响机制的研究》,《中国人口科学》2017年第4期。

[52] 吴建南、徐萌萌、马艺源:《环保考核、公众参与和治理效果:来自31个省级行政区的证据》,《中国行政管理》2016年第9期。

[53] 徐贵宏:《政府声誉、政府能力与非政府组织对政府的信任》,《公共管理学报》2009年第1期。

[54] 许晓柳、张德元:《互联网使用对农户亲环境行为的影响分析——基于CRHPS2019微观数据的实证研究》,《哈尔滨师范大学社会科学学报》2022年第5期。

[55] 燕继荣:《社区治理与社会资本投资——中国社区治理创新的理论解释》,《天津社会科学》2010年第3期。

[56] 杨敏:《作为国家治理单元的社区——对城市社区建设运动过程中居民社区参与和社区认知的个案研究》,《社会学研究》2007年第4期。

[57] 叶瑞克、潘婷、吴昊俊等:《认知与态度的"双重二分"——环境治理公众

支付意愿研究》，《南京工业大学学报》（社会科学版）2021 年第 5 期。

[58] 易若彤：《差序格局与信任困境：疫情之下社区团购志愿者与居民的关系建构》，《传媒观察》2022 年第 5 期。

[59] 应优优：《公众参与行为的影响因素及城乡差异——基于社会资本的视角》，《甘肃行政学院学报》2018 年 4 期。

[60] 张诚：《培育社会资本：建设社会治理共同体的方向与路径》，《东北大学学报》（社会科学版）2021 年第 5 期。

[61] 张紧跟：《公民参与地方治理的制度优化》，《政治学研究》2017 年第 6 期。

[62] 张平淡、袁浩铭：《生态文明高水平建设有利于经济发展吗——以长江经济带128 个地级城市为样本》，《经济问题探索》2019 年第 12 期。

[63] 郑姗姗、王浦劬：《公众安全感与政府信任的结构性相关关系实证研究》，《中国行政管理》2022 年第 9 期。

[64] 郑思尧、孟天广：《环境治理的信息政治学：中央环保督察如何驱动公众参与?》，《经济社会体制比较》2021 年第 1 期。

[65] 郑振清、苏毓淞、张佑宗：《公众政治支持的社会来源及其变化——基于2015 年"中国城乡社会治理调查"（CSGS）的实证研究》，《政治学研究》2018 年第 3 期。

[66] 周晟吕、李月寒、胡静等：《基于问卷调查的上海市大气环境质量改善的支付意愿研究》，《长江流域资源与环境》2018 年第 11 期。

B.9

数字化转型与城市绿色创新研究报告[*]

任晓刚 谢贤君[**]

摘 要： 新型科技赋能企业数字化转型发展，对微观企业创新活动，尤其是绿色创新活动有着重大影响，从而对城市更新产生重要作用。本报告基于2007~2019年微观企业数据，探讨了数字化转型对城市绿色创新的影响及其内在影响机理。研究表明：数字化转型的确显著促进了城市绿色创新水平。特别是深入推动数字化转型发展可显著增强城市绿色创新原创效应、协作效应和稳定效应。机制分析显示，数字化转型发展不仅促进企业技术创新和技术进步，也有助于企业价值改善和财务稳定，最终促进城市绿色创新。进一步来看，数字化转型发展在不同企业"产权属性""科技属性"和不同企业全要素生产率与企业价值差异属性方面，对城市绿色创新的影响存在显著的异质性。在非国有企业和科技密集型企业中，数字化转型带来的城市绿色创新促进效应更为显著；无论是在全要素生产率不同的企业，还是在企业价值不同的企业中，数字化转型对城市绿色创新的促进效应均较为显著，但存在一定影响强度的差异。本报告研究结论为实现数字化转型驱动城市高质量发展及完善城市绿色创新政策框架提供可靠经验证据和政策启示。

关键词： 数字化转型 城市绿色创新 企业全要素生产率

---

[*] 本文系南方科技大学全球城市文明典范研究院开放性课题"大湾区城市技术创新质量提升的机理与路径研究"（项目编号：IGUC23B005）成果。

[**] 任晓刚，博士，北京城市学院教授，研究方向为创新政策与科技创新；谢贤君，博士，北京大学政府管理学院助理研究员，研究方向为数字经济与创新经济。

一　引言

党的二十大报告强调，高质量发展是全面建设社会主义现代化国家的首要任务。处理好经济增长与环境保护之间的关系则是高质量发展最重要的内容，也是推进和拓展中国式现代化的必要步骤。2021 年，国务院印发《2030 年前碳达峰行动方案》，强调"碳达峰"行动的核心重点任务就是大力推进绿色低碳科技创新，确保碳达峰行动扎实推进和目标精准实现，且城市绿色创新是实现城市经济高质量发展的关键①。因而，立足我国"碳达峰""碳中和"战略目标，在绿色可持续发展条件下，深入探究新时代城市绿色创新发展的驱动因素以实现城市绿色高质量发展具有重要价值。但是，关于数字化转型与城市绿色创新之间的关系仍存在一定的争议，一方面，已有的研究尚未从微观层面剖析数字化转型影响城市绿色创新的作用机制和路径；另一方面，已有的研究缺乏统一标准来衡量数字化转型程度，也尚未从绿色专利角度来测度城市绿色创新水平，进而弱化了数字化转型对城市绿色创新的解释力度。为此，区别于已有研究，本报告的贡献在于：一是构建了更加细化的数字化转型指标，也构建了城市绿色创新评价指标体系测度城市绿色创新水平。二是基于微观数据实证检验了"数字化转型－城市绿色创新"之间的关系，同时为处理数字化转型与城市绿色创新之间的内生性问题，进行了一系列稳健性检验。三是基于创新投入与产出、企业价值与财务稳定这两类绿色创新的本质特征，更为全面、深入地探讨了数字化对城市绿色创新的影响机制，有助于从微观方面理解数字化转型与城市绿色创新之间的关系。四是进一步基于不同企业产权属性、不同企业科技属性、不同企业全要素生产率和不同企业价值差异属性，探讨了数字化转型对城市绿色创新影响的异质性。

---

① Huang, J. W. , Li, Y. H. , "Green Innovation and Performance: The View of Organizational Capability and Social Reciprocity", *Journal of Business Ethics*, 2017, 145（2）, 309-324.

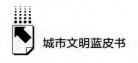

二 理论分析

数字化转型不仅有助于企业增强产品核心竞争力、拓展市场战略布局和提升运营管理效率，加速培育"专精特新"的深耕式发展模式[①]；而且有利于改善信息不对称并强化市场的正面预期以及提升企业价值和财务稳定性[②]；还有利于提升组织信息成本和削减组织代理成本推动企业分权变革，实现企业高质量发展[③]。为此，数字化转型可通过改善和优化影响城市绿色创新资源的因素，进而影响城市绿色创新。

（一）数字化转型对城市绿色创新的间接影响：基于创新投入和创新产出视角

1. 增加绿色创新投入

数字化转型发展带来数字技术的广泛应用，不仅加快了信息、数据在企业内部组织架构中传递、交流、融合和反馈的速度，也提升了信息数据在企业之间、产业之间、外部市场之间的沟通、合作与共享效率，例如，数字技术在企业中的广泛使用，提高了企业与客户、供应商、政府等外部市场主体的交流频率和沟通程度，从而缓解绿色创新信息不对称问题，增加企业绿色创新投入水平和强度。进一步实现了企业生产制造、业务管理及技术研发部门之间关于环境和资源信息数据的共享，加强企业内部人员之间的沟通交流，推动企业与外部市场交流合作，优化企业的绿色创新资源，促进城市绿色创新[④]。

---

① 李维安等：《中国上市公司绿色治理及其评价研究》，《管理世界》2019年第5期。

② 李万利等：《企业数字化转型与中国实体经济发展》，《数量经济技术经济研究》2022年第9期。

③ 吴非等：《企业数字化转型与资本市场表现——来自股票流动性的经验证据》，《管理世界》2021年第7期。

④ 刘政等：《企业数字化、专用知识与组织授权》，《中国工业经济》2020年第9期。

2. 提高城市绿色创新产出

创新资源配置效应。数字化转型发展带来新型技术的广泛应用，可实现更为高效的绿色创新资源管理和利用，提升包含物质、知识、技术、人才等在内的研发资源的配置效率，同时，数字化转型可提升信息、数据处理的效率，促使创新资源流向满足市场需求的企业部门，从而推动企业研发、生产，提供更加适应市场需求的可再生的绿色产品、绿色工艺、绿色服务，同时数字化转型带来的有效的信息共享与资源配置功能使得企业为适应环保要求，不断实现高标准、高水平、高层次的绿色产出。

技术进步效应。数字化转型借助数字技术高效传递、整合、运用知识、信息、数据，优化创新要素配置，提升企业创新资源利用效率，推进绿色创新流程与生产方式重组变革，实现更高水平的技术进步，从而提高企业绿色创新产出。进一步来看，数字化可通过提高企业创新资源配置能力，将更多的创新资源配置给技术创新能力、竞争能力较强的企业。原因在于这类企业在发展过程中具有较强的生命力，也具有获取技术资源并长期发展的动机。特别是，企业在进行绿色创新活动时往往面临概率较高的不确定性，这不仅表现为研发技术失败的不确定性，还表现为研发成功后绿色技术难以应用于企业生产。这两方面都会给企业的绿色创新投资行为带来不可估量的损失。而在数字化转型中可实行不同创新主体联合创新，避免产生投入低、收益低、风险低的创新"锁定效应"，进而增强企业创新能力，提高企业全要素生产率水平。数字化带来更高水平的信息透明度、更低的绿色研发成本和绿色创新风险，有助于企业对投资项目进行信息收集、对企业家精神状况进行探寻等，这一系列行为都可能促使企业管理者和经营者将资金运用到优质项目中，提高绿色创新项目的利润率，进而识别和投资于最有潜力、有创新能力、有竞争能力的企业，改进绿色生产工艺，提高企业的生产率水平，增强城市绿色创新活力与动力。

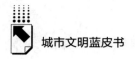

（二）数字化转型对城市绿色创新的间接影响：基于企业价值与财务稳定视角

1. 交易成本和代理成本双重降低效应

一方面，数字化转型能够有效降低企业所面临的外部交易成本[1]，进而增加企业绿色创新绩效，提高企业绿色创新收益水平，提高企业价值和改善企业财务状况。比如，数字化转型带来的数字技术的发展不仅能够提高信息透明度和时效性，进而降低企业信息搜寻、协商、谈判和监督等外部成本，从而节约企业内外部交易成本[2]，提升企业绿色创新利润，提高企业价值水平[3]。另一方面，数字化转型带来的高效的信息、数据处理效率，可显著改善企业委托代理成本，促进企业内部治理机制与外部数字经济发展环境协调互补，提高企业绿色创新收益。数字化转型降低市场交易成本，有利于企业提升价值，提高财务运作效率，在企业财务资源约束下，提升企业财务资金使用效率边界，绿色产品质量监测和节能减排环节的效率也随之提高，进一步促进城市绿色创新。

2. 股票流动性提升效应

数字化转型能改善信息不对称问题并强化市场的正面预期，显著加快了企业股票流动性，增加了投资者交换股票的频率和效率，改变了大小股东对企业的所有权结构，有利于股东最大化享有企业价值。同时，企业价值最大化，将提高管理者薪酬，可有效激励管理者绿色创新动力，从而实现企业价值提升和企业财务状况改善，推动城市绿色创新。

总之，数字化转型强化了企业对海量数据的处理能力，能够更好地克服信息不对称问题，增加绿色创新研发投入，同时，数字化转型提高了企业数

---

① Goldfarb, A., "Tucker C. Digital economics", *Journal of Economic Literature*, 2019, 57 (1), 3-43.

② 何帆等：《数字经济视角下实体企业数字化变革的业绩提升效应评估》，《改革》2019年第4期。

③ 杜传忠等：《数字经济与我国制造业出口技术复杂度——基于中介效应与门槛效应的检验》，《南方经济》2021年第12期。

字技术应用能力，并形成良好的创新生态场景，提升企业的绿色创新驱动力，此外，数字化转型提升了企业经营质量和绩效，会在一定程度上提升企业价值，为完善财务制度提供更扎实的支持。

三　研究设计

（一）计量模型

为了考察数字化转型对城市绿色创新的影响，本报告首先构建如下的计量模型：

$$GC_{i,t}=\alpha_0+\alpha_1 DIG_{i,j,k,t}+\rho control_{i,j,k,t}+Ind_k+Year_t+\varepsilon_{i,j,k,t} \tag{1}$$

其中，i，j，k，t 分别表示城市、行业、企业和年份。被解释变量 GC 表示城市绿色创新指数，核心解释变量 DIG 表示数字化转型程度，$control_{i,j,k,t}$ 为一组企业层面的控制变量，包括企业规模、企业年龄、企业流动性、企业股东权益集中度等。Ind_k 表示企业固定效应；$Year_t$ 表示年份固定效应；$\varepsilon_{i,j,k,t}$ 表示随机误差项。在回归分析中，本报告还进行了如下处理：考虑到企业的数字化转型对城市绿色创新活动的影响需要一定时间，本报告对城市绿色创新指数进行滞后处理，这也能适度减轻反向因果问题。

（二）变量选取

1. 核心解释变量

本报告选取数字化转型程度（DIG）作为核心解释变量。当前，越来越多的研究更加重视数字化转型的定量测度。但是，已有研究采用文本分析法挖掘并提取企业年报中的关键词条，统计并加总关键词在文本信息中出现的总频数，作为数字化总词频，同时将数字化总词频与年报总词数比作为反映中国企业数字化转型程度的指标，但这一做法更多倾向于从认知层面对企业数字化转型进行衡量，如何从数字化转型本质上认知企业数字化转型，将是本报告面临的一个重要挑战。更重要的是，本报告探究的是数字化转型产生的城市绿色创新效应，如果仅从文本挖掘这一视角反映数字化转型，很可能局限于数字化转型意愿，而不能反映数字化产生的城市绿色创新驱动力。鉴于此，本报告借鉴刘政等的研究方法①，以企业采用信息化的投资内容来反映企业数字化转型过程，即企业软硬件信息设备投资与新增固定投资的比值作为企业数字化转型过程的代理指标，这一指标的主要作用和价值在于反映企业数字化转型过程，体现企业数字化转型的价值增值，也反映企业数字化转型过程中的资产增值，以及这一转型过程中价值增值、资产增值对城市绿色创新带来的影响。

2. 被解释变量

本报告选取城市绿色创新指数（GC）作为被解释变量。考虑到绿色专利能够最直观地反映企业绿色技术创新活动的产出情况，且具有显著的可量化性、行业内溢出性，与研发投入指标相比，绿色专利具有明确的、可比较的技术分类，能体现创新活动的内涵、贡献②。为此，本报告从城市绿色技术原创能力、城市绿色技术创新协作能力和城市绿色创新稳定能力三个维度构建城市绿色创新指数评价指标体系。一是，关于城市绿色技术原创能力，一般将其划分为城市绿色创新综合能力、城市内部绿色技术市场发育程度和城市绿色技术创新基础能力三类。借鉴齐绍洲等的研究方法③，本报告选取绿色发明专利申请数、绿色发明专利授权数、绿色实用新型申请数以及绿色实用新型授权数四个指标测度城市绿色技术原创能力。二是，城市绿色技术创新协作能力，一般可分为地区间绿色技术市场发育程度、绿色技术创新合作水平两类。本报告选取地区间发明专利权转移数、地区间绿色发明专利联合申请数等指标衡

---

① 刘政等：《企业数字化、专用知识与组织授权》，《中国工业经济》2020 年第 9 期。

② 孙博文等：《中国绿色创新指数的分布动态演进与区域差异》，《数量经济技术经济研究》2022 年第 1 期。

③ 齐绍洲等：《环境权益交易市场能否诱发绿色创新？——基于我国上市公司绿色专利数据的证据》，《经济研究》2018 年第 12 期。

量城市绿色技术创新协作能力。三是，城市绿色创新稳定能力，本报告选取支撑绿色创新的法律与政策环境刻画城市绿色创新稳定能力。

3. 其他控制变量

本报告控制了企业层面影响数字化转型的因素，包括企业规模（size）、企业年龄（age）、企业流动性（ld）、企业股东权益集中度（gd）。其中，企业规模用企业的总员工数来衡量，企业年龄用当年年份减去企业成立年份再加1来刻画，企业流动性用企业的流动资产总额与总资产比值来表征，企业股东权益集中度用企业前5位大股东持股比例之和来表示。

（三）数据说明

本报告选取 2007~2019 年中国 A 股上市公司数据库作为研究样本的企业层面数据库。该数据库涵盖了全国 31 个省份的各类企业，覆盖了全部大类行业和绝大部分四位数行业，也详细记录了企业基本信息、财务数据和税收缴纳等情况，为研究微观企业行为提供了丰富的数据资料。被解释变量选取城市绿色创新指数。本报告进一步将地级市层面绿色创新指数数据匹配到企业数据库中，同时为了减轻异方差对估计结果的影响，本报告将所有以绝对数值度量的变量进行取对数处理。主要变量的描述性统计见表 1。

表 1　主要变量的描述性统计

变量	均值	标准差	最小值	最大值	观测值
DIG	-4.769	1.321	-8.231	-0.741	19142
GC	-2.453	1.115	-8.112	-0.226	19142
size	7.761	1.214	2.944	13.223	19142
age	2.057	0.765	0.693	3.401	19142
ld	0.688	1.028	-13.816	11.635	19142
gd	3.938	0.311	1.091	4.597	19142

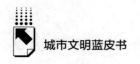

四　基准实证结果

（一）基本估计结果

表2基于模型（1）实证检验"数字化转型-城市绿色创新"关系的核心估计结果。在基准估计中，本报告分别采用了未纳入控制变量和纳入控制变量这一递进式的估计策略。列（1）显示，DIG的估计回归系数为1.013且通过了1%的统计显著性检验；列（2）中纳入了控制变量集，回归系数依然为正且通过了1%的统计显著性检验。这意味着，数字化转型程度越高，城市绿色创新水平会显著提升，二者之间呈显著正相关。由此，本报告的假说得到了经验证据支持。进一步，控制变量的系数符号基本符合预期，企业年龄对城市绿色创新水平均具有显著的抑制作用，而企业规模、企业流动性、企业股东权益集中度则对城市绿色创新水平具有正向影响。

表2　数字化转型对城市绿色创新的影响

变量	(1)GC	(2)GC
DIG	1.013 ***	1.042 ***
	(15.48)	(15.86)
size		0.000 ***
		(16.61)
age		−0.001 *
		(−1.87)
ld		0.000 **
		(2.22)
gd		0.001 ***
		(4.94)
_cons	0.140 ***	0.101 ***
	(69.07)	(11.70)
Year	YES	YES
Ind	YES	YES
adj. R^2	0.04	0.07

变量	（1）GC	（2）GC
N	14283	14283

注：表内数值为变量的回归系数，对应小括号内的数字为 t 值。 * 、 ** 、 *** 分别表示在 10%、5%、1%的水平下显著；括号内为 t 值；_cons 表示常数项。下同。

（二）稳健性检验

1. 剔除部分影响因素的影响

为避免忽略国际国内重大事件对实证检验内生性造成的干扰，例如，2008 年国际金融危机和 2015 年中国股市波动这类重大金融事件对我国经济金融系统产生冲击后，城市绿色创新水平可能面临下降，企业自身数字化转型进程也可能面临阻滞，因此，不能忽略对这类因素的探讨。为此，本报告剔除了 2008 年以来国际金融危机因素的影响，即本报告删除了 2008~2010 年的企业样本；进一步剔除 2015 年中国股市波动的影响，选取 2011~2014 年的企业样本进行回归检验。此外，本报告在剔除直辖市的企业样本后重新进行实证检验。表 3 的实证估计结果显示，数字化转型指标均为正且至少通过 1%的显著性检验，因此，核心结论"数字化转型有助于提升城市绿色创新水平"并没有发生任何改变。

表 3　稳健性检验：剔除部分样本的影响

变量	删除 2008 年国际金融危机的影响样本		删除 2008 年国际金融危机和 2015 年中国股市波动的影响样本		删除直辖市样本	
	（1）GC	（2）GC	（3）GC	（4）GC	（5）GC	（6）GC
DIG	1.072 *** (15.61)		1.117 *** (7.06)		0.377 *** (13.46)	
DIG1		0.378 *** (5.99)		0.323 ** (2.51)		0.190 *** (6.49)
控制变量	控制	控制	控制	控制	控制	控制

续表

变量	删除 2008 年国际金融危机的影响样本		删除 2008 年国际金融危机和2015 年中国股市波动的影响样本		删除直辖市样本	
	(1) GC	(2) GC	(3) GC	(4) GC	(5) GC	(6) GC
_cons	0.145 *** (67.65)	0.165 *** (64.16)	0.114 *** (34.02)	0.131 *** (32.81)	0.085 *** (103.78)	0.094 *** (89.18)
Year	YES	YES	YES	YES	YES	YES
Ind	YES	YES	YES	YES	YES	YES
adj. R^2	0.04	0.01	0.03	0.01	0.03	0.01
N	13318	9040	4348	2913	12098	6893

2. 更改时间窗口

为进一步获得更加可靠的实证数据检验估计的稳健性，本报告更改了数字化转型影响城市绿色创新水平的时间考察窗口，具体实证估计结果如表 4 所示。在列（1）至列（3）中，本报告将 DIG 进行了滞后 1~3 期处理，在列（4）至列（6）中，本报告将 GC 进行了前置 1~3 期处理并进行交叉比对。研究发现，数字化转型指标滞后 1~3 期（L. DIG、L2. DIG、L3. DIG）的估计系数为正且通过 1%显著性实证检验，数字化转型对城市绿色创新指数前置 1~3 期（F. GC、F2. GC、F3. GC）的估计系数也为正且通过 1%显著性实证检验，这就意味着无论是对核心解释变量进行滞后处理或对被解释变量进行前置处理，数字化转型对城市绿色创新水平的影响都呈现出高度显著的正向促进作用。这也从侧面为本报告的核心研究假说提供了佐证。

表 4 稳健性检验：延长窗口时间

变量	(1) GC	(2) GC	(3) GC	(4) F. GC	(5) F2. GC	(6) F3. GC
L. DIG	0.391 *** (6.28)			0.391 *** (6.28)	0.273 *** (4.18)	0.444 *** (6.57)
L2. DIG		0.273 *** (4.18)				
L3. DIG			0.444 *** (6.57)			

变量	(1) GC	(2) GC	(3) GC	(4) F. GC	(5) F2. GC	(6) F3. GC
控制变量	控制	控制	控制	控制	控制	控制
_cons	0.160***	0.164***	0.156***	0.160***	0.164***	0.156***
	(64.83)	(63.45)	(62.52)	(64.83)	(63.45)	(62.52)
Year	YES	YES	YES	YES	YES	YES
Ind	YES	YES	YES	YES	YES	YES
adj. R^2	0.01	0.02	0.01	0.01	0.02	0.01
N	9466	9269	9273	9466	9269	9273

3. 替换被解释变量

本报告依据城市绿色创新指数不同维度的权威界分，实证检验数字化转型对城市绿色创新水平三个维度的影响，表5报告了实证检验结果。实证研究发现，数字化转型指标对城市绿色创新不同维度子指标的回归系数均为正值（且至少在1%的水平上统计显著），符合本报告的预期，这也说明本项研究的回归具有高度的稳健性。特别地，数字化转型对城市绿色创新稳定能力的提升最为显著。本报告认为，企业作为城市绿色创新的主体，是城市绿色技术原创能力和城市绿色技术创新协作能力的重要载体。可见，未来政府不仅要加大对企业创新投入的财政资金、基金、税收补贴和优惠的支持力度，而且要鼓励企业开展行业前沿技术研发，推动企业加快数字化转型发展，充分发挥企业在城市绿色创新中的载体作用。上述实证检验的差异化结果，为理解数字化转型对不同维度城市绿色创新的结构特征提供了新的分析视角和经验证据。

表5 数字化转型与城市绿色创新：基于城市绿色创新指数口径的分解

变量	城市绿色技术原创能力		城市绿色技术创新协作能力		城市绿色创新稳定能力	
	(1) GC1	(2) GC1	(3) GC2	(4) GC2	(5) GC3	(6) GC3
DIG	0.211***		0.259***		0.205***	
	(3.86)		(4.39)		(3.48)	
L. DIG		1.108***		1.210***		1.298***
		(14.43)		(16.72)		(17.45)

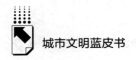
续表

变量	城市绿色技术原创能力		城市绿色技术创新协作能力		城市绿色创新稳定能力	
	（1）GC1	（2）GC1	（3）GC2	（4）GC2	（5）GC3	（6）GC3
控制变量	控制	控制	控制	控制	控制	控制
_cons	0.165 *** （67.30）	0.142 *** （56.84）	0.160 *** （65.02）	0.136 *** （56.76）	0.160 *** （64.15）	0.133 *** （56.13）
Year	YES	YES	YES	YES	YES	YES
Ind	YES	YES	YES	YES	YES	YES
adj. R^2	0.01	0.05	0.01	0.05	0.01	0.06
N	9520	9520	9173	9173	9273	9273

4. 内生性问题处理

为进一步处理内生性问题，本报告构建双重差分模型来检验数字化转型如何影响城市绿色创新：

$$GC_{i,t} = \alpha_0 + \alpha_1 treat_{i,t} \times post_{i,t} + \alpha_2 treat_{i,t} + \alpha_3 post_{i,t} + \sum_{j=1}^{n} \rho_j control_{i,j,k,t} + Ind_t + Year_t + \varepsilon_{i,j,k,t}$$

（2）

其中，*treat* 为个体虚拟变量，进一步设置时期虚拟变量 *post*。为简单起见，本报告将 2016 年在中国杭州召开的 G20 二十国集团领导人杭州峰会首次提出的发展数字经济的倡议视为政策冲击，即 2016 年及其以后年份 *post* 为 1，否则视为 0。其中，α_1 体现了企业推动数字化转型前后城市绿色创新的变化，是本报告关键变量的待估参数。基于双重差分法实证检验的实证结果如表 6 所示。在列（3）至列（6）中，*treat*×*post* 的估计系数显著为正且至少通过 5% 的显著性检验，这表明企业在进行数字化转型后，城市绿色创新水平有明显提升。特别是，列（6）在引入 *treat* 和 *post* 两个变量后，*treat*×*post* 的估计系数相对缩小，但结论依旧稳健。进一步，从列（1）至列（6）中可以基本确认，在采用双重差分法克服内生性问题后，数字化转型所带来的城市绿色创新活跃度增加。由此可以发现，经过多重的稳健性和内生性处理，本报告的核心结论依旧不变。

表6 内生性问题处理：基于数字化转型的准自然实验检验

变量	(1) GC	(2) GC	(3) GC	(4) GC	(5) GC	(6) GC
treat	0.081 ***			0.058 ***		0.063 ***
	(8.94)			(6.30)		(6.53)
post		0.057 ***			−0.019 ***	0.042 **
		(15.71)			(−3.66)	(2.38)
treat×post			0.057 ***	0.055 ***	0.076 **	0.014 ***
			(15.81)	(15.20)	(2.64)	(3.44)
控制变量	控制	控制	控制	控制	控制	控制
_cons	0.084 ***	0.140 ***	0.140 ***	0.084 ***	0.140 ***	0.079 ***
	(9.39)	(63.23)	(63.35)	(9.39)	(63.23)	(8.48)
Year	YES	YES	YES	YES	YES	YES
Ind	YES	YES	YES	YES	YES	YES
adj. R^2	0.01	0.02	0.02	0.02	0.02	0.02
N	14283	14283	14283	14283	14283	14283

五 数字化转型助推城市绿色创新机制路径的识别检验

本报告进一步借助了温忠麟等的递归方程开展数字化转型对城市绿色创新影响机制的实证检验[①]。

$$GC_{i,t}=\alpha_0+\alpha_1 DIG_{i,j,k,t}+\rho control_{i,j,k,t}+Ind_k+Year_t+\varepsilon_{i,j,k,t} \qquad (3)$$

$$Mediator_{m,i,j,k,t}=\theta_0+\theta_1 DIG_{i,j,k,t}+\rho control_{i,j,k,t}+Ind_k+Year_t+\varepsilon_{i,j,k,t} \qquad (4)$$

$$GC_{i,t}=\varphi_0+\varphi_1 DIG_{i,j,k,t}+\varphi_2 Mediator_{m,i,j,k,t}+\rho control_{i,j,k,t}+Ind_k+Year_t+\varepsilon_{i,j,k,t} \qquad (5)$$

本报告选取了 2 组中介变量（Mediator），第一组变量为创新投入（R&D，企业研发投入与营业收入的比值）和创新产出（TFP，企业全要素生产率），刻画数字化转型后企业对研发创新的"投入-产出"绩效；第二组变量为企业价值（托宾 Q 值，T-Q）和财务稳定（Z-score），刻画数字化

---

① 温忠麟等：《中介效应分析：方法和模型发展》，《心理科学进展》2014 年第 5 期。

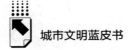

转型后企业的经济绩效和风险水平。考虑到中介效应模型中的变量传导需要一定的时间，本报告对解释变量则进行滞后 1 期处理。其余变量设定同前文所述一致。

因此，表 7 反映了"城市绿色创新投入与城市绿色技术进步"的情况与实证检验结果。研究发现，在列（2）中，数字化转型的回归系数为 1.366 且高度显著，数字化转型在很大程度上扩大了城市绿色创新研发的投入规模。一方面，数字化转型增加了创新研发投入需求，因为数字化转型是一项系统工程，需要更大的研发投入方能实现；另一方面，数字化转型激励了企业加大创新投入，数字技术应用为企业提供了更高水平的创新技术以及创造了更为高效的生态场景，使得研发投入的产出绩效水平得以提升。进一步地，在列（3）中，数字化转型的回归系数为 0.352 且高度显著，同时小于列（1）中估计系数，R&D 在列（3）的估计系数为 0.024 且高度显著，表明数字化转型通过显著增加城市绿色创新投入进而提高城市绿色创新水平。在列（4）中，数字化转型的回归系数为 1.124 且高度显著，说明数字化转型在很大程度上促进其企业技术进步。进一步地，在列（5）中，数字化转型的回归系数为 0.303 且高度显著，TFP 在列（5）的估计系数为 0.024 且高度显著，表明数字化转型通过显著提升企业技术进而提高城市绿色创新水平。这说明，数字化转型能够帮助企业提高信息搜集、解读、分析能力，帮助企业减少融资约束，增加企业创新投入，促进企业技术进步，提高技术创新的成功率。

表 7　数字化转型影响城市绿色创新的机制识别：创新投入与技术进步

变量	(1) GC	(2) R&D	(3) GC	(4) TFP	(5) GC
L. DIG	0.391 *** (6.28)	1.366 *** (4.92)	0.352 *** (5.73)	1.124 *** (5.08)	0.303 *** (6.45)
R&D			0.024 *** (14.76)		
TFP					0.024 *** (10.53)

变量	(1)GC	(2)R&D	(3)GC	(4)TFP	(5)GC
控制变量	控制	控制	控制	控制	控制
_cons	0.160*** (64.83)	17.658*** (12.11)	0.268*** (9.33)	8.971*** (14.59)	0.052*** (2.63)
Year	YES	YES	YES	YES	YES
Ind	YES	YES	YES	YES	YES
adj. R^2	0.01	0.02	0.03	0.05	0.02
N	9466	12489	9466	19142	9466

本报告进一步就数字化转型影响城市绿色创新的企业价值和财务稳定机制进行了检验,具体检验结果如表8所示。实证结果发现,在列(2)中,数字化转型的回归系数为0.690且高度显著,说明数字化转型在很大程度上促进其企业价值的提升。数字化转型能够在很大程度上降低信息不对称程度,节约企业内部成本,增加企业创新投入和促进企业技术进步,提高企业全要素生产率,同时基于数字化技术深度开拓和挖掘数据,激发系统内部的数据活力,助力企业深耕主营业务并跨行业拓展业务,提高企业利润率和企业价值。进一步地,在列(3)中,数字化转型的回归系数为0.371且高度显著,同时小于列(1)中估计系数,T-Q在列(3)中的估计系数为0.007且高度显著,表明数字化转型通过显著提升企业价值进而提高城市绿色创新水平。通过数字化转型,企业的资源、客户、技术等内容的衔接度显著提升,企业生产借助"乘数效应"驱动进而提升企业价值。在列(4)中,数字化转型的回归系数为0.391且高度显著,说明数字化转型在很大程度上有助于其企业财务机制的稳定。在列(5)中,数字化转型的回归系数为0.351且高度显著,同时小于列(1)中估计系数,Z-score在列(5)中的估计系数为0.011且高度显著,表明数字化转型通过显著提高企业财务机制的稳定性进而提高城市绿色创新水平。

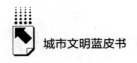

表8　数字化转型影响城市绿色创新的机制识别：企业价值和财务稳定

变量	(1)GC	(2)T-Q	(3)GC	(4)Z-score	(5)GC
L. DIG	0.391 ***	0.690 ***	0.371 ***	0.391 ***	0.351 ***
	(6.28)	(2.96)	(5.58)	(6.28)	(4.28)
T-Q			0.007 ***		
			(2.97)		
Z-score					0.011 ***
					(5.23)
控制变量	控制	控制	控制	控制	控制
_cons	0.160 ***	3.330 ***	0.183 ***	0.160 ***	0.070 ***
	(64.83)	(35.60)	(23.58)	(64.83)	(32.13)
Year	YES	YES	YES	YES	YES
Ind	YES	YES	YES	YES	YES
adj. R^2	0.01	0.02	0.01	0.01	0.01
N	9466	11353	8650	9466	9466

六　不同属性企业异质性检验

本报告将全样本以企业产权属性和企业科技属性、企业全要素生产率和企业价值高低进行分样本检验。表9显示了不同企业产权属性和企业科技属性的实证检验结果，实证结果发现，在国有企业组别中［列（1）至列（2）］，数字化转型对城市绿色创新的估计系数尽管为正值，但 t 值偏小，无法通过统计显著性检验；而非国有企业组别中［列（3）至列（4）］，数字化转型对城市绿色创新的促进作用则通过了1%的统计显著性检验。本报告认为，国有企业和非国有企业面临着不同的生产成本和市场竞争压力，从而导致不同产权属性企业在数字化转型中的不同表现：国有企业能够凭借政府支持和补贴、国家信誉链条嵌入优势，在资源获取上具有巨大的成本节约优势，本身就缺乏推动数字化转型的强烈意愿。相比之下，非国有企业面临着生产成本、融资成本较高以及不进则退的市场竞争压力，为了获取足够的市场份额，这类企业有着更强烈的主观意愿从事创新型活动，提高自身绩效和利润水平，增加市场竞争力。基于此，非国有企业有着更强的动机推动数字化转型落地，从而谋求更高的绩效和利润，这将带来更高水平的城市绿色创新。

列（5）至列（8），则反映了企业科技属性特征的异质性。研究发现，在技术密集型企业组别中，数字化转型带来了显著的城市绿色创新提升效果，而在非技术密集型企业组别中，其数字化转型指标估计系数并没有通过统计显著性检验，这表明技术密集型企业相较于非技术密集型企业而言，数字化转型对城市绿色创新的促进效果更为明显，从而展现出了一定的差异化效果。本报告认为，技术密集型企业和非技术密集型企业面临着不同的数字化转型意愿和基础，从而导致不同科技属性企业在数字化转型中的表现不同：技术密集型企业更加关注技术创新，尤其是在数字经济时代背景下，这类企业更加注重数字技术创新投入，可见，技术密集型企业在数字化转型上的主动意愿与客观基础条件，决定了其数字化转型更加有效，也更能带来城市绿色创新的提升效果。相比之下，由于非技术密集型企业的发展导向并不在于锐意创新，其推动数字化转型意愿和动力相对较弱。

表9　数字化转型与城市绿色创新：企业产权属性和科技属性异质性检验

变量	国有企业		非国有企业		技术密集型企业		非技术密集型企业	
	（1）GC	（2）GC	（3）GC	（4）GC	（5）GC	（6）GC	（7）GC	（8）GC
DIG	0.361 （0.73）		1.341*** （19.01）		1.226*** （17.07）		0.261 （1.32）	
L.DIG		0.020 （0.13）		0.398*** （5.16）		0.703*** （6.67）		0.436 （1.57）
控制变量	控制	控制	控制	控制	控制	控制	控制	控制
_cons	0.171*** （44.15）	0.195*** （23.48）	0.124*** （57.59）	0.158*** （51.55）	0.143*** （49.92）	0.171*** （33.09）	0.142*** （54.56）	0.145*** （29.42）
Year	YES	YES	YES	YES	YES	YES	YES	YES
Ind	YES	YES	YES	YES	YES	YES	YES	YES
adj. R^2	0.01	0.01	0.07	0.01	0.07	0.02	0.01	0.01
N	4557	1045	9726	6013	7118	2526	7165	2356

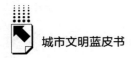
表 10 显示了不同企业全要素生产率和企业价值差异属性的异质性实证检验结果，实证结果发现，在高于企业全要素生产率均值的企业组别中［列（1）至列（2）］，数字化转型对城市绿色创新的估计系数尽管为正，且至少通过 10% 的统计显著性检验；而在低于企业全要素生产率均值的企业组别中［列（3）至列（4）］，数字化转型对城市绿色创新的促进作用则通过了 1% 的统计显著性检验。但在低于企业全要素生产率均值的企业组别中，其数字化转型指标估计系数高于高于企业全要素生产率均值的企业组别中的估计系数，说明低于企业全要素生产率均值的企业有着更强的动机加大对城市绿色创新投入力度。

列（5）至列（8），则反映了企业价值差异属性特征的异质性检验。实证结果发现，在高于企业价值均值的企业组别中［列（5）至列（6）］，数字化转型对城市绿色创新的估计系数尽管为正，且至少通过 1% 的统计显著性检验；而在低于企业价值均值的企业组别中［列（7）至列（8）］，数字化转型对城市绿色创新的促进作用则至少通过了 5% 的统计显著性检验。但在高于企业价值均值的企业组别中，其数字化转型指标估计系数高于在低于企业价值均值的企业组别中的估计系数。

表 10　数字化转型与城市绿色创新：企业全要素生产率和企业价值差异属性异质性检验

变量	高于企业全要素生产率均值企业		低于企业全要素生产率均值企业		高于企业价值均值企业		低于企业价值均值企业	
	（1）GC	（2）GC	（3）GC	（4）GC	（5）GC	（6）GC	（7）GC	（8）GC
DIG	0.989 ***		1.026 ***		1.145 ***		0.848 ***	
	（9.73）		（12.36）		（14.04）		（8.44）	
L. DIG		0.308 *		0.545 ***		0.477 ***		0.142 **
		（1.82）		（5.34）		（3.88）		（2.48）
控制变量	控制	控制	控制	控制	控制	控制	控制	控制
_cons	0.159 ***	0.188 ***	0.126 ***	0.145 ***	0.139 ***	0.169 ***	0.142 ***	0.160 ***
	（47.32）	（29.48）	（51.53）	（39.80）	（51.80）	（37.15）	（46.97）	（31.28）
Year	YES	YES	YES	YES	YES	YES	YES	YES
Ind	YES	YES	YES	YES	YES	YES	YES	YES
adj. R^2	0.03	0.01	0.04	0.01	0.05	0.01	0.02	0.01
N	6438	1874	7845	3864	7670	3106	6613	2054

七 研究结论与政策启示

本报告借助 2007~2019 年中国 A 股上市公司数据，实证检验数字化转型对城市绿色创新的影响。研究表明：数字化转型的确显著促进了城市绿色创新水平。进一步机制分析显示，数字化转型发展不仅促进了企业技术创新和技术进步；也提升了企业价值并有助于财务机制的稳定，最终推动城市绿色创新。进一步来看，数字化转型发展在不同企业"产权属性""科技属性"和不同企业全要素生产率与企业价值差异属性方面对城市绿色创新的影响存在显著的异质性。在非国有企业和技术密集型企业中，数字化转型带来的城市绿色创新促进效应更为显著；无论在企业全要素生产率不同的企业，还是在企业价值不同的企业中，数字化转型对城市绿色创新的促进效应均较为显著，但存在一定影响强度的差异。因此本报告具有以下重要的政策启示。

一是积极推动人工智能、区块链、云计算和大数据等数字化技术在企业生产、管理、检验、反馈等多个环节的应用和创新，赋能企业高质量发展。本报告研究表明，企业数字化转型能够显著促进城市绿色创新，实现城市高质量发展。应鼓励企业在生产、管理与创新过程中推广数字技术，落实数字技术在研发创新和节能减排管理等过程中的应用，以数字化赋能企业绿色生产、绿色管理和绿色治理智慧化，实现城市绿色化更新。

二是未来应锚定能源利用、污染防治、绿色循环经济等领域的重点技术，如储能技术、智能电网技术、新能源利用技术、污染处理技术、碳捕捉与封存技术等绿色技术，加快节能技术基础研究平台建设、前瞻性布局基础研究设施，着力提升节能技术基础研究能力和水平，通过规划一批、组织一批、落实一批 5G、融合通信、物联网、区块链等新一代信息通信技术设施的部署和应用，为攻克节能类绿色技术"卡脖子"的关键核心技术提供基础研究设施条件，提升绿色创新技术投入和产出能力、水平，提升城市绿色化治理水平。

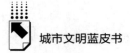

三是考虑企业数字化转型对不同产权属性企业和不同科技属性企业、不同全要素生产率企业和不同企业价值企业的城市绿色创新绩效的影响具有明显差异，这就预示着企业数字化转型应该遵循差异化、个性化发展原则。特别是要完善当前绿色创新政策体系，提升城市绿色化差异治理水平和协同治理水平。

四是健全基础投入机制，全力提升"卡脖子"核心绿色技术的研发能力和水平，加快绿色转型发展，为推进人与自然和谐共生现代化提供技术支撑。绿色技术专利在推进经济社会绿色转型过程中具有覆盖面广、应用程度深等重要特征，涵盖了产品生产、调配、传输、需求、存储各流程环节；既要涉及传统产业，也要涉及新兴产业；既要重视效率，也要关注安全和风险防范。为此，要健全绿色技术创新基础研究投入机制。一方面，要充分发挥财政支出、税收优惠政策对绿色技术创新的重要支撑作用，通过加大向能源利用、污染防治、绿色循环经济等关键绿色技术发展的财政倾斜力度，提高这类关键绿色技术的研发支出税收返还比例，调动企业的创新积极性。另一方面，要充分发挥金融的力量，多元化推广绿色股权投资、绿色私募股权投资、绿色债权型投融资等工具，积极推动绿色信贷、绿色保险、绿色信托，拓展关键绿色技术融资来源渠道，推动绿色技术创新发展，加快绿色技术的产业化进程。

五是布局绿色技术基础研究平台，为加快绿色转型发展推进人与自然和谐共生现代化提供基础载体。绿色技术创新基础研发平台是突破绿色技术创新的关键载体，要在重点绿色技术创新领域，着重建设国家实验室等绿色技术创新基础研发服务平台，并不断整合优化国家、区域层面的绿色技术创新资源服务平台。同时，着力面向能源高效利用、污染防治有效、绿色循环经济发展的重点技术领域培养一批、造就一批、训练一批绿色技术创新领军企业、专精特新中小企业和专精特新"小巨人"企业，从而壮大绿色技术创新主体。

六是着力强化绿色技术创新人才战略建设，为加快绿色转型发展推进人与自然和谐共生现代化提供智力支撑。重点解决绿色技术创新人才在薪酬收入分配方面的待遇问题。一方面，要保护创新人才通过技术创新、管理、运用获得的合理性收入，保障高新科技行业人才获得应有的薪酬待遇；另一方面，应用大数据加大对绿色技术创新企业的薪酬待遇监管力度，调整因不正当竞争获取的不合理高收入，完善科技创新收入分配机制，使更多的创新成果、创新收入、创新福利惠及更多绿色技术创新贡献者。

七是着力推进绿色技术创新知识产权布局，强化绿色技术创新知识产权保障，为加快绿色转型发展推进人与自然和谐共生现代化提供保障基础。这是推进人与自然和谐共生现代化进程中加快布局绿色技术创新的重点方向。要围绕构建国家现代经济体系、完善区域产业链规划布局，应聚焦新能源智能网联汽车发展，打造绿色智慧能源产业集群。在交通运输类绿色技术领域，加强再生制动系统，以及使用气体燃料（如氢气）的内燃机、电动汽车充电站等领域的知识产权布局。在替代能源类绿色技术领域，加强氢能、光伏、太阳能、先进储能、余热使用等细分领域及电池、电极方向的知识产权布局。在节能类绿色技术领域，加强电能储存、电源电路、电耗计量、热能储存、隔热建筑构件和回收机械能等方向的知识产权布局。在废弃物管理类绿色技术领域，加强废物处理、燃烧消耗废物、废物再利用和污染控制领域的知识产权布局。在行政监管设计类绿色技术领域，加强能源互联网、电控以及传感器、专用芯片方向的知识产权布局。在农林类绿色技术创新领域，加强替代灌溉技术、农药替代品和土壤改良等方向的知识产权布局。

八是培育市场交易与技术转化平台，提高绿色技术创新转移转化效率，为加快绿色转型发展推进人与自然和谐共生现代化提供应用基础。重点面向储能技术、智能电网技术、新能源利用技术、污染处理技术、碳捕捉与封存技术等新兴技术，布局建设一批重大国家级、省市级绿色技术交易平台，同时创新绿色技术交易机制，并完善绿色技术交易平台管理制度。进一步根据市场需求，实时、动态发布一批绿色技术推广目录；健全政府对绿色技术创新产品购买机制，支持和鼓励国有企业、事业单位对绿色技术创新产品的购买，提升绿色技术创新产品应用程度。另外要鼓励企业与科研机构、高校组成绿色技术创新战略联盟，推进绿色技术创新协调协同发展。此外，着力推

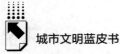

动绿色技术创新成果转移转化机制创新。鼓励和支持市场先行试用高等学校和科研院所的绿色技术创新成果，积极引导政府、高等学校和科研院所、技术交易平台和机构、市场进行绿色技术创新合作，加强绿色技术创新成果的信息披露和交流评估效率，推动绿色技术创新成果证券化。进一步建设一些绿色技术创新应用示范性项目和应用场景，让绿色技术逐步迈向商业化、逐步走向市场。

案例篇

B.10
伦敦数字化转型实践与经验启示*

冯正好　曲晨**

摘　要： 伦敦的数字化转型是在英国数字战略实施的宏观背景下进行的。英国数字战略不仅为伦敦数字化转型提供了指导性政策和原则，也为其提供了相应的数字化内容。伦敦数字化转型目标不仅与其智慧城市建设路径相吻合，同时高端数字技术的运用也助力伦敦实现了智能治理。伦敦在数字化转型方面虽取得了突出成就，但其当前面临的现实困境与挑战同样不容忽视。尽管如此，伦敦数字化转型依然为我们提供了一定经验。

关键词： 伦敦　数字化转型　数字战略

　　回溯近代以来伦敦的城市发展史，伦敦在世界城市发展史上相继成为工业城市、商业城市、金融城市的典型代表。近年来，从"城市大脑""智慧

---

* 本文系深圳市人文社会科学重点研究基地"南方科技大学全球城市文明典范研究院"研究成果。

** 冯正好，博士，南方科技大学全球城市文明典范研究院副教授，研究方向为城市史、城市文明；曲晨，吉林大学马克思主义学院博士研究生，研究方向为政府治理、思想政治教育、意识形态安全。

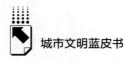

城市""城市数字化转型""数字孪生城市"（Digital Twin Cities）等概念的提出可充分看出"数字化"之于"城市"特别重要。从城市发展史的角度看，方兴未艾的"城市数字化"极有可能掀起人类城市生活的新一轮革命。

一个城市的数字化发展程度不以任何领域内的某一项技术创新或成就作为指标。城市数字化是以新一代信息技术为整个城市生态系统的基础，并通过改善人们的生活与生产方式，对城市发展产生积极重要的影响。历史悠久的伦敦在发展中走在了数字文明时代前列，率先培育出数字科技与环境智能融合发展的优良土壤，成为全球城市数字化转型的典范。早在 2019 年 4 月，伦敦就被评为全球最"数字化"的城市——综合考虑到传输速度、智能设备、互联网连接程度等因素，伦敦的数字化基础和完备程度处于全球领先地位。

作为城市数字化转型的典范，伦敦的数字化转型正是在英国数字战略的宏伟蓝图下推进的，英国政府设立伦敦技术与创新办公室（LOTI）全面负责伦敦的数字化转型，以"开放数据"战略为基础，通过数字技术的创新运用，全力推进伦敦数字化转型与发展。

一 英国数字战略视域下的伦敦数字化转型动因

伦敦城市发展史与英国对现代化的反思相互交织，这在一定程度上推动着伦敦数字化的持续发展。从英国城市发展史的视角来看，工业革命开启了伦敦作为现代都市发展的整体进程。在工业革命的影响下，伦敦的城市发展经历了一定程度的繁荣，这种发展与繁荣主要体现在工商业与金融业。同时，英国借助工业革命成为当时全球最大的经济体，伦敦作为现代都市的典型代表，彰显了英国发展的巨大成就。可以认为，在工业革命以后相当长的时间内，全球城市的发展多以伦敦作为标杆与榜样。世界历史的发展表明，英国对于全球事务的影响经历了逐步扩大与逐渐缩小的过程，伦敦作为世界级都市的发展也经历了由工业与商业城市转向金融城市的发展过程。进入数字文明时代后，尤其是英国政府在 2009 年颁布了《英国数字战略》后，数字化逐渐成为伦敦城市发展的主要方向与特征。

（一）《英国数字战略》的颁布与实施

数字化成为伦敦发展的主要方向与特征，或者说伦敦的城市发展转向数字化方向，在一定程度上是因为伦敦的城市发展与英国的国家发展进程密切联系且轨迹相互交织。尽管现在英国在全球的地位已经难以与 19 世纪相提并论，但英国依靠其发达的金融产业，仍然对全球产生至关重要的影响。同时，英国在科技创新产业、高端制造业等领域依然具有优势。因此，对于伦敦数字化转型动力的评估，不仅要关注英国政府对于伦敦发展的定位（作为引导或作为保障英国持续发展的关键），而且要重视涉及伦敦数字城市发展规划的持续性与优化，并关注相应的经济效益、管理效益等。

回顾伦敦城市数字化转型与发展的历史，最早关于数字化转型的政府文献是 2009 年发布的《英国数字战略》。相比全球其他城市的数字化发展，伦敦的城市数字化进程已有较长历史。结合伦敦当前城市数字化的发展进程，权威性的解读可从《英国数字战略 2017》开始，该文件阐释了伦敦城市数字化转型的基本态势与趋向。该项战略反映出当时的特蕾莎·梅政府对英国数字战略的相关规划，这对于理解伦敦城市数字化转型与发展具有相当重要的指导性意义。按照当时特蕾莎·梅政府的数字战略规划内容：英国的产业战略将使政府加大力度支持企业进行长期投资，解决英国的根本弱点，为成功企业的出现和发展创造条件。其目标是通过提高生产力和推动全国经济增长来提高人民生活水平和经济增长。英国现在的数字战略进一步发展了这一点，将产业战略中概述的原则应用于数字经济。① 根据上述内容，我们大致可以了解到，特蕾莎·梅政府的发展规划是将数字战略作为有效提升英国经济发展的关键发力点；同时，特蕾莎·梅政府在英国实现脱欧公投后的过渡期中，借助数字战略有效强化了英国的经济发展。这是特蕾莎·梅政府为争取公众支持而制定的重要政策。因此，《英国数字战略》的落实乃至对

---

① *UK Digital Strategy 2017*，https：//www. gov. uk/government/publications/uk-digital-strategy/uk-digital-strategy.

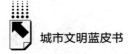
城市数字化转型的设想，是特蕾莎·梅政府明确实行和大力推进的重要政策。

《英国数字战略2017》进一步提出，这一战略的愿景是创建为所有人服务的世界领先的数字经济。这是特蕾莎·梅政府"数字英国计划"的一部分，在脱离欧盟的同时，长期推进英国经济的发展。但发布这一计划只是一个开始，实现其雄心勃勃的愿景需要后续政府的持续努力。根据上述内容，可以认识到英国对数字战略的部署，以及长期发展本国数字经济的雄心。政府与科技界通过合作，推动这一计划的实施，从而增强英国数字经济的整体发展。特蕾莎·梅政府时期的《英国数字战略2017》，充分展现了英国借助发展数字经济实现其国家发展的设想；同时，这也意味着伦敦城市数字化转型与发展迎来了新契机。作为一座具有上千年历史的世界名城，伦敦在自上而下的集约化数字战略背景下选择了自己的发展道路。

（二）伦敦数字化转型道路选择——智慧城市路径

2019年，伦敦市设置伦敦技术与创新办公室（LOTI），LOTI旨在帮助伦敦市议会和伦敦市政府利用创新、数据和技术成为高绩效组织，改善服务，共同应对伦敦最大的挑战。① LOTI的设立，是伦敦实施《英国数字发展战略》和相关政策的具体举措之一。LOTI的基本工作导向是：明确伦敦城市数字化及智慧城市的发展目标；加强伦敦城市数字化及智慧城市的整体规划；突出伦敦在整个英国数字治理领域的主导地位；以伦敦城市数字化及智慧城市的建设为先导，有效强化英国对世界的影响力。

《伦敦技术与创新办公室智慧城市项目设计指南》（以下简称"《指南》"）可以在一定程度上被视作伦敦开展城市数字化以及智慧城市建设的基本规划。《指南》对智慧城市的相关定位是：智慧城市通常是在公共场所使用先进的智能技术，尤其是物联网（IoT）技术而构建的。这包括商业街和公园等区域，以及社会住房等公共建筑。常见的案例包括测量空气污染

---

① About LOTI, https：//loti. london/about/.

的智能灯柱、检查建筑物潮湿情况的湿度传感器，以及监测和帮助预测何时可能发生洪水的智能河流传感器等。按照这一定义，伦敦智慧城市的发展设想是以信息技术、物联网等为核心，对商业、休闲、社会保障等领域的城市职能，给予必要的智慧赋能。同时，智慧城市的建设，也在强化伦敦城市数字化转型与发展的资源统筹与协调能力等。

从伦敦城市数字化转型与发展的相关分析来看，伦敦在城市数字化的持续发展中，多考虑增强伦敦城市的发展效能与优化等。理解数字城市的城市效能，不仅赋予伦敦城市发展更为优质的经济动能，而且借助城市治理的整体优化，增强伦敦在英国乃至全球的影响力。

（三）伦敦数字化转型与发展动因分析

第一，《英国数字战略》的实施为伦敦数字化转型提供了充分的前提条件与基础。英国自 2009 年以来，相继颁布了一系列数字战略，在这种宏观政策背景下，伦敦不但加大了数字基础设施建设，并且重点推进传统基础设施数字化建设，而且前期 ICT 产业的快速发展也为伦敦数字化转型打下了坚实基础，伦敦先后建成了城市大数据中心、城市运行系统、城市仪表盘和城市运营中心等。在此基础上伦敦进一步提升城市数据资源的战略地位，释放伦敦城市数字化转型新价值，促进数据流动，激发了伦敦城市数字化发展新动能。[①]

第二，与一般意义上的数字城市、智慧城市发展动因类似，伦敦城市数字化转型及智慧城市发展的经济性动因在于伦敦自身产业经济发展，尤其是金融产业发展的需要。城市数字化转型对金融产业的依赖在全球范围内已经形成了时空性的影响。然而，从人类历史发展的脉络分析，应更为理性地看待金融产业在数字城市发展中作为动力的作用。与此同时，金融产业自身的数字化发展需求也是促使伦敦城市数字化转型的动力因素。

第三，伦敦市政府成立专业组织机构——伦敦技术与创新办公室

---

① 玛丽：《伦敦城市数字化转型的四个阶段》，《宁波经济》（财经视点）2022 年第 12 期。

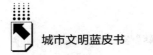
（LOTI）专门负责伦敦的数字化转型与智慧城市建设，为伦敦城市数字化发展提供专业指导和规划。伦敦技术与创新办公室（LOTI）的设立与运行，尤其是结合地方议会与政府的相关工作实践，能够对伦敦城市数字化转型与智慧城市建设给予直接的引导与支持，同时提供相对可靠的政策建议与保障。

二 伦敦城市数字化转型的相关性内容与具体实践

伦敦城市数字化转型的基本过程，主要涉及从英国数字战略的设想到伦敦城市数字化发展的实践进程。进入 21 世纪的今天，伦敦城市数字化转型的充分发展以及城市数字治理的有序推进，构成伦敦未来发展的整体框架。首先，伦敦城市数字化转型的持续发展，尤其是智慧城市的提出、落实与完善，构成当前与未来伦敦城市发展的主题。这一主题充分展现伦敦在现代数字文明发展中的主要特征。其次，通过数字城市建设的落实与完善，伦敦的数字经济发展也为其经济发展带来规模效应。数字经济是当前世界经济发展中的主导性内容之一，数字经济对整个经济发展的支持已经得到充分展现；英国经济当前与未来的发展，在一定程度上取决于数字经济的发展态势与趋向。再次，伦敦城市数字化转型的持续优化，为伦敦城市治理提供了重要路径。数字治理的实现，是伦敦等国际化大都市实现充分发展的关键；伦敦在数字化转型与发展的进程中，数字治理是其中至关重要的内容。最后，从伦敦相关的区域发展统筹协调能力来看，伦敦数字城市、智慧城市的发展不仅产生了区域经济的整合效应，而且有效强化了从多个产业集群到多个城市群的全面发展。因此对伦敦城市数字化转型及智慧城市发展的相关研究，还需兼顾到相关区域经济的发展状态。

整体审视英国近年来的发展情况，不容乐观的是由于产业经济发展的动能不足、城市自身的管理不善以及国家统筹协调能力不足等，英国的发展已经陷入了明显的困境。然而，英国在数字技术、数字经济、数字治理方面所具有的优势，能够在一定程度上被视为在国家层面加强数字建设的驱动因素。从英国自身的视角分析，数字技术已经改变了人们的生活，英国的就业、工资水平、繁荣预期、国家安全、生活成本、生产力、全球竞争力以及地缘政治地位等都取决于数字技术的持续发展。[①]因而，在国家层面落实与加强数字建设，是英国发展的紧迫任务。有鉴于此，作为世界金融中心之一的伦敦，其数字化转型及智慧城市建设与发展，可作为推动英国当前与未来发展的关键进程。

（一）指导性政策及相关数字化内容

现阶段，伦敦城市数字化转型以 2022 年的《英国数字战略》为指导性政策。其主要内容和方针如下。

第一，"加强数字基础设施建设"，包括建造世界级的数字安全基础设施、释放数据的力量、打造支持创新的监管体系、安全制度和数字经济。[②]从伦敦数字基础设施建设的视角来看，加强数字基础设施建设的相关规划等，构成伦敦城市数字化转型与发展的坚实基础；而数字基础设施的更新迭代在一定程度上成为强化数字国家建设的关键基础。

第二，"加强创意和知识产权建设"，包括支持大学开发新技术、激励企业创新、鼓励英国国家医疗服务体系的创新等。[③] 根据这一部署，可见英国对新理念与新技术的运用、对企业的支持与相关创新的落实相当重视。从一般意义上的数字国家发展以及更为具体的城市数字化转型等理论来看，将创新贯穿于数字化转型过程，在一定程度上也是强化国家数字建设的根本性动力。对于数字城市而言，创新也是其发展的核心动力和源泉。

第三，"加强数字化技术和人才培养"，包括增加数字教育渠道、提高对数字职业的认识、培养人们应用高级数字技术的能力，以及在数字技能方面与私营部门及第三方开展合作，吸引全球最优秀的人才。[④] 技术和人才是

---

① *UK Digital Strategy*, Department for Digital, Culture, Media & Sport, 2022, p. 4.
② *UK Digital Strategy*, Department for Digital, Culture, Media & Sport, 2022, pp. 16—28.
③ *UK Digital Strategy*, Department for Digital, Culture, Media & Sport, 2022, pp. 29—35.
④ *UK Digital Strategy*, Department for Digital, Culture, Media & Sport, 2022, pp. 36—55.

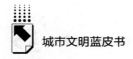

国家数字建设的动力源泉。对于伦敦城市数字化转型及智慧城市建设而言，保持良好且具有持续影响力的技术供给与人才培养等也是其持续动力构成的主要内容之一。更为明确的是，结合伦敦数字城市发展现状，当今的伦敦对于全球先进技术与优秀人才仍然具有较强的吸引力。

第四，"为数字化转型进行融资"，包括早期投资、前期阶段投资和扩大阶段投资，这一政策使英国成为全球科技物联网的领导者。① 投资增加的落实，在一定程度上成为数字国家发展的重要保障。对于金融产业相当发达的英国而言，为国家数字战略的发展大规模融资，能够有效支持其数字战略的具体实施。随着数字时代的发展，数字国家建设需要借助必要的金融支持，对于作为金融中心的伦敦而言，金融支持必然为伦敦城市数字化转型及智慧城市发展提供特色保障。伦敦城市数字化转型及智慧城市建设，金融产业所发挥的作用不可或缺。

第五，"覆盖英国全国：数字繁荣，提升发展水平"，包括通过数字化应用支持英国企业发展、改善公共服务、增加公共采购机会、提升区域经济发展水平、提高互联网覆盖率。② 全方位、多领域的数字化转型是英国数字战略要实现的目标。根据这一设想，伦敦城市数字化转型及智慧城市的建设与发展目标是英国的数字繁荣；数字繁荣的导向，可以体现英国城市数字化的必要性。至于对企业的支持、实现公共服务改善、增加公共采购、区域经济水平提升等，也能够契合伦敦自身的发展需求。其中，以公共服务改善为例，伦敦城市数字化转型能够有效提升其公共服务的质量与水平。

第六，"提升英国在世界的地位"，包括全球领导力、治理水平和价值观、促进数字出口和内向投资、通过国际伙伴关系完成优先事项等。③ 英国的数字国家建设，具有明确的世界导向性，体现了英国数字国家建设的全球视野与国际责任。理解英国数字战略的相关设想，不仅要注重英国自身的发展，而且要重视英国数字战略对世界的影响。在此背景下，伦敦城市数字化

---

① *UK Digital Strategy*, Department for Digital, Culture, Media & Sport, 2022, pp. 56-62.
② *UK Digital Strategy*, Department for Digital, Culture, Media & Sport, 2022, pp. 63-73.
③ *UK Digital Strategy*, Department for Digital, Culture, Media & Sport, 2022, pp. 74-82.

转型、智慧城市发展等，能够作为展现英国国际影响力的窗口。

这些内容的设计与展示，构成当前英国在推动国家层面数字治理的全部内容。这对伦敦城市数字化转型及智慧城市建设具有指导性意义。伦敦城市数字化转型及智慧城市建设的充分实现，必然以国家层面的数字战略为指导，以强化伦敦作为英国数字城市建设典范的地位。

（二）重要举措——"开放数据"战略

伦敦城市数字化转型的具体举措以"开放数据"战略为基础。伦敦市政府的网站上，公布了伦敦政府的相关部署：伦敦市已决定提供资金，将"开放数据"战略置于伦敦市政府的工作核心。这将支持开发创新的技术解决方案，使伦敦市民能够更容易、更高效地获得和使用公共服务与信息。伦敦市将汇集所辖行政区的规划数据，在网站上创建一个实时信息中心，以便所有人——城市规划者、其他专业人士和普通伦敦公众——都能对数据进行分析。数据需要从伦敦各行政区和公共机构购买。英国政府致力于将这些数据的收集标准化，然后将其作为公共资源对市民开放。这将使决策更快，服务更好，政府更有效率，透明度更高。① "开放数据"战略的实质是整体统筹伦敦的各种数据，进而借此加强对相应数据资源的整合并增强政府的数字治理效能。回顾伦敦数字化转型的历史进程，有效利用数据（加强数据运用能力）是伦敦数字化发展的关键主线。横向对比其他城市的数字化转型及智慧城市的建设进程，数据利用的低效等因素，是某些城市在数字化转型与智慧城市发展陷入困境的原因。

当前"开放数据"战略对于伦敦城市数字化转型与智慧城市建设规划的指导性意义是：第一，"开放数据"战略的运用与实施，意味着伦敦数字化转型在既有规划的基础上，能实现对于数据资源的有效整合与升级；第二，"开放数据"战略的运用与实施意味着伦敦市将有效提升现有的数字治

---

① What is digital planning? https：//www. london. gov. uk/programmes-strategies/planning/digital-planning/what-digital-planning? ac-60518＝60514.

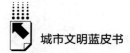
理效率，尤其是加强对现有数字治理困境的应对；第三，"开放数据"战略的运用与实施，意味着伦敦落实相对有效的资源优化，同时提升更为强大的数据运用能力等。简而言之，从伦敦数字治理的发展态势分析，伦敦数字治理的发展优化，在相当程度上依赖于数字资源的有效运用。当前伦敦城市数字化转型的趋势对数据资源的运用体现在：以数据资源的整合与运用为基础，充分加强政府与企业等主体关于数据资源的运用效能。从"开放数据"战略的相关设想可知，有效运用数据资源是伦敦城市数字化转型与发展中最为重要的组成部分，这不仅涉及相关数字技术的运用，而且涉及必要的资源整合与统筹等。

（三）实施机构与原则

伦敦技术与创新办公室（LOTI）对于伦敦智慧城市的建设规划提出以下五项原则：第一，以实现满足公众需求的结果为动力，而不是使用特定技术；第二，公开、透明和合乎道德需要；第三，实现不同行政区、系统和服务提供商之间的协作；第四，确保规划设计的安全；第五，认识到技术和数据很少是完整的解决方案。[①] 在上述五项原则中，第一项原则、第二项原则和第五项原则倾向于功能性内容，即要认识到在智慧城市的建设中，技术与属性的相关运用是具有缺陷性的，因而需要更多的政策规范与指导等。第三项原则和第四项原则倾向于执行性内容，即落实智慧城市建设政策的具体措施和行动。上述五项原则的确立，在很大程度上强化了伦敦数字化转型及智慧城市建设的持续发展，并明确了相应的发展趋向等。结合对这五项原则的理解，我们可以充分了解伦敦数字化转型与发展的系统性规划。

以上可知，在伦敦城市数字化转型与发展中，伦敦技术与创新办公室（LOTI）作为其中至关重要的部门，依托地方议会、政府部门与其他社会力量，对数字城市及智慧城市建设做出整体性部署。结合当前苏纳克政府执政

---

① LOTI Guide to Designing Smart City Projects, The London Office of Technology and Innovation, 2019, p. 12.

理念、执政境遇的现实，以及伦敦技术与创新办公室（LOTI）的积极作为，伦敦数字化转型及智慧城市的建设与优化，有以下三条路径：第一条路径是政府为有效维持其执政地位，将伦敦数字化转型与智慧城市建设等作为其显著政绩；第二条路径是依靠伦敦数字化转型与智慧城市建设，提振英国经济，尤其是金融产业以及与数字经济密切相关的制造业等；第三条路径是借助数字城市、金融城市的智能与优质治理，提升英国的国家治理效能并巩固执政党的执政基础。

（四）实践途径——数字技术运用

结合伦敦城市数字化转型的具体案例与现状，在伦敦技术与创新办公室（LOTI）关于"公开、透明和合乎道德"的原则指导下，涉及数字技术的实践性运用简要阐释为：第一，使用《新兴技术宪章》（Emerging Tech Charter）来指导相关项目设计。伦敦《新兴技术宪章》的诞生原因是当局认识到即使是最具活力的城市，也需要一个框架来引导新工具和应用程序的出现，这种新工具和应用程序会影响开放空间、交通系统和公共服务。该宪章包括尊重多样性原则和诚信原则，为地方当局及其供应商设定了目标。

第二，使用并鼓励供应商签署《伦敦数据宪章》。《伦敦数据宪章》要求私营部门与地方政府合作，以合乎道德和透明的方式与当局进行合作。鼓励供应商和地方政府在履行承诺方面承担责任。

第三，开展数据隐私影响评估（DPIA）和平等性评估。为确保项目符合数据保护要求，参与方应完成数据隐私影响评估，最好公开发布。在没有收集个人数据的情况下，可能并不严格要求参与方提供 DPIA，但开展和发布 DPIA 仍然是规范环节，以明确数据的收集和使用已经过仔细评估。

第四，公开发布关于道德、法律和技术的评估。发布评估可以使公众监督。这些内容应包括向公众解释如何以及为什么收集和使用数据。

第五，选择数据伦理框架来指导道德评估。使用数据伦理框架可以评估项目是否可能对特定个人或社区产生不良的影响。

第六，考虑引入外部专业知识或技术。为智慧城市规划引入外部视角对

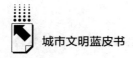

于获得更客观的观点和获得额外的专业知识非常有帮助。

第七，与居民互动，了解他们对市议会使用其数据的感受。市议会应努力让居民积极参与对话，与他们讨论如何在当地部署数字技术项目，以及讨论政府如何使用他们的数据。这可能是一个持续的过程，必须重复，以跟踪不断变化的民众期望。[①] 伦敦技术与创新办公室（LOTI）的上述工作设想，是将伦敦城市数字化转型聚焦在数字技术的实践性运用上，从而解决伦敦城市数字化转型与智慧城市发展所面临的一系列问题。

三 伦敦城市数字化转型成就、面临困境及经验启示

作为有着上千年历史的城市，伦敦日新月异的发展全球有目共睹。自2009年英国数字战略实施以来，伦敦今天已然成为全球数据创新领域的领先者之一，并已开辟了用"开放数据"战略进行城市创新管理与智能治理的新兴道路，伦敦城市数字化转型与智慧城市建设已经走在时代前列，成为全球城市数字化转型的典范。尽管伦敦在城市数字化转型方面取得了显著成就，但同时面临一些现实困境和挑战，这些困境和挑战也是全球其他城市数字化转型必须要面对和解决的现实问题。当然，伦敦在城市数字化转型方面也为我们提供了诸多有益的经验与启示。

（一）伦敦城市数字化转型成就

第一，数据的开放与共享提升了伦敦人的生活质量。伦敦市政府通过伦敦数据库（London Datastore）推动了数据开放和共享服务，该数据库提供了大量的公共数据，使得研究人员、开发者和公民能够更容易地访问和使用这些数据，以促进创新和提升公共服务。这些开放的数据包括：基础设施测绘、资产登记、城市安全、城市规划、文化基础设施地图以及医疗卫生公共

---

① LOTI Guide to Designing Smart City Projects, The London Office of Technology and Innovation, 2019, pp. 22-25.

服务等领域的数据。公共机构和企业经常使用这些开放数据来研究伦敦当前的经济、人口情况和社会环境，并通过提供相关的数字服务来推动伦敦城市建设。同时，伦敦市政府也借此提升城市智能治理水平，希望开放数据可以为居民、城市以及所有社区创造更多价值。

第二，改善和强化了伦敦数字化信息基础设施，切实提升了城市公共管理和服务水平。为积极响应英国数字战略，伦敦加快推进升级包括有线宽带网、无线网等在内的数字网络基础设施，全力将伦敦打造成全欧洲网络最畅通的城市。为此，伦敦市政府大力投资建设城市数字化信息基础设施，包括高速宽带网络和智能交通系统等，以支持和推进城市数字化转型。这些基础设施建设为城市管理和服务提供了硬件支持，并提高了效率。如虚拟伦敦项目采用 GIS、CAD 和 3D 等先进虚拟技术模拟伦敦西区的建筑，为城市地理信息系统在城市景观设计、交通控制、环境污染控制、防灾减灾等诸多领域的应用提供了新视角和便利条件。①

第三，伦敦智慧城市技术创新在一定程度上实现了城市智能化治理。伦敦在 2018 年启动了"共创智慧伦敦"（Smart London Together）计划，目前伦敦已被评为"全球最智慧的城市"。这完全得益于伦敦在智慧城市技术方面取得的突破性进展和创新。例如通过传感器网络收集城市运行的数据，在智能交通建设中广泛应用传感器技术，并将其推广到环境监测和公共安全等领域；推广"Oyster"非接触式借记卡，便于市民支付交通费；伦敦主域区配备带有液晶显示屏的数字化垃圾回收箱（与 Wi-Fi 相连）智能指导市民进行垃圾分类，且该类数字化垃圾回收箱能抵御突发的恐怖袭击，这在一定程度上保护了居民人身安全。这些技术的应用使得城市更加智能化，能够更好地应对城市发展带来的挑战和需求。

第四，伦敦市政府通过数字化转型和创新提升了电子政务应用水平与能力。早在 2000 年伦敦市政府就提出了打造"电子政府"概念。伦敦市政府

---

① 《全球 12 个智慧城市案例，我们一次性大放送！拿走不谢！》，搜狐网，https：//www.sohu.com/a/218151840_472773。

创立伦敦开放数据网站，该网站提供多种数据搜索方式和所有数据目录下载功能。① 通过开放数据网站，公众能够免费获得伦敦市政府等机构组织在农业、运输、犯罪、社会保障、教育、医疗、人口等领域的统计数据。此外，伦敦市政府还设立伦敦数据分析办公室来推动数据开放共享，加强数据权利保护与问责；启动伦敦互联计划，打造更智能的街道；创设一个名为"Trello"的协作平台，实时通报和展示具体数据，便于公众查阅智慧伦敦的建设与发展情况，同时接受民众的监督等。

（二）伦敦城市数字化转型面临的现实困境与挑战

与世界上其他城市一样，伦敦的人口数量以及经济总量每年都在快速增长，这种高速增长也不可避免地带来了影响城市可持续发展的各种问题。例如，除了伦敦和英国东南部地区以外，英国其他地区的数字排斥率仍然较高，尤其是在英国东北部以及北爱尔兰，那里超过 10% 的人口是"非互联网用户"。② 因此，当前伦敦城市数字化转型面临的现实困境与挑战是真实存在的。为帮助伦敦市民获得更好的生活空间，伦敦市政府不得不面对这些与日俱增的城市问题。

第一，数字鸿沟障碍。伦敦和其他大城市一样，存在数字鸿沟问题，即伦敦不同地区的群体在获取和使用数字技术方面存在不平等的现象，这可能导致某些群体在城市数字化转型过程中被边缘化。

第二，数字技术更新与设备维护成本较高。随着人工智能等新一代信息技术的快速发展，保持数字化基础设施和智能系统的最新状态是一个持续的成本挑战问题。伦敦需要不断投资新技术、新设备，同时确保现有技术的及时更新和设备的维护。

第三，数据隐私和安全挑战。随着数据收集和使用的增加，保护公民个人隐私和数据安全成为一个日益重要的议题。伦敦需要确保其数据政策和实

---

① 《全球 12 个智慧城市案例，我们一次性大放送！拿走不谢！》，搜狐网，https：//www.sohu.com/a/218151840_472773。

② *UK Digital Strategy*，Department for Digital，Culture，Media & Sport，2022，p. 68.

践能够保护市民的合法隐私权，并防止数据泄露和滥用。

第四，技能短缺与技术接受度问题并存。数字化转型需要数据使用者具备特定的技术和专业知识，伦敦数字化转型可能面临技能短缺问题，特别是在数据科学、网络安全和数字营销等领域。与此同时，伦敦还面临现实的技术接受度问题，即使政府提供了新的数字服务和工具，也不一定能够确保市民和企业广泛接受与使用。因此，伦敦需要通过教育和宣传提高公众对数字技术的认识和接受度等。

第五，跨部门合作与持续的资金投入问题。数字化转型通常需要不同部门紧密合作。确保不同部门的协调和合作是伦敦当前面临的巨大挑战。同时，数字化转型也需要大量资金投入。在政府预算有限的情况下，伦敦市政府需要确保财政资金的有效利用。

第六，道德和法律问题。信息化技术的发展，如人工智能和自动化技术等，可能会引发新的道德和法律问题。伦敦市政府需要制定相应的法律法规和道德框架来应对这些迫切需要解决的现实问题。

第七，国际竞争挑战。在全球范围内，许多国际性大都市都在争夺优先数字化转型的福利，全球各大城市都在争抢数字化转型的领导者地位。伦敦在数字化转型的赛道中也需要持续创新和改进，以保持其在国际竞争中的领先地位。

（三）伦敦城市数字化转型的经验与启示

第一，国家层面的数字化战略规划与实践可为城市数字化转型提供全方位的政策指导与支持。随着全球化、信息化、市场化及网络社会的到来，在新兴信息技术的驱动下，自 2009 年至今，英国政府曾多次颁布国家数字战略规划和政策，每一次都比先前政策有进步，伦敦城市数字化转型的全过程始终都是在《英国数字战略》规划指导下进行的。实践证明，这种"政府主导"的方式，使伦敦城市数字化转型和发展取得了显著成绩。

第二，设立一个专门的政府机构组织推行数字化战略是很有必要的。英国设置伦敦技术与创新办公室（LOTI），通过协调政府各部门间的协作，以数据开放与共享的方式，实现智慧城市的资源集约与创新自主。伦敦技术与

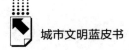
创新办公室（LOTI）可以协调各行政区合作，确保收集到的各行政区的数据能够共享，从而构建一个泛伦敦的图景。① 因此，伦敦技术与创新办公室（LOTI）能够整合伦敦不同区域的数字城市建设资源，从而实现相对有效的发展。"开放数据"战略不仅能部分缓解城市数字化转型面临的困境和挑战，更重要的是确保了数据资源的有效管理与运用，从而提升了伦敦现有的数字治理效率等。

第三，"政府主导、民众参与"的模式可复制和广泛推广。伦敦市政府在《英国数字战略》指导下，建立了专门的数字化转型组织机构，完善和规范数据开放体系。为此还专门成立了数字化伦敦董事会，设立首席数字官，② 负责领导全伦敦数字化转型、数据发展和智能城市规划，并支持创新技术应用，推动公共部门与私营企业以及社区之间的合作等。伦敦市政府要求各部门的公共数据坚持"默认开放"原则，并建立了一体化的数据开放平台——"伦敦数据库"，并在地方建立数据分析办公室（LODA），以提升政府的数据挖掘能力。③ 同时，伦敦市政府"以伦敦人为核心"，强调以满足用户需求为根本目的；设立"对话伦敦"网络社区平台，让公民积极参与到智慧伦敦建设中，还搭建了政策制定者和公民对话的渠道；规划结项时还会发布评估报告，便于接受公民监督等。④

第四，充分利用数据化方案解决城市数字化转型面临的挑战。伦敦充分发挥数据资源整合作用，建立了全球领先的开放数据库，利用数据化方案解决了一系列城市治理与数字化挑战问题。例如，减少公共交通系统及公路交通拥堵问题、治理废气污染提高空气质量、减缓城市基础设施压力、提高伦

---

① LOTI Guide to Designing Smart City Projects, 2019, The London Office of Technology and Innovation, p. 9.

② 孙飞、程荃：《数字技术推动城市政务服务创新的经验与启示》，《中国经济时报》，2023 年 4 月 24 日。

③ 孙飞、程荃：《数字技术推动城市政务服务创新的经验与启示》，《中国经济时报》，2023 年 4 月 24 日。

④ 孙飞、程荃：《数字技术推动城市政务服务创新的经验与启示》，《中国经济时报》，2023 年 4 月 24 日。

敦市民福利、鼓励伦敦市民参加政策制定流程等。伦敦数据库为公众提供数据开放接口，为用户提供个性化交通信息，用户甚至可用智能手机随时查看公共交通实时信息，提前了解出发与到达时间；The Future Cities Catapult 针对空气污染治理，提出了"感知伦敦"计划，在伦敦各地建立了 5 个实时实验室检测空气质量，并发布重要通告。Speakset 公司提供远程看护服务，目的是利用家庭电视帮助家中无人看护的老人能及时与专业医护人员进行交流等。Talk London 已经获得伦敦市政府的授权组织伦敦市民参加在线论坛、在线投票和在线问卷调查等，经统计有超过 15000 名伦敦市民使用 Talk London 提供的在线服务。

四　结语

在数字文明时代，城市的数字化水平，将成为未来评判一座城市发展水平的重要指标。在全球数字经济发展的历史趋势下，伦敦的数字化转型也是历史发展的必然。《英国数字战略》的提出为伦敦的城市数字化转型提供了充分的前提条件与基础，2022 年的《英国数字战略》不仅为伦敦城市数字化转型提供了指导性政策和原则，同时为其提供了相应的数字化内容。伦敦城市数字化转型目标不仅与智慧城市建设路径一致，同时高端数字技术的运用也助力伦敦实现了智能治理。未来，数字技术将具有更大的地缘政治意义，因为它对经济和政府在本国境外的投射影响力更加重要。[①] 伦敦城市数字化转型虽取得了突出成就，但其当前面临的现实困境与挑战同样不容忽视。如何面对和解决这些问题是摆在伦敦和其他世界大城市面前的共同难题。尽管如此，伦敦城市数字化转型依然为我们提供了一种经验。未来，随着人类历史不断发展演变，城市数字化转型必然从"功能化"迈入"智能化"时代。

[①] *UK Digital Strategy*, Department for Digital, Culture, Media & Sport, 2022, p. 74.

B.11
成都数字文化场景与城市
高质量发展研究报告*

数字文化场景研究课题组**

摘　要： 　随着数字时代城市发展与场景演化趋势的深刻变革，数字文化场景成为未来城市竞争的制高点。基于数字文化场景营造的理论探索和实践经验，本报告探讨数字文化场景的基本特征和运行机制，论证数字文化场景如何提升城市品质、助力创造城市文明典范。本报告以首倡"场景营城"理念和以建造中国首个数字文化场景城市为目标的成都为案例，剖析数字文博、虚拟潮购、交互娱乐、时空再生、沉浸街区、互动景观、生活拓展、智慧治理八大数字文化场景的重点方向，进而提出数字文化场景城市建设思路，推动城市品质提升与高质量发展。

关键词： 　数字文化场景　成都　高质量发展

　＊　本文系腾讯研究院委托课题"数字文化场景助力成都高质量发展研究报告"研究成果。
＊＊　课题组组长：祁述裕，中央党校（国家行政学院）教授、南方科技大学全球城市文明典范研究院访问教授，博士生导师，研究方向为文化政策与管理。课题组成员：陆筱璐，宁夏大学法学院副院长、副教授；杨传张，北京市社会科学院传媒研究所助理研究员；崔艳天，长安大学人文学院副教授；徐春晓，北京印刷学院经济管理学院讲师；张晓丹，中央党校（国家行政学院）公共管理教研部博士研究生；闫烁，中央党校（国家行政学院）公共管理教研部博士研究生；邓雨龙，中央戏剧学院数字戏剧系博士研究生；刘德良，新元智库研究员；余博，中国传媒大学文化产业管理学院讲师；段卓杉，新元智库研究员；刘晓哲，新元智库研究员；张玉聪，新元智库研究员。

顺应数字时代发展趋势、全面提升城市品质、抢占未来城市竞争制高点是新时代我国城市高质量发展的关键。在数字技术和文化创意赋能下，数字文化场景打破了时空的限制，为实体文化场景提供了更多沉浸式、参与式的呈现形式，提升了城市品质。近年来，成都市在"场景营城"方面取得了很大成绩。当前，成都要抢抓数字文化场景营造的重要机遇，实现文化场景的数实融合。

本报告重点探讨三个问题：一是厘清数字文化场景的内涵、支撑技术和运行机制，拓展对城市文化场景的理解；二是以数字文化场景的重点发展方向为着力点，揭示数字文化场景为城市高质量发展所构建的新图景；三是探讨成都如何建设中国首个数字文化场景城市。本报告旨在为成都营造数字文化场景提供有价值的思路，健全成都"场景营城"谱系，使更多数实融合、虚实共生的数字文化场景落地生根，创造城市美好生活。

一　数字文化场景是未来城市竞争的制高点

（一）数字时代城市发展趋势与场景变革

技术变革是经济增长、社会发展和美好生活构建的重要驱动力。特别是自工业革命以来，技术进步所产生的强大力量推动着经济、社会、文化等领域的快速发展，社会物质积累与精神文明演进的双重赋能促进了现代城市的诞生。而以人工智能、大数据、物联网等数字技术为代表的第四次工业革命使市的生产方式、生活方式、组织方式等发生了颠覆性变化。城市逐渐突破了功能与空间一一对应的线性发展态势，呈现出数字化、场景化、游戏化等特征。正如著名的信息社会学家曼纽尔·卡斯泰尔（Manuel Castells）所指出的那样："传统的城市空间将逐渐被信息空间取代，信息通信技术造就的信息流动空间将社会文化规范形式和整个物理空间进行区分并重新组合。"① 数字技术赋予了时代新的基因，为城市转型更新带来了新的机遇与挑战，从曼纽尔·卡斯泰尔《信息化城市》中预言的未来城市经济信息化、社会网络化与文化虚拟化，到威廉·J·米切尔（Willam J. Mitchell）《比特之城：空间·场所·信息高速公路》中所筹划的电子会场、电子公民和比特经济②，再到安东尼·汤森（Anthony M. Townsend）《智慧城市：大数据、互联网时代的城市未来》中论述的数字技术赋能未来城市社会互动与体验的蓝图③。数字时代的城市将走向何方？这一重要议题在学术界与实践界日益受到广泛关注，不断涌现新理念与新实践。

在新技术变革下，传统的城市空间已无法满足数字时代城市发展的需求。首先，历次工业革命都会引发城市空间的变革，技术迭代对城市生活和生产方式的影响最终会反映在城市空间变革之中。其次，市民对美好生活的向往驱动着城市空间的变化，以土地用途为核心的功能布局及结构正在向以人为核心的方向发展。最后，随着数字技术充分融入城市生活的方方面面，这将深刻改变市民的居住、娱乐、游憩等生活方式。城市空间将更加灵活自由，形成以人为核心的功能与服务聚集区。与此同时，部分实体空间功能瓦解，数实融合的场景体验将成为潮流。因此，新的时代亟待适应新的技术变革，重构城市空间。而凝聚着在地文化特征、便利文化设施、生活美学价值、交互娱乐体验等多种要素的数字文化场景正是当代城市空间转型升级的新方向。

场景是人与景、物质与情感、生产和生活在特定空间的汇聚和呈现，是城市核心价值和理念在特定情境中的体现。以特里·N·克拉克（Terry N. Clark）教授为代表的新芝加哥学派最早将场景概念运用于城市研究之中，

---

① 张元好、曾珍香：《城市信息化文献综述——从信息港、数字城市到智慧城市》，《情报科学》2015 年第 6 期，第 131~137 页。

② 〔美〕威廉·J·米切尔：《比特之城：空间·场所·信息高速公路》，范海燕、胡泳译，生活·读书·新知三联书店，1999，第 6、26、132 页。

③ 〔美〕安东尼·汤森：《智慧城市：大数据、互联网时代的城市未来》，赛迪研究院专家组译，中信出版社，2015，第 14~18 页。

该学派认为场景由邻里与社区、便利性生活文化设施、多样性人群、文化活动、文化表达和价值五大要素[①]组成。场景作为一种新的理论视角，在分析城市空间及其嵌入的文化意蕴如何影响经济发展与社会生活的意义上，具有很强的解释力[②]。

随着数字经济进入高速发展时期，传统意义上的实体场景概念被突破，在新一代信息技术的支撑下，以虚拟孪生和数实融合为特征的数字场景应运而生。借助数字技术的赋能，数字场景能够广泛、深刻地链接时空环境、数据资源、物质要素和文化情感，实现人、机、物高度交互。本报告认为，数字场景是指运用扩展现实、人工智能、3D、5G、大数据、物联网等数字技术构筑的，具有丰富情感世界的虚拟孪生空间和数实融合的空间。在数字场景中，各类主体围绕一项或多项特定需要，在由时间、地点、用户、关系等构成的特定场景下，运用数字技术搭建物理世界与虚拟世界桥梁，连接用户线上和线下行为，并对用户数据进行挖掘、追踪、理解、分析与判断，进而为其提供实时、定向、互动、闭环的数字化应用体验与服务，其基本架构见图1。

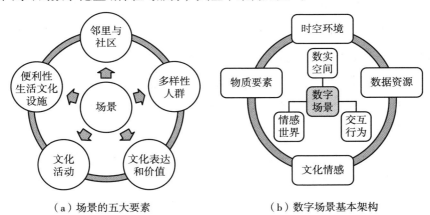

（a）场景的五大要素　　　　　（b）数字场景基本架构

图1　场景的五大要素及数字场景的基本架构

① 〔美〕特里·N·克拉克、李鹭：《场景理论的概念与分析：多国研究对中国的启示》，《东岳论丛》2017年第1期，第16~24页。

② 〔加〕丹尼尔·亚伦·西尔、〔美〕特里·尼科尔斯·克拉克：《场景：空间品质如何塑造社会生活》，祁述裕等译，社会科学文献出版社，2019，译者序第6页。

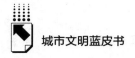

（二）数字文化场景的特征与运行机制

数字文化场景是数字场景的核心形式，其以数字技术为依托，以文化资源、设施、空间和创意等要素为核心，具有智慧连接、数实融合、价值再造等核心功能，是以数字虚拟或数实融合方式呈现的新型空间。与传统文化场景相比，数字文化场景的突出特点表现为：一是"设施即场景"的功能创新。传统场景由若干个舒适物设施构成，如电影院、图书馆、咖啡馆、酒吧等众多不同类型的生活文化设施集聚形成社区化场景，服务于社区居民生活和文化消费。随着技术的融入，数字技术打破了时空限制，不同的数据信息可以在同一空间/平台汇聚和整合，数字化设施发挥了场景综合创新、集成发展的重要作用，实现了基础服务功能上的场景内容呈现。二是推动单一价值观吸引向多元价值观汇集的转变。传统文化场景的构建集中于一种价值观的表达，而数字文化场景中多维空间的打造和多种叙事的叠加，让场景更加丰富、有趣，由此吸引了多种价值观群体的汇集。三是文化体验模式的变革。数字文化场景实现了物质空间与信息空间的相互连接、切换与融合，颠覆了人对现实环境的认知。特别是在场感、沉浸感等孕育出在物理世界难以获得或无法获得的更为丰富的精神文化体验。如腾讯 CROS 团队借助游戏产业积累的技术能力，1∶1 高精度还原了一公里喜峰口长城，通过"云游长城"小程序，用户即可足不出户在线观赏长城这一世界文化遗产，并享受探索、保护等多种创新文化体验。

以游戏科技为核心的数字技术是营造数字文化场景的重要支撑。从人类先进科技的应用史来看，每一次新技术（VR、AR、人工智能等）的大规模普及，几乎都源自游戏。游戏中先进的技术自然适用于故事性场景的表达，这也让游戏成为创造新价值和新可能的重要阵地。例如，在微软开发的游戏《我的世界：教育版》（Minecraft：Education Edition）中，用户可以直观地学习建筑学、物理学、城市规划以及环境再生等领域的知识；又如，2020 年美国食品药品监督管理局（FDA）批准了一款改善多动障碍（ADHD）的数字医疗游戏 EndeavorRx，为治疗儿童多动症提供了辅助手段。当前，游戏科技可以分为核心应用技术、通用支撑技术和辅助优化技术三大技术支撑体系（见图2），并通过基础技术、软件技术、游戏引擎等众多分支技术形成强大的技术集群，为数字文化场景的营造提供坚实的数据、模型和算力支撑，也为城市的虚拟孪生和创意再造提供了可能性。

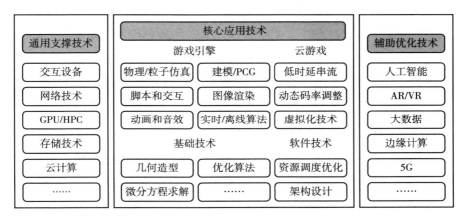

图2 数字文化场景的科技支撑谱系

数字文化场景的运行机制由三个关键部分组成（见图3）。一是智慧连接。场景理论认为生活文化设施只有在与社区、文化实践活动，人群的互动中才能最大限度地实现其价值①。数字技术的变革产生了万物互联的智慧连接力量，也增强了场景中文化设施的互动能力。同时，依托技术手段所形成的不同智能装备延伸了人们感知社会的场域，成为无形的"智能器官"，通过数据高频次的超文本符号传输交换，人们随时随地在线上网络和线下固定场景之间进行自由的连接与切换②，这种变化模糊甚至重塑了人们对时间空间的认识。例如，在影视作品《头号玩家》描绘出的智慧连接场景中，现实世界场景和虚拟世界的信息无缝连接。数字信息与物质世界的互联互通，促使无限丰富的交互式场景不断诞生。二是数实融合。马克斯·H·布瓦索

---

① 祁述裕：《建设文化场景培育城市发展内生动力——以生活文化设施为视角》，《东岳论丛》2017年第1期，第25~34页。

② 夏蜀：《数字化时代的场景主义》，《文化纵横》2019年第5期，第88~97页。

（Max H. Boisot）在其建立的三维信息空间（I-Space）框架中指出："我们将个人（认识论空间）和社会信息处理（效用和文化空间）汇聚在一起创造一个三维的信息空间，通过该空间来理解时空分配和数据场中的数据流。"① 通过各类文化资源、文化设施与文化空间和虚拟空间进行融合、转换，最终呈现出不同于单纯物理空间的数字文化场景形态。例如，腾讯开展"数字长城""全动飞行模拟机""猎人星座计划"等项目研发，即基于认识论空间、效用和文化空间实现了虚拟游戏场景与文保、工业和天文等不同领域的融合再造。三是价值再造。价值再造是对文化资源重新利用和再创造的过程，数字技术丰富了城市文化空间中文化资源的呈现方式和传播形式，通过对硬件和软件的升级，赋予了实体文化场景新生命。例如，国内首个国漫主题数字景区——杭州狐妖小红娘景区，就是"原创国漫+地方文旅"模式实现价值再造的创新尝试。该景区首创"动漫+科技+行浸式夜游"的全新体验模式，对动漫《狐妖小红娘》中的各大名场面进行还原，并结合景区场景特色进行了内容再创作，让游客可以进入一个可触可感的《狐妖小红娘》世界。同时，持续对原作故事进行深挖与创新，不断升级景区游戏化互动项目，增加景区的趣味性与多样性，为游客带来越来越多的游玩体验。

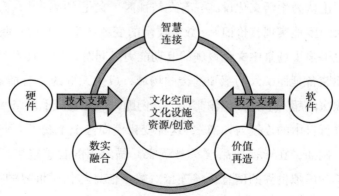

图3　数字文化场景的运行机制

① 〔英〕马克斯·H·布瓦索：《信息空间：认识组织、制度和文化的一种框架》，王寅通译，上海译文出版社，2000，第612页。

（三）数字文化场景构建城市发展新图景

数字文化场景通过技术、文化和空间的融合为城市文化的发展创造了多种可能，使城市文化的呈现方式和呈现内容更加多元，赋能城市消费升级跃迁，并为丰富城市文化的时代表达、优化城市文化的生产机制、丰富城市文化的服务供给和提升城市文化的品质提供了新路径。数字文化场景助力城市抢抓数字时代发展机遇，形成数字化浪潮下新发展方式的重要抓手。

第一，数字文化场景是当代诠释城市文化的重要载体。凝聚着先进数字技术、在地文化特征、便利文化设施、生活美学价值等多种要素的数字文化场景是诠释城市文化的重要载体。不同价值观念和认知模式在数字文化场景中的融合与诠释，建构了新时代的城市精神坐标。例如，位于南京幕府山的沉浸式达摩石窟光影艺术馆，将数字艺术与禅宗文化相结合，创造性采用AIGC、裸眼3D、投影、灯光等技术，依托达摩古洞景区独特的石窟载体和达摩一苇渡江的故事，打造了一个集文化、旅游、生态、科技、美学为一体的智慧光影艺术新场景。从该案例中可以发现，数字文化场景能通过虚拟孪生或数实融合的叙事再造，为城市价值和理念在特定情境中呈现提供重要的场所。

第二，数字文化场景是赋能城市产业转型发展的重要支撑。数字文化场景通过不断实验新路径、创造新模式、重塑新动力，对传统产业转型和新兴产业发展起到了重要的支撑和引领作用。特别是通过跨界思维和融合创新思维不断改造传统产业形态，激发其内生性动力，以"破圈""跨界"引爆行业新热点、创造新前景。例如，以腾讯为代表的游戏开发企业在开发《王者荣耀》《雁丘陵》等数字游戏场景时，注重与传统文化研究机构、博物馆和地方文旅管理部门等进行深入合作，以游戏角色、皮肤道具、剧情叙事、动画与音乐内容等多种方式普及优秀传统文化内容；还通过在游戏外举办游戏音乐会、戏剧演出、艺术展览等活动，将传统艺术与流行文化结合，促进传统演艺、旅游等产业的转型升级。

第三，数字文化场景是满足城市公共文化需求的重要场所。数字文化场

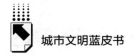

景为更好发挥城市公共文化服务功能提供了重要载体，特别是博物馆、科技馆、文化馆等传统文化空间与数字文化场景的融合是满足新时代公众多样化精神需求的重要保障。数字文化场景也为丰富文化服务供给内容、创新文化服务形式，不断提升公共文化服务的质量、效率提供了新的手段。例如上海天文馆联合数字娱乐平台波克城市推出的首个游戏化线上科普展览《星火之旅》，以"游戏+科普"的形式，寓教于乐地普及航天知识，让观众体验航天员的太空经历，感悟与传承载人航天精神。同时，数字文化场景亦可不断拓展其与各行业之间的交流与合作，以内容、技术等方面的积累赋能多个领域的民生工程。

第四，数字文化场景是推动城市更新的重要方式。数字文化场景的营造为城市更新提供了新颖多维的角度，促进城市以更合理、更生动和更人文的方式发展。多姿多彩的数字文化场景在城市中的各个地方频现，重塑了地方整体文化风格、美学特征和城市品牌，成为城市发展新的动力之源，让城市特色文化资源通过不同场景的呈现，实现价值的传承创新。例如数字文化场景"夜上黄鹤楼"，以武汉黄鹤楼的前世今生为创作内容，进行 3D Mapping 光影秀的数字画面的创新，把古老的黄鹤楼打造成为城市夜游体验新地标。

第五，数字文化场景充分释放城市文旅消费潜力。中共中央办公厅、国务院办公厅印发的《关于推进实施国家文化数字化战略的意见》提出发展数字化文化消费新场景，大力发展线上线下一体化、在线在场相结合的数字化文化新体验。未来随着数字中国建设的持续推进以及各类数字文旅业态的推陈出新，数字文化场景将进一步丰富文化产品供给类型、提升文化消费体验、打造更多文化消费新空间，释放城市文旅消费潜力。例如 2022 年豫园灯会期间，完美世界与上海豫园合作，打造了一款数实融合的体验型产品——"山海奇豫"，该产品以中国传统神话经典《山海经》中的场景为原型，在豫园灯会的山海奇境场景下，通过游戏化、影视化、文创化的方式，结合线下"实景演绎+NPC 交互"、线上"数字互动+RPG 对战"，构建了游戏化城市新型社交场景，也传播了中华优秀传统文化，是数实融合文旅体验的一次新探索。

二 数字文化场景的重点内容——以成都为案例

（一）数字文化场景是深化成都"场景营城"体系的必由之路

成都是我国最早提出"场景营城"体系并开展场景营造实践的城市，不断推动场景从理论到实践、从概念到机制的迭代演进，为数字文化场景的营造积累了丰富经验。早在 2017 年，成都就将"场景营城"作为城市转型发展的重要战略，并不断提出具有成都特色的应用场景。本报告梳理了关于成都"场景营城"的政策文件（见表 1）。从中可以发现，随着成都对场景营造认识的深入，"场景营城"逐步与公园城市、国际消费中心城市等城市发展目标融合，不断形成了新的场景应用方向。

表 1 成都"场景营城"的相关政策梳理

出台时间	政策文件	主要内容
2017 年 11 月	《关于营造新生态发展新经济培育新动能的意见》	提出构建与六大新经济产业形态高度契合的多元化应用场景（"七大应用场景"）
2019 年 12 月	《关于全面贯彻新发展理念加快建设国际消费中心城市的意见》	提出打造地标商圈潮购、特色街区雅集、熊猫野趣度假、公园生态游憩、体育健康脉动、文艺风尚品鉴、社区邻里生活等"八大消费场景"
2019 年 10 月	《成都市城乡社区发展治理总体规划（2018—2035 年）》	提出打造服务、文化、生态、空间、产业、共治、智慧场景"七大社区发展治理场景"
2019 年 11 月	《成都市美丽宜居公园城市规划（2018—2035 年）》	提出营建山水生态、天府绿道、乡村郊野、城市街区、人文成都、产业社区"六大公园场景"
2020 年 3 月	《供场景给机会加快新经济发展若干政策措施》	提出每月推出 100 个应用场景和 100 个创新产品。开展建设未来场景实验室、实施场景示范工程
2021 年 8 月	《公园城市消费场景建设导则（试行）》	结合 8 大类消费场景的个性特点，提出消费场景的基本指引、场景特征、舒适物指引、业态指引

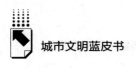

出台时间	政策文件	主要内容
2022 年 1 月	《成都市"十四五"新经济发展规划》	强调加快物联网、云计算、VR、大数据等新技术转化应用,打造创意设计、智慧旅游、电子竞技、数字音乐、智慧会展等创新场景
2022 年 1 月	《关于以场景营城助推美丽宜居公园城市建设的实施意见》	明确聚焦美好生活、智能生产、宜居生态、智慧治理,构建四大城市场景体系
2022 年 6 月	《成都市场景营城方案 2022 年行动计划》	构建城市机会清单制度和"创新应用实验室+城市未来场景实验室"全周期孵化机制。推动场景构建与"智慧蓉城"建设有机融合

资料来源:课题组根据成都市委、市政府各部门发布的政策文件整理。

面对数字时代大变局下的城市竞争,成都"场景营城"面临着从 1.0 到 2.0 的转型升级。同时,随着成都全周期场景服务机制的不断完善,场景营造也逐渐呈现出从实体场景向数实融合场景转型的新趋势。首先,数字文化场景政策扶持力度不断加码。一方面,"场景"作为驱动成都数字经济与数字文化产业发展的主要动力,近几年高频出现在成都多个领域的政策文件中。如,2022 年发布的《成都市"十四五"新经济发展规划》将创新营造新场景作为重点任务之一。《关于营造新生态发展新经济培育新动能的意见》提出构建与六大新经济产业形态高度契合的多元化应用场景。另一方面,成都为了推动"场景营城",专门出台了《关于以场景营城助推美丽宜居公园城市建设的实施意见》等专项政策。其次,数字文化场景的配套服务机制不断完善。其中最具典型性的是城市机会清单制度和"创新应用实验室+城市未来场景实验室"全周期孵化机制。前者首推于 2019 年,旨在全面整合、分类梳理、对外公开发布企业关心的可释放的资源要素及市场机会,为城市和企业资源共享、供需信息集中呈现与精准对接等提供平台。截至 2023 年 1 月,成都已累计发布 14 批机会清单,其中,不乏聚焦数字文化基础设施建设、数字文旅、智慧文化制造等领域的数字场景供应与需求清单。后者首次征集于 2020 年,由侧重于大企业主导的创新应用实验室、侧重于中小企业参与的城市未来场景实验室牵头，助力打通成都数字文化场景技术创新、应用落地的渠道，并为城市数字文化场景提供有效的技术支撑平台与市场验证平台。最后，数字文化场景的示范推广力度不断强化。例如，《供场景给机会加快新经济发展若干政策措施》提出举办"场景营城产品赋能——新经济创造美好生活"系列发布会，每月推出 100 个应用场景和 100 个创新产品；实施"十百千"场景示范工程。为数字文化示范应用场景的营造奠定了良好基础。

基于实体文化场景营造中积累的经验，且通过从场景产生、对接、孵化到应用、推广阶段的一系列政策，成都在数字文化场景建设方面的成效初显，形成了一批具有成都地方特色的数字文化场景。如成都东郊记忆文创园区以"数字化、音乐+、新消费"为关键词，以"东区超级音乐现场、XR 影棚、24 小时数字音乐制作工场、东山艺术馆"为载体，全面赋能国家工业遗产；腾讯旗下三国题材沙盘战略手游《鸿图之下》与武侯祠博物馆携手打造沉浸式三国游戏体验场景，以"沉浸式互动 H5+深度游戏内容植入"的形式综合搭建了一个可供千万用户随时游览的线上数字庙会；宽窄巷子聚焦 5G 示范街区建设，通过整合电信 5G、宽窄私域流量平台宽窄云等资源，打造"全场景引流+新消费体验+智慧化管理"三位一体的智慧旅游街区；"夜游锦江"利用 5G、8K、灯光置景、全息投影、多媒体渲染、沉浸式光影等技术手段，为市民及游客营造多维度、沉浸式体验空间；三星堆通过混合现实导览电影——《古蜀幻地》，为群众提供了全新的文物参观和体验方式。同时运用数字交互空间引擎技术，打造"数字三星堆奇幻之旅"，以沉浸式数字交互空间的营造，使观众穿越终端屏幕体验场景内容。这些案例从实践上丰富了学界对于场景的认知，也为探索数字文化场景的主题提供了鲜活素材。

（二）成都数字文化场景的八大重点方向

尽管成都在数字文化场景营造上取得了很大成绩，但是仍存在一些亟待解决的问题。例如，数字文化场景尚未系统性纳入成都"场景营城"的整体布局中，缺乏整体性的统筹；对于建设什么样的数字文化场景，如何建设

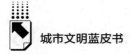
数字文化场景缺乏认知。为了解决这些问题，本报告有必要首先对成都的资源环境与产业基础进行审视。

经课题组调研发现，成都在营造数字文化场景方面主要有两个方面的优势。一方面是文化资源禀赋独特，文化 IP 资源丰富。成都不仅拥有蜀绣、川剧等独具地域特色的国家非物质文化遗产，还有都江堰、青城山、武侯祠、杜甫草堂等数量众多的名胜古迹。巴蜀文化、三国文化、民族文化、宗教文化、红色文化、集市文化、休闲文化等在蓉城融合，造就了全球知名的休闲之都、美食之都与时尚之都。美景各异的巴蜀山水，地道的火锅、串串香等川渝美食，熙熙攘攘的商业氛围，宜居的城市环境，为数字文化场景营造提供了丰富的 IP 源泉。另一方面是数字技术创新资源加速聚集，数字文创产业发展处于全国较高水平。近年来，成都对外积极引进生态型、平台型硬核科技企业，成功引进了腾讯新文创、完美世界、阿里巴巴娱乐文化集团等行业领军企业。对内培育了一批专注于人工智能、大数据等高新技术的领军企业和数字文创企业。通过外引内培，以腾讯为代表的一批在蓉技术型企业形成了对数字文化场景建设的有力技术支撑，也为数字文化场景的发展创造了良好的产业生态和广阔的应用空间。

课题组认为，成都的优势文化资源禀赋、先进数字文创产业基础，以及以腾讯为代表的领军科技企业积累的游戏科技，可以打造包括数字文博型场景、虚拟潮购型场景、交互娱乐型场景、时空再生型场景、沉浸街区型场景、互动景观型场景、生活拓展型场景、智慧治理型场景在内的八大重点方向，逐步构建"8+N"的场景谱系（其侧重的建设内容详见表 2）。

表 2　成都数字文化场景的八大重点方向谱系架构

场景方向	建设内容
数字文博型	以博物馆等文化场馆为核心，运用数字技术进行空间提升改造，形成以光影互动、数字特效等为主要特征的场景
虚拟潮购型	以历史街区或商圈为核心，聚焦文化 IP、创意产品与服务，以数字人直播、AI 智能导购、虚实潮玩互动等新文化消费体验为核心的场景

场景方向	建设内容
交互娱乐型	以文艺娱乐活动为核心,通过数字技术及创意突破传统表现形式的限制,为用户带来交互性、沉浸式美感与趣味性体验的数字文化场景
时空再生型	以历史人物、历史景观、历史城市生活等为核心,利用游戏引擎、三维仿真、虚拟孪生等技术实现的时空场景再现或跨时空对话场景
沉浸街区型	以城市街区为核心,挖掘其自然景观、文化元素、人文资源等价值,利用数字技术和游戏理念营造具有故事性、沉浸性、交互性的场景
互动景观型	以城市核心文脉、文旅景区等景观为核心,利用光影、视频、动画、游戏、三维呈现等多种方式,升级乃至重塑文化内涵,构筑具有沉浸式交互体验特征的数字文化场景
生活拓展型	以茶馆、酒馆、川菜馆等成都传统生活场所为核心,通过数字技术提升其价值,构建使市民生活更丰富、更便捷、更有趣的场景
智慧治理型	以数字技术赋能文化管理,围绕文化数据运营、文旅数据分析、文化版权交易等优化服务内容,推动新时代文化管理科学化、精细化、智能化的治理型数字文化场景

由于数字文化场景的各个重点方向的要素组合不同,因此可以由数字力、文化力、游戏力、虚拟力、社会力、融合力构成场景力分析模型,分析不同数字文化场景的侧重方向。其中,数字力是指数字文化场景的技术集成度、技术前沿性、数据生成量,以及数字技术在场景中的重要程度;文化力是指数字文化场景的文化创意度、文化包容度、文化安全度、社会价值度和审美程度;游戏力是指数字文化场景的游戏规则性、游戏操作性、游戏交互性、游戏趣味性等;虚拟力是指数字文化场景的奇观性、虚构性、沉浸性以及时空建构能力;社会力是指数字文化场景的公共性、社会交往频率、社会参与度、社群黏合度等;融合力是指数字文化场景的数实融合度、外部赋能度、环境匹配度、动态适应度等。课题组通过专家打分的形式,评估了数字文化场景八大重点方向的场景力组合方式,识别出其各自的功能定位与重点内容,如图4所示。

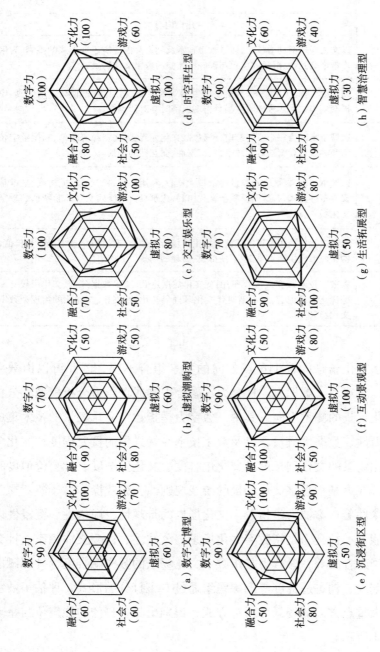

图 4　数字文化场景八大重点方向的场景力分析模型

（a）数字文博型　（b）虚拟潮购型　（c）交互娱乐型　（d）时空再生型
（e）沉浸街区型　（f）互动景观型　（g）生活拓展型　（h）智慧治理型

注：图中括号内数值系专家打分均值。

课题组认为，数字文化场景的八大重点方向的侧重点分别如下。

数字文博型场景应侧重于文化力的涵养，着重实现文化场馆的全面转型升级，突出其所承载的文化展示与传播、文化传承与创新功能的协调统一。并以数字力、游戏力辅之，打造"技术生产力"，提升场景深厚文化价值的感知性与认同性。

虚拟潮购型场景应充分发挥融合力、社会力的力量，重点将虚拟产品、服务与线下实体文化消费经济结合，顺应新消费趋势，并引导、培养良性健康的文化消费观念，提升城市社群黏合度；此外，数字力也是营造虚拟潮购型场景的重要力量，应以数字力赋能沉浸式美感体验。

交互娱乐型场景应以数字力、游戏力要素价值为重，以场景为载体，推动数字技术创新、游戏创意创新等转化应用，催生文艺娱乐活动的新业态、新模式、新场景，引领文化生产、传播等深刻变革。

时空再生型场景应重视文化力、数字力、虚拟力，即立足历史文化保护、传承、开发等实践，通过创意赋能升级文化内涵，并利用数字技术创新性开发、利用、存储、表达、传播，在虚拟时空营造奇观性、虚构性、沉浸性的场景，展示城市的历史底蕴和时代变迁。

沉浸街区型场景应重点发挥文化力、数字力、游戏力的要素价值，通过数字技术、文化创意和现代美学升级赋能城市街区，并通过一定的交互规则和互动理念增加街区游戏化的趣味体验，提升场景的沉浸性和吸引力，进而在广泛社会交往中增进城市社群黏合度、凝聚城市文化认同。

互动景观型场景应重点强调虚拟力、融合力，即在真实与虚拟的融合空间中提升互动体验感。此外，数字力要素也发挥着重要作用，推动场景体验更加多元新颖，场景服务更加智慧智能。

生活拓展型场景应侧重于社会力，重点提升场景的公共性、社会交往频率、社会参与度、社群黏合度等，强化城市中市民生活的活力。

智慧治理型场景应重视数字力、融合力、社会力要素价值，强化以数字技术赋能文化管理，并综合考虑场景的环境匹配度、动态适应度、社会参与度等因素，推动文化管理更加科学化、精细化、智能化。

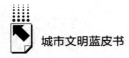

结合初步挖掘的成都各区县特色资源禀赋，课题组分析了八大主题的数字文化场景在成都的重点建设区域，并列举了若干示例场景（见表3），进一步细化数字文化场景的系统布局。如郫都区可立足于安德镇"川菜之城"IP 和首批川菜产业化基地，深化布局川菜数字化体验场景，依托安靖镇"蜀绣之乡"IP 进一步拓展蜀绣（NFT／AIGC）开发与体验场景。大邑县可通过安仁古镇和建川博物馆聚落的数字化提升改造，丰富数字文博型场景表现形式。金堂县可依托国家知识产权强县工程试点县、全国科普示范县等，利用在数字治理、产权保护等领域积累的先进经验，探索成都版权交易场景。周边其他区县可充分发挥公园城市的生态底蕴，通过熊猫绿道、锦江绿道、茶乡绿道等天府绿道系统，探索成都城乡一体化智慧绿道场景。为丰富数字文化场景实践，贡献更多的成都特色和成都方案。

表3　成都数字文化场景的重点建设区域与示例场景

场景主题	重点建设区域	示例场景
数字文博型	锦江区、青羊区、金牛区、武侯区、成华区、龙泉驿区、青白江区、新都区、都江堰市、彭州市、邛崃市、崇州市、大邑县	杜甫草堂博物馆（数字馆）、武侯祠博物馆（数字馆）、建川博物馆（数字馆）、成都市文化馆（数字馆）等
虚拟潮购型	锦江区、青羊区、金牛区、武侯区、成华区、龙泉驿区、郫都区、简阳市、都江堰市、崇州市、大邑县	春熙路数字导购场景、交子大道夜间潮购场景
交互娱乐型	锦江区、青羊区、金牛区、武侯区、成华区、郫都区、简阳市、金堂县、大邑县	川剧数字化体验场景、蜀绣（NFT／AIGC）开发与体验场景
时空再生型	锦江区、青羊区、金牛区、武侯区、成华区、双流区、都江堰市、邛崃市	"金沙记忆"遗址体验场景、"对话诗圣"情景体验场景
沉浸街区型	锦江区、青羊区、金牛区、武侯区、成华区、温江区、新津区	锦里游戏化体验场景、宽窄巷子游戏化体验场景
互动景观型	锦江区、青羊区、金牛区、武侯区、成华区、龙泉驿区、青白江区、新都区、温江区、双流区、郫都区、新津区、简阳市、都江堰市、彭州市、邛崃市、崇州市、金堂县、大邑县、浦江县	数字都江堰／青城山体验场景、天府生态廊道数字孪生场景

场景主题	重点建设区域	示例场景
生活拓展型	锦江区、青羊区、金牛区、武侯区、成华区、龙泉驿区、青白江区、新都区、温江区、双流区、郫都区、新津区、简阳市、都江堰市、彭州市、邛崃市、崇州市、金堂县、大邑县、浦江县	成都城乡一体化智慧绿道场景、川菜数字化体验场景
智慧治理型	锦江区、青羊区、金牛区、武侯区、成华区、双流区、崇州市、金堂县	数字文化要素监管场景、成都版权交易场景

三 数字文化场景城市的建设思路

建设数字文化场景城市是深化成都"场景营城"理念的重要突破口。为了提升成都全球城市竞争力、激活文化消费升级跃迁、推进新经济新赛道布局、促进城市文化治理与服务品质提升，成都有必要利用现有场景营造政策、场景培育机制和数字文化场景的初步探索经验，建立中国首个数字文化场景城市。而从数字文化场景到数字文化场景城市，离不开先进的理念支撑、清晰的行动方案和系统性建设思路。深挖文脉底蕴、强化要素支持、健全场景链群、加强推广宣传是落实成都数字文化场景城市建设目标的关键之举。

（一）深挖文脉底蕴

文化资源是数字文化场景城市最核心的基础和最鲜明的底色，不同类型、不同价值的文化资源为差异化的数字文化场景营造提供了可能性。数字文博、虚拟潮购、交互娱乐、时空再生、沉浸街区、互动景观、生活拓展、智慧治理场景的八大重点方向需要依托不同的文化资源基础，例如虚拟潮购型场景的文化资源基础主要为热闹的天府商贸文化；互动景观型场景的文化资源基础主要为青城山、天府绿道等文化生态景观。可探索建立成都数字文

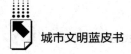

化场景城市 IP 资源池，对成都的文化资源进行系统分类、采集和整理，对"符号元素"进行数字再创造，并从价值评估、权益分割、转化形态、许可合同设计等方面进行 IP 衍生开发。鼓励通过云计算、AIGC 等新技术，对以巴蜀文化、天府文脉为核心的文化资源进行评估、分类与数字化转化，为场景开发团队提供可直接调取使用的 IP 内容，实现"地方符号挖掘—数字化转化—数字文化场景应用"的全链条生产。同时，可以建设数字文化场景开发开源软件社区，鼓励向社会开放，打造基于 UGC 生态的人人共建、价值共创的 IP 资源创作和交易平台。基于区块链技术及 NFT 应用，创作者可对自主创作的虚拟 IP 内容进行入池与确权，并通过点对点交易进行价值变现，为创作者提供更多价值激励，极大丰富文化场景 IP 资源。

（二）强化要素支持

建设数字文化场景城市，需要技术、人才和资金等关键要素的支持。首先是强化数字文化场景城市的技术支持。应制定数字文化场景城市相关技术攻坚规划，聚焦不同领域内数字文化场景所需的支撑技术，借助成都"创新应用实验室"等技术孵化平台，开展"补链、强链、扩链"的高精尖技术专项攻坚行动。鼓励具有行业资源和专业化运营能力的机构牵头组建场景技术生态联盟，以线上集群注册、线下集中入驻、股权合作、技术联合攻关等方式，提升市场竞争力。其次是完善数字文化场景城市的人才支持。制定符合数字文化场景建设的人才引进政策。依托"蓉漂计划""产业生态圈人才计划"等，积极吸引海内外优秀人才参与成都数字文化场景建设。建立多种人才交流平台，促进跨地区、跨学科、跨领域的合作和创新。最后是健全数字文化场景城市的资金激励机制。建立健全政府、企业多方参与的投融资机制。如设立数字文化场景发展专项资金，加大对高附加值、发展潜力大的数字文化企业和项目的资金扶持力度；对符合产业标准且发展势头良好的数字文化场景项目实行税收优惠；将负责重点数字文化场景建设的企业纳入成都新经济天使投资基金和成都新经济产业投资基金重点支持范围，对符合条件的相关企业给予直投或跟投。

（三）健全场景链群

城市中规模化的数字文化场景的组合能最大限度地发挥场景价值，建设数字文化场景城市，一方面应注重将数字文化场景融入成都"场景营城"谱系之中，利用城市机会清单、城市未来场景实验室等具有成都特色的全周期孵化机制，结合天府文脉、文化创意和游戏科技等要素营造不同规模、不同层次的数字文化场景。同时，可将数字文化场景的建设地点与成都的地理空间进行融合，绘制成都数字文化场景地图；另一方面借助5G、AI、区块链等数字技术，将各种类型、大小不一的场景连接起来，提供更为丰富的场景组合，构成物理分布、逻辑关联、快速连接的数字文化场景链群，实现数字文化场景创意链、价值链与产业链间的三链协同。从而拓展规模化的场景叙事，满足不同的文化消费需求和审美体验，为成都创造更为交互、多元、沉浸的城市文化体验。

（四）加强推广宣传

数字文化场景城市的建设目标需要社会各界的认同，并形成治理合力。因此，加强推广宣传至关重要。首先，应加强数字文化场景城市的宣传解读。充分利用各级媒体渠道广泛开展宣传，积极宣传数字文化场景对推动经济发展、提升城市效率、便利居民生活等方面的意义和价值。其次，应重点推介数字文化场景建设应用案例。可通过成都灯会、天府文化论坛、成都马拉松、每经国际文创金融路演中心路演活动等重大"赛、节、会"，推介数字文化场景城市建设的具体成果和应用案例，让公众感受到数字文化场景对城市文化生活方式的改变和城市文化品质的提升。开展数字文化场景创新实践案例展播，在成都"场景营城"创新地图中上线"数字文化场景"专栏，可参考《场景营城：成都创新实践案例集》[①]，组

[①] 成都市新经济委员会：《场景营城：成都创新实践案例集》，成都市新经济委员会官方网站，http：//8.135.108.10：8082/，2022年6月15日。

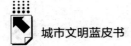

织编纂《成都数字文化场景创新案例集》。最后，加强数字化渠道舆论引导宣传建设。借助互联网和数字化技术，建立数字文化场景建设的官方网站，打造社交媒体宣传矩阵，推广数字文化场景交互式小程序等网络宣传渠道，提升数字文化场景的曝光度和知名度。与"YOU成都"App、《王者荣耀》手游等开展联动，以标注打卡地点、植入宣传视频等方式，为数字文化场景建设营造良好舆论氛围。

四 结语

"九天开出一成都，万户千门入画图"，成都正以深化"场景营城"理念为契机，创新营造数字文化场景。多元数字文化场景落地生根走进千家万户、虚实共生驱动美好生活的新图景正在徐徐展开。未来，随着成都数字文化场景谱系的不断完善，城市空间将融入无数独立的数字文化场景单元，这些独立的场景单元提供了多主题、多层次的文娱功能，并逐步由分散走向互通互联的整体，最终将真正实现从"城市数字文化场景"到"数字文化场景城市"的跃迁。与此同时，在真实场景与虚拟场景的相互融合中，虚拟与现实的边界不断消弭，数字生活与真实生活将无缝衔接，城市生活和文娱方式将被重塑。作为超级数字场景的重要组成部分，数字文化场景将赋予城市更为多元化的文化内涵、更为沉浸化的价值感知、更为交互化的社交方式与更为游戏化的城市体验，甚至造就城市发展的新形态——超级场景城市。或许，正如腾讯对超级数字场景的理解——"基于游戏科技和游戏交互方式所构建的所有可能性，不断伴随新科技创造新体验与新价值"。这座未来的超级场景城市将见证更为深刻的场景变革，探索数字时代城市高质量发展的更多可能性，在天府大地为中国乃至世界的城市发展贡献成都方案、中国智慧。

参考文献

［1］张元好、曾珍香：《城市信息化文献综述——从信息港、数字城市到智慧城市》，《情报科学》2015 年第 6 期。

［2］〔美〕威廉·J·米切尔：《比特之城：空间·场所·信息高速公路》，范海燕、胡泳译，生活·读书·新知三联书店，1999。

［3］〔美〕安东尼·汤森：《智慧城市：大数据、互联网时代的城市未来》，赛迪研究院专家组译，中信出版社，2015。

［4］〔美〕特里·N·克拉克、李鹭：《场景理论的概念与分析：多国研究对中国的启示》，《东岳论丛》2017 年第 1 期。

［5］〔加〕丹尼尔·亚伦·西尔、特里·N·克拉克：《场景：空间品质如何塑造社会生活》，祁述裕等译，社会科学文献出版社，2019。

［6］祁述裕：《建设文化场景培育城市发展内生动力——以生活文化设施为视角》，《东岳论丛》2017 年第 1 期。

［7］夏蜀：《数字化时代的场景主义》，《文化纵横》2019 年第 5 期。

［8］〔英〕马克斯·H·布瓦索：《信息空间：认识组织、制度和文化的一种框架》，王寅通译，上海译文出版社，2000。

［9］成都市新经济委员会：《场景营城：成都创新实践案例集》，成都市新经济委员会官方网站，http：//8.135.108.10：8082/，2022 年 6 月 15 日。

B.12

数字文明视域下城市形象的
建构与对外传播
——以"中国数谷"贵阳市为例*

蒋海军**

摘　要：　数字文明视域下城市形象的传播需要依托具象化的载体。要根据城市独特优势找准城市差异化定位，有针对性地进行品牌塑造和传播。作为我国重要的大数据产业基地，贵州省贵阳市依托大数据产业建构和传播城市形象，用数字赋能文明城市智慧治理，使贵州以"中国数谷"的形象逐步"出圈"，引起国内外媒体的持续关注。贵阳市建构和传播城市形象的成功经验，对文明城市形象塑造和城市形象传播有一定启示意义。

关键词：　数字文明　中国数谷　国际传播　大数据产业

2021 年 9 月，习近平总书记向世界互联网大会乌镇峰会致贺信时指出："构建数字合作格局，筑牢数字安全屏障，让数字文明造福各国人民，推动构建人类命运共同体。"① 贵州省贵阳市地处我国西南腹地，党的十八大以

---

* 本文系南方科技大学全球文明城市典范研究院开放性课题"基于数字文明视角下贵阳大数据产业高质量发展研究"（项目编号：IGU23C010）阶段性成果。

** 蒋海军，博士，南方科技大学全球城市文明典范研究院特约研究员，复旦大学新闻学院博士后，贵州日报报刊社《媒体融合新观察》杂志副总编辑。研究方向为文化产业、文旅传播。

① 《习近平向 2021 年世界互联网大会乌镇峰会致贺信》，《人民日报》，2021 年 9 月 27 日，第 1 版。

来，贵阳市抢抓大数据国家战略机遇，先行先试发展大数据产业，建设国家大数据综合试验区，打造"中国数谷"，探索出欠发达地区发展大数据的新模式，为贵阳市贴上了"大数据之都"的标签。"中国数谷"的国际影响力不断提升，贵阳借此讲好中国故事，推进城市国际传播，使其成为"爽爽贵阳"的又一张亮丽名片。相关经验对于数字文明视域下地方城市构建城市国际形象、开展对外传播有一定借鉴和启示意义。

一 数字文明是人类文明的新发展

（一）数字文明与人类文明的内在逻辑

"文明"一词，早在中国先秦的历史文献中就有记载。《尚书·舜典》里记载"睿哲文明"，唐代孔颖达对《尚书·舜典》此句的疏解为："经天纬地曰文，照临四方曰明。""文明"是社会生产力不断发展的产物。科技的飞速发展，生产力的不断提升，推动人类社会迈入了信息智能时代。以数字技术为核心、以大数据为基础的数字经济时代已然到来。狭义的数字文明，即数字技术、数字经济的发展取得相当高的成就，符合人类社会发展方向，人们乐于使用数字技术获得福祉。广义的数字文明是物质文明、政治文明、精神文明、社会文明、生态文明在数字技术、数字经济高度发展基础上表现出的一种共生共融的复合的文明实现形态。① 可见，数字文明是一种崭新的数字化文明形式，以数字赋能推动人类文明和数字技术融合发展，从而实现全球参与、全民参与和技术向善的目标。由数字文明催生和推动的数字经济是继农业经济和工业经济之后的一种崭新的经济社会发展形态，是以数据资源为关键要素，以现代信息网络为主要载体，以信息通信技术融合应

---

① 宋雪飞、张韦恺镝：《共享数字文明的福祉——习近平关于发展数字经济重要论述研究》，《南京大学学报》（哲学·人文科学·社会科学）2022 年第 3 期。

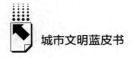

用、全要素数字化转型为重要推动力的经济形态。①

中国式数字文明是向上向善的文明，也是引领未来的文明。它不同于西方资本主义的数字文明，而是彰显中华文化的人文性，促进中华文明与数字文明的对接耦合，是建设中华现代文明的重要内容和推进中国式现代化、实现中华民族伟大复兴的重要支撑。

（二）数据要素是数字文明时代的第一生产要素

数据要素是数字经济中的重要组成部分。在数字文明时代，数据成为新的生产要素和核心资源。《数字中国建设整体布局规划》将"夯实数据资源体系"作为数字中国建设的两大基础之一，明确了数据要素对促进数字中国建设的重要基础性作用，是"数实融合"的新动能。中国已经站在了全球数字文明的前列，数据要真正成为一种生产要素，要加快建立数据要素市场。在以数据为关键要素的数字时代，占据主导地位的文明形态应该包括大数据的产生、聚集和要素化。随着国家数据局的成立，统筹好数据安全和数字文明高质量发展已经上升为国家战略。

（三）中国式数字文明引领全球城市文明发展

《中国数字经济发展研究报告（2023 年）》显示，2022 年我国数字经济规模达 50.2 万亿元，占国内生产总值的比重达到 41.5%。② 2023 年我国数字经济稳步增长，成为中国经济回升向好的主要增长引擎，"东数西算"工程建设进入体制升级阶段，算力经济呈现蓬勃发展态势。2022 年，贵阳贵安数字经济占地区生产总值比重达 44%③，2023 年贵阳数字经济增加值占GDP 比重超过 50%，2025 年力争达到 55%，大数据对经济提升的作用不断

① 崔洪国：《数字文明催生的变与不变》，齐鲁壹点百家号，https：//baijiahao. baidu. com/s? id = 1769747874968677425&wfr = spider&for = pc。

② 《国家互联网信息办公室发布〈数字中国发展报告（2022 年）〉》，中国网信网，https：//www. cac. gov. cn/2023-05/22/c_ 1686402318492248. htm。

③ 谌思宇：《2022 年贵阳贵安大数据与实体经济融合指数达 53》，《贵州日报》，2023 年 2 月23 日，第 9 版。

增强，占比不断增加，贵阳贵安以"数字活市"助力"强省会"建设，大数据产业逐步驶入高质量发展赛道。

党的二十大报告指出，中华优秀传统文化源远流长、博大精深，是中华文明的智慧结晶。① 其中蕴含着解决一系列社会问题的思想理念。"天人合一""民为邦本""富民厚生""经世致用""诚实守信""和而不同""知行合一""天下为公"等中华优秀传统文化富含哲学理念、人文精神、道德规范、治理思想，为数字文明建设提供了思想资源和价值指南，加强中国数字文明传播有利于把握好、引领好全球城市文明发展。

二　数字文明视域下城市形象传播需要建造城市超级 IP

（一）具象化的载体和符号更具传播力

城市形象是一座城市文化软实力的体现，是城市灵魂所在。美国城市规划专家凯文·林奇（Kevin Lynch）在《城市形态》一书中提出城市形象指的是大多数城市居民心中拥有的共同印象，即"公众印象"。城市形象主要的构成要素包括道路、标志物、边界等，城市形象主要通过人的综合感受而获得。② 在数字文明时代，"城市形象"的概念已升级为"城市品牌形象"，这意味着，城市管理者不仅要考虑城市空间的意象性，还需要重新审视影响城市形象感知的多元传播界面。城市形象的国际传播不仅表现为对形象塑造和传播绩效的追求，其真正的内核是使城市形象的独特性得以彰显，是让城市获得尊重最有效的方式。城市形象的塑造和传播与科技的结合亟待深化。文化内容与数字技术相结合的新型文化业态，已经成为文化产业的新主流。而在数字经济时代，大数据已经成为文化产业供给侧结构改革和高质量发展

---

① 习近平：《高举中国特色社会主义伟大旗帜　为全面建设社会主义现代化国家而团结奋斗——在中国共产党第二十次全国代表大会上的报告》，人民出版社，2022。

② 〔美〕凯文·林奇：《城市形态》，林庆怡等译，华夏出版社，2001，第 9~12 页。

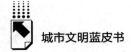

的重要引擎。

符号一直被视为传播的基元、要素。城市形象作为城市品牌三大要素之一，是城市品牌打造非常关键的因素之一，其传播需要依托具象化的载体。如果不找出引领城市发展的超级 IP，突出传播的重点，那么城市的形象往往难以给人留下深刻的印象。2021 年 5 月 31 日，习近平总书记在主持中共中央政治局第三十次集体学习时指出，"各地区各部门要发挥各自特色和优势开展工作，展示丰富多彩、生动立体的中国形象。"[①] 讲好城市故事有利于更好向世界讲好中国故事。就像很多人提到北京会想到中关村，提到上海会想到陆家嘴，提到淄博会想到烧烤，提到武汉会想到光谷一样，每个城市都有代表其形象或引领城市发展的超级 IP。

（二）微符号彰显大主题，融合传播展现城市立体形象

美国社会学家露易斯·沃思（Louis Wirth）认为，城市本质上是一种生活方式。城市形象的传播归根到底是动态的人的传播，是讲述人的故事。[②] 在信息海量传播的今天，信息传得开但不一定被认同。坚持用户思维，以小切口小角度讲述城市发展，拓展传播主体，发挥民众积极性和创造性，展示真实的人间烟火，才能形成塑造城市形象的正面舆论热点，增强受众的良好感知和广泛认同，避免千城一面、千篇一律的宣传模式，做到润物细无声，天涯若比邻，以故事化、可视化、数据化、年轻化的文案来呈现城市对外交流的亲和力，打破文化差异的壁垒，塑造深入人心、旗帜鲜明的城市形象品牌，从而获取更多朋友圈的"点赞"。

（三）立足城市特色打造辨识度高、传播力强的城市金字品牌

城市是一个庞大而复杂的传播体系，城市特色符号是城市形象塑造和传播的基础。贵州发展大数据产业既符合现实要求，也有助于城市个性文化符

---

① 《加强和改进国际传播工作　展示真实立体全面的中国》，《人民日报》，2021 年 6 月 2 日，第 1 版。

② L. Wirth, "Urbanism as a way of life", *American Journal of Sociology*, 1938, 40, pp. 1-24.

号的塑造。

一是气候的先天优势。"爽爽贵阳"避暑天堂，大数据产业需要建立在气候凉爽、电力充足、地震灾害较少的地方。工信部评估报告显示，贵州是中国南方最适合建立大型绿色数据中心的地区。国家第一批绿色数据中心84个试点里贵州省有12个，位居全国第一。工信部授予贵州"中国南方数据中心示范基地"称号，贵州成为"东数西算"工程全国八个算力枢纽节点之一。无与伦比的生态气候优势，使贵州成为大数据企业青睐的沃土。

二是笨鸟先飞的先发优势。贵州早在2012年11月就出台了《关于加快信息产业跨越发展的意见》，全力抢占新一代信息技术发展先机。2014年3月，贵州·北京大数据产业发展推介会举行，贵阳成为国内省会城市中首个进行大数据产业专题推介的城市。2015年2月，首个国家级大数据试验区落户贵州，同年5月26日至29日，全球首次以大数据为主题的峰会和展会——贵阳国际大数据产业博览会暨全球大数据时代贵阳峰会（2015年数博会）在贵阳成功举办，贵阳大数据声音传递到世界各个角落。2015年8月31日，国务院印发《促进大数据行动发展纲要》，明确"推进贵州等大数据综合试验区建设"，贵州大数据产业发展正式上升为国家战略。[①]

三是先行优势。大数据产业是新生事物，应用模式需要创新和试验，更需要人才。贵州省在大数据政用、商用、民用领域开展先行先试，通过"政府领跑+社会群跑"，政府充分发挥在大数据产业发展中的引导和推动作用，持续营造创业创新环境，搭建技术和资本对接平台，政府主动干、主动学、主动用，与企业、群众共同面对和解决问题。[②]

大数据产业为贵州插上了隐形的翅膀，使得贵州在传统模式发展下实现了跨越式发展，打造了具有战略地位的大数据之都——中国数谷。

---

① 刘珂主编《贵州大数据兴起》，电子科技大学出版社，2017，第46~48页。
② 刘珂主编《贵州大数据兴起》，电子科技大学出版社，2017，第46~48页。

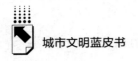

三 贵阳建构"中国数谷"城市形象的基础

建构和传播"中国数谷"的形象能够增强城市吸引力、提升贵阳人民的自豪感。作为一座传统的工业城市，贵阳有着良好的民意基础。十余年来，贵阳发展大数据产业，取得了一系列丰硕的成果。贵阳市大数据产业从无到有，从大数据到数字经济，贵阳全力推进"数字活市"建设，"中国数谷"正在抢抓数字经济优先发展的先机，全力奔向"算力"市场新赛道，抢占制高点，加快推动数字经济高质量发展。

一是数字产业化蓬勃发展。贵阳多措并举抓好大数据招商，几年来吸引了一批实力雄厚的大数据企业落户，全市大数据企业超过 5000 家。根据 2023 年中国国际数字经济博览会发布的《2023 中国数字城市竞争力研究报告》和 2023 数字百强市榜单，贵阳位列百强市第 24 名。

二是产业数字化转型成效显著。贵阳以开展"强省会"行动为主要抓手，围绕"一二三四"数字经济发展总体思路，推动数字经济赋能四化发展。2022 年贵阳贵安实施的 300 个融合示范项目，带动了 600 户实体企业和大数据深度融合，融合指数达到 53，不断激发新活力、催生新业态、注入新动能。

三是数字经济创新活力迸发。有关大数据产业发展的制度不断创新完善，《关于以大数据为引领加快打造创新型中心城市的意见》《关于加快建成"中国数谷"的实施意见》《关于进一步推动实体经济发展做大做强数字经济的意见》《贵阳贵安关于加快建设数字经济创新核心区的实施方案》《贵阳贵安数字基础设施建设三年攻坚行动计划（2023—2025 年）》等文件相继出台，加强顶层设计。贵阳市数字经济占 GDP 的比重超过一半，智算规模达到 7.6 万卡，成为全国第一的国产算力基地，数字赋能大数据政用、民用、商用全面提速。

四是政府数字治理水平持续提升。政府数据共享开放全国领先，2023 年 4 月国家信息中心评估报告指出，贵州数字政府建设水平稳居全国前列。

贵阳数字政府建设将数据汇聚、数据打通、高效利用。贵州省政府服务事项100%网上可办，构建了大数据驱动的政务新机制、新平台、新渠道，形成了"云算与治"的现代治理模式，实现了"用数据对话、用数据决策，用数据创新"。数据铁笼、党建红云、融媒问政等一批社会治理项目蓬勃发展，贵阳大数据治理品牌不断丰富。

五是大数据产业国际合作日益深化。自2015年首届大数据产业博览会召开以来，贵阳向世界递出越发亮眼的"数字名片"，强力推进大数据产业国际合作试验，广交全世界朋友。高通、戴尔、惠普、微软等全球著名企业纷纷在贵阳设立中国投资总部或与贵州共建各类大数据实验室。贵阳大数据博览会已经成为世界级平台和国际性盛会，"中国数谷"的建设在一定程度上已经成为全球大数据产业发展的风向标。2023年50多个国家和地区328家知名企业参加数博会，并举办了相关合作论坛。

四　创新传播手段和方式，提升中国数谷城市品牌形象传播力

近年来，贵阳高质量办好数博会，全力擦亮"中国数谷"城市品牌，积累了一系列重要经验，值得认真总结和思考。

（一）将数博会打造为国际传播平台

"中国数谷"的国际传播，不仅充分利用现有海内外传播媒体平台，还将数博会这个全球性大数据主题博览会打造为展示"中国数谷"创新成果和国家大数据（贵州）综合试验区故事的重要传播窗口。数博会自2015年举办以来，始终秉承"全球视野、国家高度、产业视角、企业立场"的办会理念，坚持"细致、精致、极致、安全、周全"的办会标准，实现每届成功、圆满、精彩举办，不断提升嘉宾层次、完善组织形式、扩大参会规模、总结参会成果等。数博会为贵阳带来了前所未有的机遇和全方位、多角度、深层次的影响。

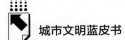

一是平台更大更高。数博会高端大气的论坛会议、主题鲜明的各类活动、形式多样的大赛比赛、领先科技的成果发布，让理论和实践同向发力、同频共振，让想法和办法见着了面、对上了号，为贵州、贵阳大数据产业发展从量变到质变提供了丰富的土壤和充足的营养，并形成了"东有乌镇互联网大会、西有贵阳数博会"的格局。

二是资源更多更广。以数博会为媒，汇聚全球大数据行业的精英，展示最前沿的大数据科技成果，让"爽爽贵阳"成为广大企业投资兴业的热土。以2023年数博会为例，50多个国家和地区嘉宾相聚"中国数谷"，18万人次参会观展，签约项目达71个，投资金额613亿元。①

三是发展更快更好。随着数博会在全国乃至全球的影响越来越大、口碑越来越好、成果越来越多、品牌越来越亮，"谈大数据必谈贵州、必谈贵阳"已成业界共识。数据显示，2022年，贵阳贵安数字经济增加值占GDP比重达49.2%，超过全国平均水平7.7个百分点。近年来，贵阳贵安按照"一二三四"数字经济发展总体思路，即坚持"数字活市"一个战略，主攻"一硬一软"两大产业，强化"数据存起来、跑起来、用起来"三个重点，打造"一会一所一城一中心"四个品牌。在"一硬"即电子信息制造业方面，2022年贵阳贵安电子信息制造业增速超过20%；在"一软"即软件和信息技术服务业方面，贵阳贵安实施"软件再出发"行动，2021年、2022年工信部500万口径软件业务收入增速连续两年超过50%，2022年对经济增长贡献率达45%。强化"数据存起来、跑起来、用起来"三个重点，贵阳贵安抢抓"东数西算"工程重大机遇，不断强化数据中心建设，把数据存起来，持续巩固全球集聚超大型数据中心较多地区之一的优势。打造"一会一所一城一中心"四个品牌，"一会"即中国国际大数据产业博览会，已成为全球大数据发展的风向标。"一所"即贵阳大数据交易所。"一城"即贵阳大数据科创城。2022年，贵阳大数据科创城吸引超过400户企业落

①　《贵阳发布：数实相融　算启未来！携手迈向数字文明新时代》，百度网，https：//baijiahao. baidu. com/s？id=1767314286182370569&wfr=spider&for=pc。

地。"一中心"即国家大数据（贵州）综合试验区交流体验中心。该交流体验中心兼具"传播、展示、体验、教育"四大功能，是贵州大数据产业发展的微缩景观，是传播国家、省、市数字经济战略的做法和成果的重要载体。[1]

（二）国家视野下的贵阳担当——打造永不落幕的数博会

随着科技发展日新月异，高新技术产业发展方兴未艾。尤其是人工智能、5G、大数据技术的迅速发展，给线上交流和传播分享带来便利。根据上海社会科学院发布的《2020全球重要城市开放数据指数》，贵阳开放数据指数得分位列全球前十，综合排名全球第六，超过洛杉矶、新加坡、东京、莫斯科、伦敦等全球知名城市。2020年，贵阳将以往线下举办的数博会转为线上举办的"永不落幕的数博会——2020全球传播行动"。

"永不落幕的数博会——2020全球传播行动"呈现出四大亮点。一是突出形式创新。"永不落幕的数博会——2020全球传播行动"是2020年全国首个以国际性展会平台联合媒体共同发起实施的全球传播行动，由数博会组委会主办，《人民日报》、新华社、新浪网、网易网、腾讯网、天眼新闻等16家媒体共同发起；以统一主题、统一LOGO的形式，同步推出"永不落幕的数博会——2020全球传播行动"专题，吸引国内外超过2000家媒体（网站）共同参与，形成跨媒体联动、覆盖全球的传播体系。二是突出全球视野。"永不落幕的数博会——2020全球传播行动"启动后在海内外同步双向发力，迅速在海内外形成强大声势。截至2020年9月30日，"永不落幕的数博会——2020全球传播行动"已覆盖11个语种、200多个国家和地区的主流媒体，曝光超过18.8亿人次。三是突出产业视角。各大媒体专设了"数谷在线"专栏，累计实现阅读量（点击量）15.6亿次。与此同时，"永不落幕的数博会——2020全球传播行动"还策划推出了"大数据与乡村振兴（脱贫攻坚）、

---

[1] 谌思宇：《数字经济增加值占GDP比重达49.2%！贵阳贵安数字经济活力迸发》，天眼新闻百家号，https：//baijiahao.baidu.com/s？id=1767183066850937542&wfr=spider&for=pc。

工业经济、服务业、服务民生、社会治理"五大主题深度融合的系列报道。四是突出理论引领,"永不落幕的数博会——2020 全球传播行动"统一开设了"数博思想库"专栏,聚焦技术和理论创新,邀请国内外专家和参会嘉宾等解读发展理论和趋势,提升大数据领域话语权。

此外,数博会进一步突出企业主体地位。"永不落幕的数博会——2020 全球传播行动"举办的相关活动不限制数量、不设门槛条件,扩大受惠企业面。同时,对参加数博会发布、直播、演讲、访问、宣传等活动的企业减免所有费用,并帮助企业培育线上营销新技能,精心设计企业品牌和产品宣传,助力企业利用数博会平台走向世界。

贵阳通过线上"永不落幕的数博会——2020 全球传播行动",深入挖掘数博会引领带动价值,为全球提供更多融合发展的解决方案,优化产业生态,实现传统行业与大数据跨界合作。此外,数博会充分发挥运营机构市场化主体的作用,深化商业价值挖掘,打造兼具文化价值与产业价值的数博会IP,成为推动数字经济高质量发展的新引擎,助推大数据产业加速发展。[1]

(三)主动与世界对话,不断扩大国际"朋友圈"

数博会作为全球首个以大数据为主题的展会和峰会,自 2015 年首次"露面"以来,脚踏实地种"数"耕"云"。近十年,贵州向世界递出越发亮眼的"数字名片"。这个不断扩大的国际"朋友圈",彰显出迷人的数博魅力。比如 2023 年数博会通过一场数字"友城会"擘画"智慧城市"世界同心圆。2023 年数博会首次举办了国际友城主题论坛,30 余位外籍重要嘉宾就各国城市数字化探索转型进行了深入交流。贵州省建立友城及意向性友城关系增至 113 对,"智慧城市""数字发展"的同心圆将越画越大。[2]

---

① 《2020 贵阳"永不落幕的数博会":国家使命下的价值与担当》,贵州省大数据管理局官网,https://dsj.guizhou.gov.cn/ztzl/sbh/202008/t20200820_62577133.html。
② 《与世界对话数字文明新时代——贵州国际"朋友圈"畅谈大数据与大机遇-数实相融算启未来·2023 中国国际大数据产业博览会》,贵州省人民政府网站,https://www.guizhou.gov.cn/ztzl/2023nsbh/mtjj/202305/t20230528_79930242.html。

（四）借助数博会平台，做好国际传播工作

数博会作为全球首个大数据主题博览会，为进一步提升其品牌价值与贵阳城市的国际知名度，2019 年贵阳市外事办不断拓展传播渠道，一是依托领英（LinkedIn）开展数博会海外宣传推广工作。二是领英团队依托其社交网络平台，通过精准定位手段，筛选目标受众进行内容推送，不断提升贵阳数博会在全球大数据产业领域的品牌形象，达到了推广贵阳大数据产业成果与宣传贵阳大数据产业氛围的良好效果。三是借助《今日贵阳》英文版，讲好贵阳故事。四是充分发挥国际化人才作用，传播好贵阳声音。比如2019 年数博会抽调了贵阳市国际化管理干部培训班 30 余名学员参与重要外宾接待。这些学员属于精通外国语言、比较熟悉对外开放、具有较强跨文化沟通能力和国际化运作能力的开放型国际化人才。在外事接待过程中，他们充分发挥语言优势与跨文化沟通能力，用通俗易懂的语言向参会外宾介绍贵阳市当前社会经济发展形势、对外开放政策、风土人情等，在帮助外宾了解贵阳、传播好贵阳声音等方面发挥了重要作用。[1]

此外，贵州也主动走出国门，在美国硅谷等地举行中国大数据（贵州）综合试验区推介会，邀请大数据领域企业和研究机构负责人参加推介会，与会者就加强大数据产业合作与贵州省有关方面进行了沟通，贵州省还邀请参会企业出席中国国际大数据产业博览会。

（五）打造贵州国际传播旗舰品牌"Live in Guizhou"（这里是贵州）

2021 年 5 月贵州在 Facebook、Twitter、Instagram 三大海外社交媒体平台启动了"贵州形象关键词全球征集活动"，用英、西、法、日、俄、韩 6 种语言发布活动介绍，邀请海外网友从 40 个关键词中评选出他们心中的贵州关键词。为提升"Live in Guizhou"品牌知名度和影响力，贵州省还特别聘

---

[1] 《借助数博会平台，市外事办三措并举做好对外宣传工作》，搜狐网，https://www.sohu.com/a/321960125_459911。

请了 7 位海内外传播专家作为贵州首批对外传播智库专家，并为他们颁发聘书，集合更多智慧力量，为贵州对外宣传推广出谋划策。"Live in Guizhou"自 2019 年 3 月 1 日上线以来，已开通 Twitter、Facebook、Instagram、YouTube 等海外社交媒体对应语种账号，全方位向世界传播贵州；开通微信公众号"LIVE IN 贵州"、微博账号"这里是贵州"、百度百家号"这里是贵州"，同步发布贵州资讯。

2022 年贵州日报报刊社、贵州广播电视台相继成立贵州国际传播中心，为"中国数谷"开辟了更多国际化传播渠道。

五　数字文明视域下"中国数谷"
对外传播的经验与启示

习近平总书记在中共中央政治局第三十次集体学习时的讲话为我国加强国际传播能力建设指明了方向①。数字文明需要与国际传播能力提升相辅相成，数字技术的发展为拓展和创新中国话语和叙事体系提供了广阔空间。在城市形象建构与传播的过程中，贵阳以大数据产业为特色助力城市形象建构与传播，以数字文明推动贵阳城市形象提升和大数据产业高质量发展。

（一）夯实和打造城市超级 IP

城市特色标签是对外传播的宝贵资源，随着大数据和数字文明时代的到来，城市的特质不断发展和丰富，要不断拓展和构建新的城市标签，从现实表征向数字化迈进。在传播过程中，要努力把所要建构的城市形象进行提炼与总结，深入挖掘基础素材，将大数据产业与文化资源链接，将 IP 人格化定位，将品牌年轻化形象深化融入城市发展，与贵阳同频共振。"中国数谷"既是贵州冲出经济洼地撕下贫穷落后标签走向发展高地的故事，也是欠发达地区后发赶超的故事。因此，"中国数谷"既是贵阳的故事，也是贵

---

① 《加强国际传播能力建设 展示真实立体全面的中国》，《人民日报》，2021 年 6 月 2 日，第 1 版。

州故事、西部故事，更是中国的故事，具有多层次性。"中国数谷"是探索建设数字中国的故事，是贵阳创新引领绿色崛起的故事，既是发展道路的故事，也是发展模式的故事，还是数字文明大背景下的创新故事，具有多维性。这种多层次性和多维性具有打造超级 IP 的潜质，具有重要的时代价值和世界意义。①

（二）全方位立体化持续创新传播

"中国数谷"建设覆盖经济、政治、科技、文化、教育等多方面，其创新探索也涉及制度、规则等多方面，同时"中国数谷"的国际传播是动态的、持续的。国内外媒体对贵州大数据产业的观察和解读也是持续性的。一方面数博会开展了全球传播行动，另一方面大量创新政策、研究成果、"黑科技"每年在大会上首发。这种兼具集中性和持续性的传播活动，确保了"中国数谷"传播的完整性和可持续性，大大提升了贵阳城市品牌的国际声誉和影响力。在城市形象传播中，传统主流媒体和自媒体各有优势，前者更为权威，后者则往往与生活更贴近、内容也更加丰富。因此，两者要共同发力、协同推进。在贵阳"中国数谷"城市形象的建构与传播过程中，主流媒体、自媒体及网红大咖等的共同参与，不断拓展和丰富传播内容和形式，共同打造立体传播融媒体矩阵，使得贵阳"中国数谷"城市形象知名度、美誉度不断提升。同时围绕全方位推动"中国数谷"高质量发展建设的目标要求，打造"爽爽贵阳"的城市名片，主动对接国内外头部媒体，加强议题策划、故事挖掘，打造城市路边音乐会等品牌文化产品，开展大数据相关活动和竞赛，以"一会一所一城一中心"为抓手，全方位展示贵阳城市数字文明和大数据之都之美。

（三）创新传播策略，激发大众参与热情

人类已经进入互联网社交媒体和人工智能时代，视频传播已经成为主

---

① 刘丹丹、陈甚男：《中国数谷的品牌化与国际化》，载陈先红、李旺传《中国国际传播（第一辑）》，社会科学文献出版社，2023，第 293~296 页。

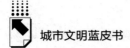

流。这就需要科学合理的传播策略，借力热点、创造热点、吸引流量，激活用户自发传播的潜力。一是要策划大数据相关主题活动，比如通过智慧文旅应用等方式迎合大众消费心理，同时强调体验与氛围感的塑造，激发大学生参与热情，实现年轻人与"中国数谷"品牌的双向奔赴。应积极开展投票活动，引发网友围观热议，最后实现景区、高校、短视频流量的共赢。二是善于营造话题。抖音等社交媒体添加话题标签能够让系统快速分辨内容、领域，从而更精准地推送至目标群体，实现有效引流，同时促使用户更深入、充分地参与到内容的互动中，大大提升视频的浏览量、点赞量和转发量。主动添加"数博会"话题，强化话题区分度，另外，实时更新该话题下的短视频，不断丰富受众对"中国数谷"的认知。三是大数据品牌整合传播，塑造统一清晰的"爽爽贵阳""中国数谷"城市国际形象。

六 结语

数字世界的基本构成方式是大数据，对数据进行有效认知和驾驭，才是通往数字文明之路。数字文明视域下贵阳打造"中国数谷"的探索和实践，基于全球融合、全球共享、全球向善的制度背景，代表着中国式现代化数字文明视域下城市创新发展和城市品牌塑造的成功探索。当前，贵阳市正在全力抢占数字经济发展先机，坚定不移地推进"数字活市"建设，加快推进"东数西算"工程，全力建设国家算力保障基地，以强大算力能力拓展数字经济版图，不断拓展数字新场景，高质量打造国家数字经济发展创新区，持续擦亮"中国数谷"城市名片。

Abstract

Global Urban Civilization in the Digital Age (2023) is a research report on the key areas, innovative practices and theoretical explorations of the development of global urban civilization in the context of the digital era, whose main content absorbs the cutting-edge theories and the latest research results of experts in the relevant fields, and at the same time gathers the research results of the 2023 open topics of the Institute of Global Urban Civilization Paradigm Research of the Southern University of Science and Technology (SUST).

The advent of the digital era signifies that the integration of digital and humanities, digital and industry, and digital and ecology has become the key to urban development. This provides new opportunities and challenges for the development of our current global urban civilization pattern. To create a model of urban civilization, we must pay attention to the characteristics of urban development and established practical experience in the digital age. It is in this context that *Global Urban Civilization in the Digital Age* (*2023*) aims to conduct research on digital and humanities, emerging digital industries, digital urban governance and citizens' lifestyles.

Under the general trend of global cities moving into the digital era, this book focuses on the path of digital city construction, cooperates with the national digital development strategy and the construction of urban civilization paradigms, combines the design of the evaluation index system and specific thematic reports, and synthesizes the development experience of cities around the world, to make a prospective outlook on the development of global urban civilization in the digital era, and to put forward policy recommendations effectively. The book is divided into six parts: the first part is the general report, which summarizes the general

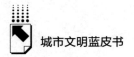
trend and development mode of global urban civilization in the digital era; the second part is the evaluation chapter, which combines the actual situation of Chinese cities and proposes the evaluation index system of China's urban civilization paradigm in the digital era, and a series of specific indexes based on the theory of Chinese modernization and the practical exploration of Chinese cities, which is leading, practical and reproducible; the third part is about technological civilization, which comprehensively analyzes the characteristics and paths of urban civilization construction under the perspective of new technology, outlines the industrial development and future direction under the support of digital technology, and puts forward the feasible path of high-quality development of urban industry; the fourth part is about ecological innovation, which focuses on the fusion of ecological protection and digital technology, and pays attention to the impact of digital transformation on green environmental protection; the fifth part is case studies, which discusses the theoretical logic and practical paths of creating a model of urban civilization in the digital era by analyzing the effective examples of different cities in the development of digital cultural scenes and the construction of urban image.

Keywords: Digital Technology; Urban Civilization; Global Urban; Civilization Paradigm

Contents

I   General Report

Abstract: With the roaring digitalisation process at gate, it has been proven important to initiate a total examination and conclusion on global urban civilization practices and main modes of civilization among world cities, thus exploring the path towards constructing urban civilization role model under socialism with Chinese characteristics. The developments of new technology have empowered the evolution of global urban civilizations with new opportunities. In the digital age, main directions of developments for global cities can be summarised as AIGC technology empowered smart developments, cultural Intellectual Property competitions and Environment, Society and Governance risks managements. Exploring new pathway for urbanisation with Chinese modernisation, we will be able to create distinct digital age urban civilization on unique Chinese soils.

Keywords: Digital Age; Urban Civilization; Technological Culture

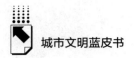
Ⅱ　Evaluation Reports

B.2　The Research of Urban Civilization Paradigm Indicator

System in Digital Age

The Research Group of Urban Civilization Paradigm Indicator System / 032

Abstract: In the rolling tide of the digital age, the developments of global urban civilizations and the main civilization models of the world's cities have undergone new changes, requiring researchers to propose a new evaluation index system for urban civilization developments to better reflect the new trends in the development of urban civilization. The urban civilization paradigm indicator system is a key way to measure the stage of development and achievements of urban civilization. Under digitalisation, the construction of the urban civilization paradigm index system is required to develop a new evaluating system with clear objectives, systematic approaches, comparable values and smooth operationalisation, covering key dimensions of economy, politics, culture, society and ecology, so that the construction of urban civilization in the new era of socialism with Chinese characteristics can be better reflected. Exploring a new index system for urban civilization based on Chinese modernisation, will help promote the further prosperity of urban civilization in the digital age.

Keywords: Digital Age; Urban Civilization; Evaluation Index System

B.3　Global Urban Classification in the Digital Age

——*A Perspective Based on Agglomeration and Connectedness*

Ni Pengfei, Cao Qingfeng, Guo Jing and Xu Haidong / 062

Abstract: The urban classification is a major practical and theoretical issue, especially in the digital era, when the functions and forms of cities are undergoing a turning point, which is causing a reshaping of the urban form and the functional structure within the global urban system. Based on the theory of substitution elasticity, this paper argues that the status of a city in the global urban system is determined by the substitution elasticity of the city, and the substitution elasticity of the city is determined by the degree of agglomeration and the degree of connectedness of the city together. Subsequently, this paper constructs a system of indicators to measure the degree of agglomeration and connectedness of cities, and carries out the classification and type of global cities. According to the research of this paper, the global city system is a multi-layer nested structure, and the 1006 sample cities can be divided into 3 layers, 2 types, 5 classes and 10 levels. In terms of types, there are six categories of cities: high agglomeration and high connectedness, high agglomeration and medium connectedness, high agglomeration and low connectedness, medium agglomeration and medium connectedness, and low agglomeration and low connectedness. It is found that agglomeration and connectedness are positively correlated and that agglomeration is a prerequisite for connectedness. Europe has a significant number of cities in the high agglomeration-high linkage and medium agglomeration-medium linkage categories, which are important for leading and supporting its future development. Africa has a large number of low agglomeration and low linkage cities and is lagging behind in its overall stage of development. Asian cities are highly differentiated, with outstanding achievements, significant problems and great potential. Osaka is the only city with high agglomeration and low connectivity, and its experience and lessons learnt should be taken into account by other cities around the world.

Keywords: Urban Classification; Digital Age; Agglomeration Degree; Connection Degree

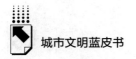

III   Technological Civilization Reports

B . 4   Smart City Urban Design Empowering the Model of
Urban Civilization
　　—*Theoretical Logic and Practical Path*

Chen Nengjun, Lin Zeteng and Rong Tao / 083

Abstract: The model of urban civilization is a typical example of the new form of human civilization forged by the evolution of the city, which should not only have a harmonious and unified material, spiritual, political, social and ecological civilization, but also have a highly recognizable and agreeable external image and spiritual temperament with a strong appeal and influence, i. e. , a distinctive urban design. It is of great significance for Shenzhen to play the role of early and pilot implementation and leading demonstration by empowering the model of urban civilization with smart city urbanization. This report combs through the research literature and characteristic connotation of smart city and its civilization paradigm, through the basic viewpoints of city civilization paradigm and smart city research, analyzes the theoretical logic, value of the times and real cases of the smart city setups to empower city civilization paradigm. It analyzes the theoretical logic, contemporary value, and real cases of smart city, and puts forward the practical path of Shenzhen's smart city urban design empowering the model of urban civilization.

Keywords: Urban Civilization Paradigm; Smart City; Role of Empowerment

Abstract: Urban civilization is the concentrated embodiment and reflection
of a new model for human progress. To strengthen the construction of urban
civilization and build a model of urban civilization is the only way to realize the
Chinese Path to Modernization city. In the era of digital economy, digital
technology has become an important force in the construction of urban civilization,
accelerating the digital transformation of urban, showing the characteristics of
intelligent urban management, digital cultural industry, individualized
communication mode, virtualization of interpersonal communication and so on. In
order to further strengthen the " digitalization " of the urban and deepen the
construction of urban civilization, it is necessary to take institutional innovation as
the core to strengthen the supporting force of urban digital transformation. At the
same time, we will accelerate the construction of new infrastructure to strengthen
the hard power of urban civilization construction. The construction of digital
cultural industry ecology to stimulate urban cultural creativity will be considered.
Finally, urban communication network should be built to enhance the influence of
urban cultural brand.

Keywords: A New Model for Human Progress; Urban Civilization;
Development Characteristics; Realization Path; Digital Empowerment

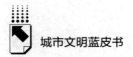

B.6   The Impact of Big Data Industry Development Policies on the
Quality of Technological Innovation

Xie Xianjun , Yu Junli ╱ 106

Abstract: The development of the digital economy has shown outstanding advantages for the technological progress of enterprises. This article explores the impact of big data policies on the quality of technological innovation from the perspective of policy evaluation. Using data from listed companies from 2007 to 2020, it empirically tests the impact of big data policies on the quality of technological innovation. Research has shown that the implementation of big data policies does have a significant promoting effect on the quality of technological innovation. The implementation of big data policies not only increases enterprise research and development investment, but also significantly reduces enterprise financing constraints, and also increases the returns of enterprise technological innovation, ultimately beneficial for improving the quality of technological innovation. Whether in different state-owned or non-state-owned enterprises, the implementation of big data policies can significantly promote the quality of technological innovation. Compared with state-owned enterprises, the implementation of big data policies in non-state-owned enterprises has a stronger promotion intensity on the quality of technological innovation; Whether it is high R&D investment enterprises or low R&D investment enterprises, the implementation of big data policies has a promoting effect on the quality of enterprise technological innovation, and among high R&D investment enterprises, the implementation of big data policies has a stronger promoting effect on the quality of enterprise technological innovation; Compared to high profit enterprises, the implementation of big data policies can significantly improve the quality of technological innovation in low profit enterprises.

Keywords: Big Data Policy; Quality of Technological Innovation; R&D Investment; Financing Constraints

Abstract: The article discusses the significance of the correlation analysis between the sustainable development of Shenzhen City and high-quality industrial development. It explores the concept of a sustainable city and analyzes the correlation between sustainable cities and high-quality industrial development. Drawing on the experiences of Germany and Singapore in the high-quality development of urban industries, Finally recommendation put forward was to achieve sustainable development in Shenzhen City.

Keywords: Sustainable Cities; High-quality Industrial Development; Industrial Transformation and Upgrading

Ⅳ   Ecological Innovation Reports

Abstract: Environmental protection is an important task in the construction of ecological civilization and the creation of a civilized model city. The pro environmental behavior of residents is directly related to the development and results of environmental undertakings. However, existing research on how policy intervention and environmental norms affect pro environmental behavior lacks a clear and complete explanatory chain, and the role of internet use in the digital age has not been explained. This article is based on the China Comprehensive Social Survey (CGSS) data for objective measurement and empirical analysis, exploring the causal relationship between environmental policy perception, environmental

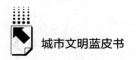

norms, and pro environmental behavior. The results indicate that environmental policy perception has a significant positive impact on green citizenship behavior and public pro environmental behavior, and environmental norms play a mediating role. In the digital age, the perception of policy intervention affecting pro environmental behavior through environmental norms is moderated by the frequency of internet use. The higher the frequency of internet use, the stronger the regulatory effect. Therefore, in promoting the construction of urban ecological civilization in the digital era, we should actively play the role of institutional guidance and policy propaganda, and shape good environmental value norms from top to bottom; More emphasis should be placed on the application of digital technology, especially in the areas of low and medium internet usage, which can help promote pro environmental behavior among citizens in both private and public domains. This study aims to promote the construction of urban ecological civilization in the digital age from the perspective of policy perception and environmental norms, and create a new era of ecological civilization governance pattern of co-construction, co-governance, and sharing.

Keywords: Ecological Civilization; Environmental Protection; Public Behavior; Environmental Regulations; Policy Perception

B.9 Report on Digital Transformation and Urban Green Innovation

Ren Xiaogang, Xie Xianjun / 172

Abstract: New technologies empower enterprises to undergo digital transformation and development, which has a significant impact on micro enterprise innovation activities, especially green innovation activities, and thus plays an important role in urban renewal. This article explores the impact of digital transformation on urban green innovation and its underlying mechanism based on micro enterprise data from 2007 to 2019. Research shows that digital transformation has indeed significantly promoted the level of green innovation in cities. In particular, deepening the promotion of digital transformation and development can significantly enhance the original, collaborative, and stable effects of urban green innovation. Mechanism analysis shows that digital transformation and development not only promote enterprise technological innovation and progress; It also improves corporate value and financial stability, ultimately promoting urban green innovation. Furthermore, there is significant heterogeneity in the impact of digital transformation development on urban green innovation among different enterprises' "property rights attributes", "technology intensive attributes", and differences in total factor productivity and enterprise value. Among non-state-owned enterprises and technology-intensive enterprises, the promotion effect of digital transformation on urban green innovation is more significant; Whether in enterprises with different levels of total factor productivity or in enterprises with different levels of enterprise value, the promotion effect of digital transformation on urban green innovation is significant, but there are differences in the intensity of its impact. The research conclusion of this article provides reliable empirical evidence and policy inspiration for achieving digital transformation driving high-quality urban development and improving the urban green innovation policy framework.

Keywords: Digital Transformation; Urban Green Innovation; Total Factor Productivity of Enterprises

V Case Studies

B. 10 The Practices and Experiences of Digital

Transformation of London   *Feng Zhenghao*, *Qu Chen* / 195

Abstract: London's digital transformation is carrying out in the macro context of the UK's National Digital Strategy, which not only provided guiding policies and principles for London's digital transformation, but also endowed with corresponding digital contents for it. London's digital transformation goals are not only consistent with the paths of smart city construction, but also the use of high-

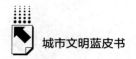

城市文明蓝皮书

end digital technologies to help London has achieved smart governance. Although London has made outstanding achievements in digital transformation, the current difficulties and challenges it is facing cannot be ignored. Nevertheless, London's digital transformation still offers us some experiences.

Keywords: London; Digital Transformation; Digital Strategy

B.11 Report on Chengdu's Digital Cultural Scene and High-quality Urban Development

The Research Group of Digital Cultural Scene / 212

Abstract: With the profound changes in the trend of urban development and scene evolution in the digital era, digital cultural scenes have become the high point of urban competition in the future. Based on the theoretical exploration and practical experience of digital cultural scene creation, this study explores the basic features and operation mechanism of digital cultural scene and demonstrates how digital cultural scene can improve the quality of the city and help create a model of urban civilization. Taking Chengdu as a case study, which advocates the concept of scenario city building and aims to build China's first digital cultural scenario city, this study analyzes the eight key directions of digital cultural scenarios, such as digital cultural museums, virtual shopping, interactive entertainment, spatial-temporal rejuvenation, immersive neighborhoods, interactive landscapes, life expansion, and intelligent governance, and then puts forward the idea of building a digital cultural scenario city to promote the improvement of urban quality. It will then put forward the idea of digital cultural scenarios for city construction and promote the quality improvement and high-quality development of the city.

Keywords: Digital Cultural Scene; Chengdu; High-quality Development

B.12　The Construction and International Communication of Urban
　　　Image from the Perspective of Digital Civilization
　　　　—Taking " China Digital Valley" of Guiyang City as an Example
　　　　　　　　　　　　　　　　　　　　　Jiang Haijun / 234

Abstract: The dissemination of urban image in the perspective of digital
civilization needs to rely on concrete carriers. According to the characteristics and
advantages of the city itself, the positioning of the urban image should be accurately
identified, and then the advantages or characteristics of one or several aspects should
be continuously highlighted and strengthened. As an important big data industrial
base in China, Guiyang, Guizhou Province, relies on the construction and
dissemination of urban image through big data industry, which has gradually made
Guizhou "out of the circle" as the image of "China's digital valley" and attracted
continuous attention from domestic and foreign media. The successful experience
of Guiyang in constructing and disseminating urban image has certain reference and
enlightenment significance for the shaping and dissemination of civilized urban
image.

Keywords: Digital Civilization; China Digital Valley; International Communication;
Big Data Industry

皮书

智库成果出版与传播平台

❖ 皮书定义 ❖

皮书是对中国与世界发展状况和热点问题进行年度监测，以专业的角度、专家的视野和实证研究方法，针对某一领域或区域现状与发展态势展开分析和预测，具备前沿性、原创性、实证性、连续性、时效性等特点的公开出版物，由一系列权威研究报告组成。

❖ 皮书作者 ❖

皮书系列报告作者以国内外一流研究机构、知名高校等重点智库的研究人员为主，多为相关领域一流专家学者，他们的观点代表了当下学界对中国与世界的现实和未来最高水平的解读与分析。

❖ 皮书荣誉 ❖

皮书作为中国社会科学院基础理论研究与应用对策研究融合发展的代表性成果，不仅是哲学社会科学工作者服务中国特色社会主义现代化建设的重要成果，更是助力中国特色新型智库建设、构建中国特色哲学社会科学"三大体系"的重要平台。皮书系列先后被列入"十二五""十三五""十四五"时期国家重点出版物出版专项规划项目；自2013年起，重点皮书被列入中国社会科学院国家哲学社会科学创新工程项目。

皮书网

（网址：www.pishu.cn）

发布皮书研创资讯，传播皮书精彩内容
引领皮书出版潮流，打造皮书服务平台

栏目设置

◆ **关于皮书**

何谓皮书、皮书分类、皮书大事记、
皮书荣誉、皮书出版第一人、皮书编辑部

◆ **最新资讯**

通知公告、新闻动态、媒体聚焦、
网站专题、视频直播、下载专区

◆ **皮书研创**

皮书规范、皮书出版、
皮书研究、研创团队

◆ **皮书评奖评价**

指标体系、皮书评价、皮书评奖

所获荣誉

◆ 2008年、2011年、2014年，皮书网均
在全国新闻出版业网站荣誉评选中获得
"最具商业价值网站"称号；
◆ 2012年，获得"出版业网站百强"称号。

网库合一

2014年，皮书网与皮书数据库端口合
一，实现资源共享，搭建智库成果融合创
新平台。

皮书网

"皮书说"
微信公众号

权威报告·连续出版·独家资源

皮书数据库
ANNUAL REPORT(YEARBOOK)
DATABASE

分析解读当下中国发展变迁的高端智库平台

所获荣誉

- 2022年，入选技术赋能"新闻+"推荐案例
- 2020年，入选全国新闻出版深度融合发展创新案例
- 2019年，入选国家新闻出版署数字出版精品遴选推荐计划
- 2016年，入选"十三五"国家重点电子出版物出版规划骨干工程
- 2013年，荣获"中国出版政府奖·网络出版物奖"提名奖

皮书数据库

"社科数托邦"
微信公众号

成为用户

　　登录网址www.pishu.com.cn访问皮书数据库网站或下载皮书数据库APP，通过手机号码验证或邮箱验证即可成为皮书数据库用户。

用户福利

- 已注册用户购书后可免费获赠100元皮书数据库充值卡。刮开充值卡涂层获取充值密码，登录并进入"会员中心"—"在线充值"—"充值卡充值"，充值成功即可购买和查看数据库内容。
- 用户福利最终解释权归社会科学文献出版社所有。

社会科学文献出版社 皮书系列
SOCIAL SCIENCES ACADEMIC PRESS (CHINA)

卡号：238441317566
密码：

数据库服务热线：010-59367265
数据库服务QQ：2475522410
数据库服务邮箱：database@ssap.cn
图书销售热线：010-59367070/7028
图书服务QQ：1265056568
图书服务邮箱：duzhe@ssap.cn

基本子库 SUB DATABASE

中国社会发展数据库（下设 12 个专题子库）

紧扣人口、政治、外交、法律、教育、医疗卫生、资源环境等 12 个社会发展领域的前沿和热点，全面整合专业著作、智库报告、学术资讯、调研数据等类型资源，帮助用户追踪中国社会发展动态、研究社会发展战略与政策、了解社会热点问题、分析社会发展趋势。

中国经济发展数据库（下设 12 专题子库）

内容涵盖宏观经济、产业经济、工业经济、农业经济、财政金融、房地产经济、城市经济、商业贸易等 12 个重点经济领域，为把握经济运行态势、洞察经济发展规律、研判经济发展趋势、进行经济调控决策提供参考和依据。

中国行业发展数据库（下设 17 个专题子库）

以中国国民经济行业分类为依据，覆盖金融业、旅游业、交通运输业、能源矿产业、制造业等 100 多个行业，跟踪分析国民经济相关行业市场运行状况和政策导向，汇集行业发展前沿资讯，为投资、从业及各种经济决策提供理论支撑和实践指导。

中国区域发展数据库（下设 4 个专题子库）

对中国特定区域内的经济、社会、文化等领域现状与发展情况进行深度分析和预测，涉及省级行政区、城市群、城市、农村等不同维度，研究层级至县及县以下行政区，为学者研究地方经济社会宏观态势、经验模式、发展案例提供支撑，为地方政府决策提供参考。

中国文化传媒数据库（下设 18 个专题子库）

内容覆盖文化产业、新闻传播、电影娱乐、文学艺术、群众文化、图书情报等 18 个重点研究领域，聚焦文化传媒领域发展前沿、热点话题、行业实践，服务用户的教学科研、文化投资、企业规划等需要。

世界经济与国际关系数据库（下设 6 个专题子库）

整合世界经济、国际政治、世界文化与科技、全球性问题、国际组织与国际法、区域研究 6 大领域研究成果，对世界经济形势、国际形势进行连续性深度分析，对年度热点问题进行专题解读，为研判全球发展趋势提供事实和数据支持。

法律声明

　　“皮书系列”（含蓝皮书、绿皮书、黄皮书）之品牌由社会科学文献出版社最早使用并持续至今，现已被中国图书行业所熟知。“皮书系列”的相关商标已在国家商标管理部门商标局注册，包括但不限于LOGO（▓）、皮书、Pishu、经济蓝皮书、社会蓝皮书等。“皮书系列”图书的注册商标专用权及封面设计、版式设计的著作权均为社会科学文献出版社所有。未经社会科学文献出版社书面授权许可，任何使用与“皮书系列”图书注册商标、封面设计、版式设计相同或者近似的文字、图形或其组合的行为均系侵权行为。

　　经作者授权，本书的专有出版权及信息网络传播权等为社会科学文献出版社享有。未经社会科学文献出版社书面授权许可，任何就本书内容的复制、发行或以数字形式进行网络传播的行为均系侵权行为。

　　社会科学文献出版社将通过法律途径追究上述侵权行为的法律责任，维护自身合法权益。

　　欢迎社会各界人士对侵犯社会科学文献出版社上述权利的侵权行为进行举报。电话：010-59367121，电子邮箱：fawubu@ssap.cn。

社会科学文献出版社